Arnulf Greimel

Das Innere Team in Coaching und Beratung

Mit 22 Abbildungen und 2 Tabellen

Vandenhoeck & Ruprecht

Bibliografische Information der Deutschen Nationalbibliothek:
Die Deutsche Nationalbibliothek verzeichnet diese Publikation in der
Deutschen Nationalbibliografie; detaillierte bibliografische Daten sind
im Internet über https://dnb.de abrufbar.

© 2020, Vandenhoeck & Ruprecht GmbH & Co. KG, Theaterstraße 13, D-37073 Göttingen
Alle Rechte vorbehalten. Das Werk und seine Teile sind urheberrechtlich
geschützt. Jede Verwertung in anderen als den gesetzlich zugelassenen Fällen
bedarf der vorherigen schriftlichen Einwilligung des Verlages.

Umschlagabbildung: © Arnulf Greimel, Foto: Helmut Müller

Satz: SchwabScantechnik, Göttingen
Druck und Bindung: ♲ Hubert & Co. BuchPartner, Göttingen
Printed in the EU

Vandenhoeck & Ruprecht Verlage | www.vandenhoeck-ruprecht-verlage.com

ISBN 978-3-525-45024-6

Inhalt

1 Einführung 9

2 Das Innere Team – was steckt dahinter? 13
   2.1 Die Idee und ihre Protagonisten 13
   2.2 Was läuft im Inneren Team und wie funktioniert Führung? 19
   2.3 Stammspieler, Wächter, Helfer ... – das Ensemble des
       Inneren Teams 25
   2.4 Das Innere Team als lebendiges, dynamisches System 30

3 Die Handlungsfelder im Coaching – wo es gut läuft
   und wie es wirkt 33
   3.1 Situationen, Ziele, Wege 34
   3.2 Die wichtigsten Anwendungsbereiche in
       Beratung und Coaching 36
       3.2.1 Selbstkenntnis, Selbstbewusstsein, Selbstleitung 36
       3.2.2 Handlungs- und Verhandlungsstrategien entwickeln 39
       3.2.3 Automatische Reaktionen entschlüsseln und außer Kraft setzen 41
       3.2.4 Innere Kritiker und andere Quälgeister integrieren 43
       3.2.5 Kommunikations- und Beziehungsstörungen verstehen
            und bearbeiten 48
       3.2.6 Die Klärung von Konflikten angehen und bei sich selbst
            beginnen 52
       3.2.7 Ambivalenzen und Polarisierungen auflösen,
            Entscheidungen treffen 54
       3.2.8 Persönliche Standortbestimmung und Neuausrichtung 58
       3.2.9 Karriereberatung und Zukunftsgestaltung 60
   3.3 Die Arbeit am ganzen System – die innere Teamentwicklung 60
       3.3.1 Was ist ein Team und was heißt Teamentwicklung? 61
       3.3.2 Innere Teamentwicklung – mit sich selbst lange Wege gehen ... 64
   3.4 Das innere Team im Coaching und in der Psychotherapie –
       ein Vergleich 68

| 4 | Aufbau und Inszenierung der Beratungsarbeit | 76 |

4.1 Der Beginn – wir bringen die Coachees in Kontakt mit dem Modell ... 79
4.2 Respektvolle Annäherung – wie der Zugang des Coachs zum Team gelingt ... 83
4.3 Der Dialog: Interventionsschritte bei der Arbeit mit einzelnen Teilen ... 87
4.4 Die Arbeit mit dem Team: Interaktion zwischen den Teilen ... 93
4.5 Die Teilpersönlichkeiten zu einer neuen Konstellation integrieren ... 96
4.6 Innere Prozesse reflektieren, zur Umsetzung bringen und abschließen ... 98
4.7 Der Wechsel zwischen außen und innen als dynamischer Prozess der Integration ... 99

5 Die kreative Vielfalt der Methoden und Medien ... 101

5.1 Erhebung und Visualisierung des Inneren Teams ... 102
5.2 Möglichkeiten der Zusammenarbeit mit den inneren Anteilen ... 114
    5.2.1 Techniken des inneren Gesprächs ... 115
    5.2.2 Der Coach im Dialog mit inneren Anteilen des Coachees ... 122
    5.2.3 Trainingssituationen: Der Coach als Sparringspartner ... 129
5.3 Innere Spannungen und Polaritäten angehen ... 130
5.4 Strategien zur Integration innerer Kritiker und Saboteure ... 134
5.5 Mit schwierigen Situationen und komplizierten Akteuren umgehen ... 140
5.6 Helferfiguren mobilisieren und mit ihnen arbeiten ... 143
5.7 Innere Teamentwicklung mit System und Methode ... 147
    5.7.1 Die Standortbestimmung ... 149
    5.7.2 Der strukturierte Austausch im Team ... 150
    5.7.3 Das Team mit seinen Potenzialen kennenlernen ... 152
    5.7.4 Das Team umbauen und neue Perspektiven entwickeln ... 154

6 Das Innere Team im Kollegialen Coaching ... 159

6.1 Konzept und Philosophie des Kollegialen Coachings ... 161
6.2 Phasen und Schritte des Konzepts ... 162
6.3 Der besondere Reiz des Konzepts und seine Grenzen ... 167

7 Kultur und Dynamik einer helfenden Beziehung ... 171
- 7.1 Grundorientierung und Leitgedanken ... 171
- 7.2 Das Oberhaupt des Coachees als Partner des Coachs ... 174
- 7.3 Die Qualität des Kontakts ist entscheidend ... 176

8 Das Innere Team des Coachs als Potenzial ... 179
- 8.1 Coaching als Begegnung zweier Teams ... 179
- 8.2 Das eigene Team mit seinen Stärken und Risiken kennenlernen ... 180
- 8.3 Sein inneres Beratungsteam trainieren, entwickeln und reflektieren ... 183
- 8.4 Der Coachee, sein Anliegen und ich als Coach – sind wir kompatibel? ... 188

9 Coaching mit dem Inneren Team ist Persönlichkeitsentwicklung ... 190

Literatur ... 197

1 Einführung

Wie kam ich zum Inneren Team? Richard C. Schwartz und Friedemann Schulz von Thun haben mich damit infiziert und entflammt. Ich begann mit der Anwendung bei mir selbst und es funktionierte recht gut: als ernsthafte Spielerei mit meinen unterschiedlichen Seiten, als Instrument der Selbstreflexion und als spannende Persönlichkeitstypologie. Dann begann die Geschichte Fahrt aufzunehmen, denn zu dem neugierigen Entwickler in mir gesellte sich der professionelle, anspruchsvolle Berater. Ich baute das Konzept behutsam in meine Coachings und Beratungen ein, machte Erfahrungen, was damit geht und was nicht passt. Das war eine faszinierende Entdeckungsreise, und dabei gewann das Innere Team zunehmend auch an Bedeutung in meiner TZI-Coaching-Qualifikation.

Als ich dann auf Dagmar Kumbiers Buch zum »Inneren Team in der Psychotherapie« (2013) stieß und mich mit wachsender Freude darin vertiefte, meldete sich vehement eine ehrgeizige innere Stimme mit dem wehmütig-leisen Satz: »Ein solches Buch hätte ich gerne selbst geschrieben!« Natürlich nicht für die Psychotherapie, denn das ist nicht meine Profession, sondern für Beratung und Coaching. Davon verstehe ich etwas, nicht nur mit Blick auf die Person, sondern auch als Organisationsberater, Teamentwickler und Banker. Es brauchte dann doch noch einige Zeit, bis bei meiner ehrgeizigen inneren Stimme die Entschlossenheit endlich die Wehmut verdrängte und mein Buchprojekt sich gegen andere Aufgaben behaupten und Gestalt gewinnen konnte.

Aber passt das Innere Team mit seinen Anwendungsschwerpunkten in der Psychotherapie und in der Kommunikationspsychologie überhaupt zum Coaching und zu anderen Beratungsformaten? Geht das nicht zu nah an die Person und ans Eingemachte? Ich bin davon überzeugt, dass es passt! Bestimmt nicht in jedem Prozess und in jede Sequenz – und sicher auch nicht zu jedem Coach und jeder Beraterin[1]. Ich mache die Erfahrung, dass es im Hinblick auf die Vielzahl der Ansätze und Instrumente, die es für Beratende schon gibt, eine entscheidende Bereicherung darstellt: Das Konzept des Inneren Teams birgt das

---

[1] Ich verwende im Text im Wechsel die weibliche und dann wieder die männliche Form. Im Sinne der gendersensiblen Sprache mögen sich bitte alle angesprochen fühlen.

Potenzial, Fragen der Person und der zwischenmenschlichen Kommunikation besser zu verstehen und sie zu entschlüsseln.

Eine unserer charakteristischen Merkmale als Menschen ist unsere Neugier auf uns selbst. Mit dem Konzept des Inneren Teams eröffnen sich immer wieder überraschende Wege, dieser Neugier zu folgen, uns selbst zu erkunden und immer besser kennenzulernen. Es gibt den Coachs und den Beraterinnen ebenso wie den Klientinnen und Klienten ein Werkzeug an die Hand, mit dem sie selbstständig arbeiten können: an ihrer Person, an ihrer Führung und Leitung und an der Entwicklung und der Kultur des Unternehmens oder der Organisation, in der sie Verantwortung tragen.

Das Innere Team ist ein System. Es hat seine Wurzeln in der Systemtheorie bzw. der Systemischen Beratung, in der Kommunikationstheorie und in der Humanistischen Psychologie. Weil ich selbst als Berater und Andragoge mit diesen Konzepten groß geworden bin, passt das Innere Team gut zu mir: Es passt zu meiner spielerischen und kreativen, aber genauso zu meiner analytischen und strukturierten Seite. Und es passt gut zu meinem Beratungsverständnis und zu meiner Vorstellung von Persönlichem Coaching.

Unter Coaching verstehe ich ein spezifisches Format der Beratung, das seinen Schwerpunkt im beruflichen Feld hat. Dabei stehen nicht nur die Rolle, die Arbeitsaufgaben und das Aufgabenverständnis der Rat suchenden Person im Fokus des Beratungsprozesses. Es kann dabei ebenso um die Organisation der Arbeitsmittel und der Methoden gehen wie um die Gestaltung und die Reorganisation von Strukturen und Prozessen im Verantwortungsbereich der Coachees oder auch um die Strukturierung und Steuerung eines Projekts. Wenn der Fokus auf die Zusammenarbeit und auf die Konfliktlösung in einem Arbeits- oder Projektteam gerichtet ist, leistet Coaching einen Beitrag zur Team- und Organisationsentwicklung. Ebenso können Zielbildung oder Strategieentwicklung im Vordergrund des Beratungsprozesses stehen.

Immer aber richtet sich Coaching als Dienstleistung an eine Person in ihrer Berufsrolle, an die Coachees, die aus ihrem Verantwortungsbereich Aufgaben und Fragestellungen einbringen und die erarbeiteten Erkenntnisse und Ergebnisse dann zusammen mit ihren Kolleginnen und Kollegen zur Umsetzung bringen. In der Regel geht es dabei um die Unterstützung eines längerfristig und kontinuierlich angelegten Entwicklungs- und Lernprozesses einer Fach- oder Führungskraft mithilfe eines kompetenten Beraters, der über eine entsprechende Qualifikation und am besten über gute Fach- und Feldkenntnisse in den Arbeitsbereichen und Themen seiner Coachees verfügt.

Als Beraterinnen und Coachs sind wir also mit unserem individuellen Beratungsspektrum häufig Spezialistinnen und Spezialisten. Was immer auch unser Auftrag sein mag: Der Schlüssel zum Erfolg unserer Arbeit liegt stets bei der Rat suchenden Person, sie steht im Zentrum des Beratungsprozesses. Bei unserer Arbeit kommt es also im Kern auf die Entwicklung all der Fähigkeiten und Eigenschaften an, mit denen unsere Klientinnen und Klienten – als Fachkräfte, Führungskräfte, als Entwickler oder Beraterinnen – die ihnen gestellten Aufgaben und Herausforderungen bewältigen können.

Deswegen ist Persönliches Coaching häufig ein integraler Bestandteil der Kooperations- und Entwicklungskultur einer Organisation oder eines Unternehmens. Es gilt als wesentliches Instrument einer professionellen Mitarbeiter-, Team- und Organisationsentwicklung, mit dem die Organisation auf eine Steigerung der Arbeitszufriedenheit, der Effizienz sowie der Führungs- und der Managementkompetenzen abzielt. In diesem Sinn ist Coaching immer auch eine spezifische, praxisnahe Form der Qualifikation für gegenwärtige wie für künftige Aufgaben und Tätigkeitsfelder. Eine Person wird dabei häufig vor Anforderungen gestellt, in die sie erst noch hineinwachsen muss, und zwar fachlich und persönlich! Der Leitgedanke einer unternehmerisch gedachten Personalentwicklung heißt dann: Menschen wachsen an neuen, anspruchsvollen Herausforderungen. Damit wird Persönlichkeitsentwicklung zu einer Kernkompetenz für unsere Profession. Dafür brauchen wir personale Kompetenzen und gute Instrumente – das Konzept des Inneren Teams ist ohne Zweifel eines davon.

Als Berater und Coach habe ich also die Rolle eines Experten, der mit seinem Wissen, seinen Erfahrungen und seinem Instrumentarium die Aufgabenbewältigung der Coachees unterstützt. Vor allem aber bin ich ihr Prozessbegleiter und kollegialer Lernpartner, der das berufliche Handeln und den persönlichen Entwicklungsprozess der Klientinnen und Klienten konstruktiv begleitet und sich als kritischer Partner in ihren Dienst stellt. Häufig bin ich dazu auch Karriereberater, der die Reflexion des beruflichen und persönlichen Entwicklungsweges anstößt und den Coachees hilft, sich Ziele zu setzen und sich Zukunftsperspektiven zu eröffnen.

Als Unterstützerinnen und Begleiter in Sachen Persönlichkeitsentwicklung begeben wir uns auf ein anspruchsvolles Feld: Wer entwickelt denn da wen und was in welchem Auftrag? Mir persönlich geht es im Prozess der Beratung darum, im Spannungsfeld von Klient(en), Auftraggeber und Berater eine Balance zu finden, bei der die Coachees die erste Geige spielen. Das Innere Team ist dabei eine ausgezeichnete Unterstützung. Das Konzept ist praxisnah, anschaulich und leicht zu vermitteln. Die Coachees können es sich erschließen und es für sich und ihre Ziele einsetzen.

Über das berufliche Coaching hinaus verdient und findet das Konzept des Inneren Teams natürlich auch die Aufmerksamkeit von Beraterinnen und

Beratern aus anderen Bereichen und Formaten, sei es in der Lebens- oder Erziehungsberatung, in der Konfliktmediation oder in der Supervision. Wo immer die Person im Mittelpunkt des Geschehens steht, bietet es sich an und kann wichtige Entwicklungsprozesse begleiten und unterstützen.

Wenn Sie als erfahrene Kollegin oder als junger Coach neugierig darauf geworden sind, was das Konzept des Inneren Teams in der Beratung und im Coaching soll und was es kann, wenn Sie erfahren wollen, wie es mit seiner Lebendigkeit, mit seiner starken Symbolik und mit faszinierender Treffsicherheit seine Wirkung entfaltet, dann habe ich in diesem Praxis- und Methodenbuch einiges für Sie zusammengetragen. Meine persönliche Grundorientierung ist dabei, vor allem anderen auf die Ressourcen, auf die Lebens- und Berufserfahrung und auf die Intuition der Coachees zu setzen und sie respektvoll als eigenständige Expertinnen und Experten für sich selbst zu betrachten und zu begleiten: als verantwortliche Leiterinnen und Leiter ihres Inneren Teams.

Sie finden in diesem Buch Hinweise darauf, wie Sie sich das Innere Team auch für sich selbst und Ihren individuellen Beratungsstil erschließen können und wie es Ihnen gelingen kann, Ihre eigene, gut geführte innere Beratungscrew zu bilden und zu trainieren.

Meine Tätigkeit als Coach und Berater schätze ich vor allem deswegen, weil meine Aufgaben dabei so lebendig, so vielfältig und oft so überraschend sind, und dies natürlich besonders bei der Arbeit mit dem hier vorgestellten Konzept. Ich wünsche mir, dass das in diesem Buch spürbar wird.

In einer Sache möchte ich Sie aber noch vorwarnen: Vielleicht erhalten Sie beim Lesen ja eine Überdosis Inneres Team. Der Begriff steht im Zentrum meiner Beschreibungen und Sie werden häufig von inneren Akteuren, inneren Anteilen, inneren Personen und inneren Konstellationen lesen. Seien Sie dennoch sicher: Die Arbeit mit dem Inneren Team eröffnet Coach und Coachee zwar viele wichtige Chancen und Möglichkeiten. Aber natürlich stellt sie nur einen kleinen Ausschnitt der Begleitungs- und Beratungstätigkeit dar. Ich bin als Coach und Berater weiterhin häufiger »draußen als drinnen« unterwegs, mehr bei den Fragen, Anforderungen und Zielen meiner Klientinnen und Klienten in ihren Arbeits- und Lebenskontexten als in ihrem Inneren Team.

Wenn das Buch das Interesse von Beraterinnen und Beratern aus vielen verschiedenen Bereichen und Formaten findet, wenn es auch dort seine Wirkung entfaltet, freue ich mich sehr, genauso wie über Rückmeldungen und Anregungen, die mich zu diesem Thema erreichen.

2 Das Innere Team – was steckt dahinter?

2.1 Die Idee und ihre Protagonisten

Die Vorstellung klingt schon ein wenig verrückt: Da soll ich durch meine Lebenswelten spazieren, nicht etwa ausgestattet mit einer einheitlichen Ich-Identität, die mir teils mitgegeben wurde, teils sich im bisherigen Verlauf meines Lebens gebildet, entwickelt und ausgeprägt hat – nein! Ich soll belebt und manchmal sogar besessen sein von einer ganzen Gruppe spezieller innerer Wesen, die durchaus unterschiedlich sind und jeweils ihren eigenen Charakter haben! Und die sollen alle zu mir gehören?

Ich wäre also eine ganze Gruppe von Leuten, die sich selten ganz einig sind und durchaus unterschiedliche und wechselnde Bedürfnisse, Ziele, Zustände und Haltungen haben können – wie ich eigentlich auch! –, und da fällt mir ein, wie zerrissen ich in manchen Situationen und bei bestimmten Themen sein kann. Und dann gibt es da Akteure, die als »Stammspieler« bei allem, was wichtig ist, vorn mitspielen und ihren Einfluss geltend machen, die ganz plötzlich und unabgestimmt handeln können. Und noch andere, die auf der Lebensbühne weiter hinten stehen und erst mal abwarten oder gar hinter den Kulissen erst mit Mühe gefunden und ans Licht und in Aktion gebracht werden müssen. Dazu gibt es Spezialistinnen und Spezialisten, die über besondere Fähigkeiten und Erfahrungen für besondere Situationen und Aufgaben verfügen! Kuriose Idee, das ganze Gebilde nicht einen wirren Haufen zu nennen, sondern ein *Inneres Team!*

Das bedeutet natürlich, dass es auch eine innere Teamdynamik gibt: spezifische Konstellationen, Motive, Bestrebungen und Interessen der Akteure, die je nach Situation, Thema und Herausforderung im Einklang oder im Konflikt miteinander sein und die sich zu speziellen Koalitionen, Kräfteverhältnissen, Spannungsfeldern oder Konfliktsituationen auswachsen können. Da werden die Kräfte und Gefühlslagen im Raum immer wieder hart aufeinandertreffen! Da ist immer was los, und es können innere Szenen abgehen wie im Theater bei Shakespeare. Klingt kompliziert – aber auch spannend! Wäre da im Coaching womöglich auch mal eine Mediation oder eine innere Teamentwicklung angesagt? Aber schauen wir uns diese Kreaturen doch erst einmal genauer an.

Unsere inneren Gestalten haben unterschiedliche Lebensalter, sie bringen jeweils ihre eigenen Lebenserfahrungen mit, gute und stärkende, aber auch schwierige, einschränkende. Und sie gehören seit langer Zeit dazu, vielleicht sogar schon immer. Sie können sich gegenseitig unterstützen oder sich auch grundsätzlich im Weg stehen, wie Geschwister in einer Familie. Wir können sie also kaum wieder loswerden, auch wenn sie immer wieder rumjammern, sich aggressiv austoben, gnadenlos nerven oder gar gestört sind! Aber vielleicht können sie sich ja ändern?

Neulich habe ich das Innere Team sogar in einem Roman gefunden. Da herrschten im Innern eines der Protagonisten ziemlich unhaltbare Zustände, die er offenbar Mühe hatte, in den Griff zu bekommen. Schlecht, denn sie waren dabei, sein Liebes- und Lebensglück zu verhindern: »Der Optiker hatte in sich eine ganze Wohngemeinschaft voller Stimmen. Es waren die schlimmsten Mitbewohner, die man sich vorstellen konnte. Sie waren immer zu laut, vor allem nach zweiundzwanzig Uhr, sie verwüsteten die Inneneinrichtung des Optikers, sie waren viele, sie zahlten nie, sie waren unkündbar« (Leky, 2019, S. 34 f.). Und auch durch seine Aufforderung »Klappe halten« lassen sie sich nicht beeindrucken und versuchen unaufhörlich, ihm seine Wünsche auszureden.

Wenn das nun wirklich so ist, wenn wir also alle, wie die Fachleute sagen, eine »multiple Persönlichkeit« haben oder sind, dann gibt es gute und schlechte Momente, Sternstunden und Störungen, Business as usual wie Highlights und zwischendurch immer wieder Chaos drinnen im System und folglich auch im Kontakt nach draußen! Das haben wir ja alles schon erlebt: Eine unfreundliche, kritische Anmerkung kann uns plötzlich ganz schön provozieren oder durcheinanderbringen und Gefühle wie Ärger oder Angst auslösen. Und schon folgt eine spontane Reaktion: Das Innere Team schlägt zurück oder verzieht sich einfach – und manchmal sogar beides auf einmal!

Eines wird dabei aber klar: Das System braucht Führung! Es wird nie und nimmer funktionieren ohne eine vermittelnde, leitende Instanz! Es braucht eine besondere innere Person, die das ganze Miteinander oder Durcheinander begleitet, moderiert und leitet und die drinnen wenn nötig für Orientierung und für klare Entscheidungen sorgt. Schauen wir an einem Beispiel auf die Gefühls- und Lebenslagen, in denen sich ein Inneres Team befinden kann:

Herr S. ist einer meiner Coachees, die bisher noch nichts von ihrem Inneren Team gehört haben. Er berichtet zu Beginn der Coaching-Sitzung sehr aufgebracht und gleichzeitig sehr besorgt darüber, dass sein Chef ihn vor einigen Tagen vor seinen eigenen Mitarbeiterinnen und Mitarbeitern »total niedergemacht« habe. Das sei nicht zum ersten Mal geschehen, aber diesmal sei der Chef besonders respektlos gewesen und habe kein gutes Haar an ihm gelassen. Am Ende der Tirade, als der Chef ihn und sein Team verlassen hatte, habe er das Meeting abgebrochen und sich in sein Büro »verkrochen«. Mit Wut, Sorge und Niedergeschlagenheit scheint sich mein Klient in einem Wechselbad der Gefühle zu befinden, und im Beratungsanliegen wird seine Ratlosigkeit sehr deutlich: »Was soll ich jetzt bloß tun?«

Ich bitte Herrn S., mir die erlebte Situation zuerst in aller Ruhe zu beschreiben. Meine Idee ist, als sein Berater die »verschiedenen Seelen in seiner Brust« wahrzunehmen, sie ihm zu spiegeln und dabei auf Karten festzuhalten. Zunächst begegnet mir ein Anteil, *der nach oben, auf den Chef schaut.* Das tut er mit der Befürchtung: »Der hat was gegen mich und das wird noch böse Folgen haben.« Es wird deutlich, dass er sich als Person und in seiner Rolle zunehmend bedroht fühlt. Mein Coachee sitzt angespannt und mit hochgezogenen Schultern da. Dann wechselt seine Stimmung und es meldet sich eine *klare, sehr besorgt klingende Stimme:* »Ich mache mir Gedanken um mein Image in der Firma. Meine Leute könnten den Respekt vor mir verlieren und draußen über den Vorfall erzählen.« Herr S. macht sich Sorgen, wie loyal die einzelnen Mitarbeiter und Mitarbeiterinnen wohl zu ihm stehen.

Doch dann verändert er seine Körperhaltung: Er richtet sich auf und es meldet sich eine weitere Stimme, die ganz anders klingt. Sie scheint gegen seine Ängste und Befürchtungen anzukämpfen: »Na ja, so schlimm wird das alles schon nicht sein! Der Chef hatte halt wieder seinen schlechten Tag, das kennen wir ja eigentlich alle … – das trifft jeden mal.« Damit hat ein *Selbstberuhiger, Harmonisierer* seinen Auftritt und die Stimmung wechselt. Spannend: Jetzt ist mein Klient sogar fast geneigt, den Vorfall zur Seite zu schieben und zu einem anderen Thema überzugehen.

Ich frage aber nach, wo denn der aufgebrachte Ärger geblieben sei, mit dem er ins Coaching gekommen war. Ach, so bemerkt er, der würde bei ihm immer sehr schnell vergehen! Beim Nachsuchen stoßen wir auf einen Anteil, *der sich eigentlich wehren will.* Er hatte sich schon wieder zurückgezogen, zeigt sich jetzt aber erneut und ergänzt auf meine Nachfrage zögernd: »Eigentlich kann ich mir das nicht gefallen lassen. Ich hätte meinen Chef schon längst darauf ansprechen sollen …« Ganz überzeugend klingt Herr S. jetzt nicht.

Aber da ist noch etwas Wichtiges: Wie ging es ihm denn eigentlich, nachdem er »sich in sein Büro verkrochen« hatte?, zitiere ich ihn. Einige Zeit bleibt er still. Dann meldet sich eine verletzte, fast kindlich anmutende Stimme, *ein Stiller, Gekränkter:* »Nicht gut. Ich krieg es immer wieder ab, und natürlich hat mir wie immer keiner geholfen!« Das klingt niedergeschlagen und sehr verletzt, wie wenn es nicht nur in dieser Situation so sei, sondern im ganzen Leben. Und in dieser Stimmung stellt sich Herr S. wieder die Frage: »Was soll ich jetzt bloß tun?«

In dieser Coaching-Sequenz mit Herrn S. kristallisierten sich deutlich einzelne Stimmen seines Inneren Teams mit ihren Gefühlen und Stimmungen heraus, so deutlich, als wären sie wirklich unterschiedliche Personen, die jeweils mit ganz spezifischen Motiven und Emotionen am Geschehen beteiligt sind. Der Zugang von Herrn S. zu seinem Inneren Team war in dieser Situation gelungen, »es hat funktioniert!« – und das ist nicht selbstverständlich. Dies war sicherlich auch deswegen möglich, weil sich zwischen Coachee und Coach im vorangegangenen Beratungsprozess schon ein Stück Vertrauen gebildet hatte. Das hat es Herrn S. erleichtert, sich zu öffnen und sich mit seinen Gefühlen wahrzunehmen und zu zeigen. Er konnte die beteiligten inneren Anteile benennen und ihre wichtigsten Eigenschaften herausfinden. Der Berater notierte sie und ihre Kernaussagen. Im weiteren Prozess ist es dadurch möglich, immer wieder Bezug auf sie zu nehmen und mit ihnen zu arbeiten.

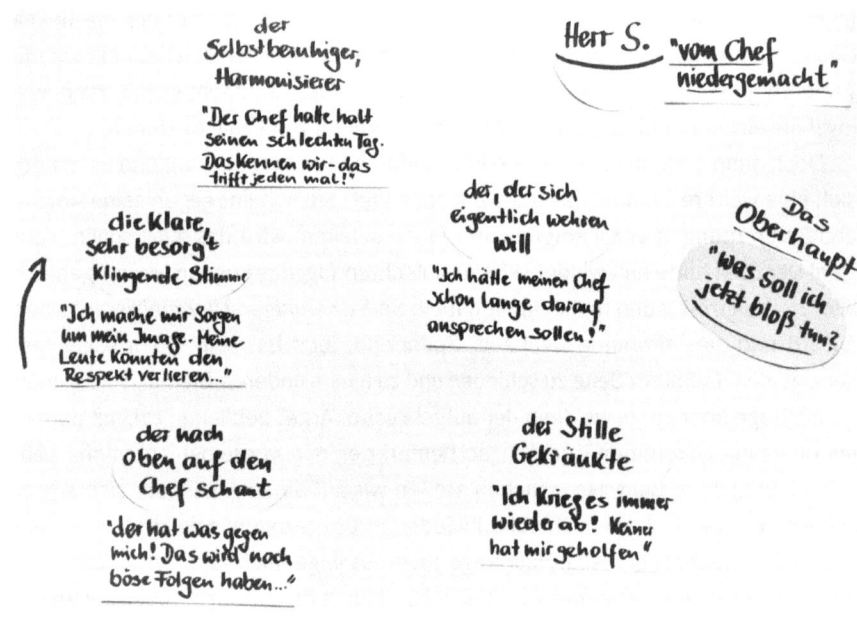

Später gelingt es Herrn S., in ein Gespräch mit seinem Chef zu gehen. Das kostet ihn einigen Mut und er überlegt sich gut, welche Teammitglieder er in dieses Gespräch mit hineinnimmt und welche besser nicht. Er macht seinem Vorgesetzten deutlich, wie schwierig es für ihn ist, vor seinen eigenen Mitarbeitern kritisiert zu werden. Er bittet ihn darum, ihm kritisches Feedback künftig nicht mehr in der Öffentlichkeit zu geben. Noch etwas von oben herab, so berichtet Herr S., gesteht dieser ihm das zu. Das war ein mutiger erster Schritt! Aber seine Beziehung zum Chef bleibt schwierig, seine Angst und seine Befürchtungen schwingen beständig mit und sie beeinträchtigen ihn in seiner Selbstsicherheit und in seinen täglichen Führungsaufgaben. Herr S. will die Arbeit an seiner persönlichen Situation im Coaching fortsetzen, und das Konzept des Inneren Teams erweist sich dabei als ein wichtiges Hilfsmittel.

»Es funktioniert«: Das symbolische Konzept des Inneren Teams gibt uns und unseren Klienten im Coaching die Chance an die Hand, sich selbst besser kennenzulernen und zu steuern und sich als Personen weiterzuentwickeln. »Es funktioniert« – diese Aussage ist der gemeinsame Ausgangspunkt der Autorinnen und Autoren, die sich mit dem Phänomen des Inneren Teams beschäftigen, sei es in der Psychotherapie, in der Bildungsarbeit oder in der personenbezogenen Beratung.

Die Teilidentitäten der Klienten werden für sie wahrnehmbar, sie können sie identifizieren, benennen und mit ihnen in Kontakt und ins Gespräch kommen. Der amerikanische Psychotherapeut Richard C. Schwartz (1997, 2008) beschreibt die Arbeit mit seinem »Internal Family System (IFS)« und geht dabei auch ausführlich auf seine eigenen inneren Anteile ein. Sein eigenes inneres System profund zu kennen ist die Voraussetzung, um verantwortlich und erfolgreich mit diesem Konzept zu arbeiten. Die Begegnung mit dem eigenen Inneren Team ist eine äußerst faszinierende Erfahrung. Ich erlebe sie immer wieder so lebendig, so gefühls- und energiegeladen und so authentisch, als wenn es die inneren Teilpersonen wirklich gäbe.

Alle Autorinnen und Autoren sind dieser authentischen Art der Selbstbegegnung auf oft sehr spannenden Wegen nachgegangen. Sie haben auf der Basis ihrer theoretischen Ansätze versucht herauszufinden, wie sich Teilidentitäten im psychischen System identifizieren oder sogar neurobiologisch verifizieren lassen. Natürlich gibt es die inneren Akteure in einem streng naturwissenschaftlichen Sinne nicht. Aber es gibt gute Gründe und Argumente, symbolisch trotzdem von ihrer Existenz auszugehen und auf dieser Basis mit ihnen in Beratungs-, Bildungs- und therapeutischen Prozessen zu arbeiten.

Schwartz überträgt mit seinem Modell der »Inneren Familie« (IFS-Modell) das systemische Denken in den intrapsychischen Bereich. Er erkannte in seiner therapeutischen Praxis, dass es eine Analogie zwischen den Bewegungsgesetzen und der Dynamik von Systemen (Organisations-, Gruppen-, Familiendynamik) in der Außenwelt und der inneren Psychodynamik von einzelnen Personen gibt. Er beschreibt, wie er auf das Phänomen der »Multiplizität der Psyche« stieß (Schwartz, 2008, S. 63 f.). Die Spuren dieses Phänomens weist er überzeugend an verschiedenen Stellen der psychologischen Theoriebildung nach (Schwartz, 1997, S. 27 ff.). Als systemischer Familientherapeut betrachtet er das Verhalten der

Person im Kontext ihres Familiensystems. Dann macht er sich auf den Weg von außen nach innen: Er geht daran, mit dem Klienten die Dynamik seiner »Inneren Familie« zu entschlüsseln und über systemische Interventionen Veränderungen zu erreichen, die auch außen im Verhalten des Klienten Wirkung zeigen.

Der Kommunikationspsychologe Friedemann Schulz von Thun betrachtet das Innere Team als ein gedankliches Hilfskonstrukt. Er vergleicht die Konstellation und die Dynamik des Inneren Teams mit der eines Arbeitsteams und erkennt ebenfalls eine Analogie: »Es handelt sich um eine Metapher, ein Vorstellungsbild, das wir uns machen können, um die wenig greifbaren seelischen Vorgänge in den Blick und ein wenig in den Griff zu bekommen. […] In diesem Fall können wir hoffen, dass die Leuchtkraft der Metapher ausreicht, um wichtige Aspekte an der unbekannten Sache zu erkennen und sie dementsprechend anzupacken« (Schulz von Thun, 1998, S. 35).

Auch die Vertreter des hypnosystemischen Ansatzes, Gunther Schmidt (2005, S. 70 f.) und Jochen Peichl, sehen eine Multiplizität der menschlichen Psyche. Im Fühlen und Handeln der inneren Personen sehen sie die Verhaltensmuster repräsentiert, die Menschen im Lauf ihrer Entwicklung lernen und die sich durch Wiederholung verfestigt haben, seien sie nun hilfreich oder hinderlich und belastend: »[…] für dieses Konzept gilt wie für alle Theorien: Sie sind nicht die Wahrheit, sondern nur eine bildliche Annahme über innerseelische Zustände, die sich häufig einer Beschreibung entziehen. Sie sind Bilder und keine Wahrheiten« (Peichl, 2010, S. 23).

Die therapeutische Arbeit mit Teilpersönlichkeiten bringt für den Klienten sofort eine bedeutende Entlastung: Er *ist* nicht das Problem, sondern lediglich ein Teil von ihm hat mit einem Problem zu kämpfen, und dieser Anteil kann sich verändern und das Problem lösen. Er hat die Chance, sich selbst besser zu verstehen, zu leiten und zu steuern. Peichl warnt allerdings vor einer *extensiven* Personalisierung der inneren Prozesse: »Es besteht die Gefahr, dass die Teile beginnen, ein Eigenleben zu entwickeln, als seien sie wirklich kleine Homunkuli im Innenraum« (Peichl, 2019, S. 37).

Dagmar Kumbier arbeitet als Traumatherapeutin seit Jahren mit dem Konzept des Inneren Teams. Sie schreibt den inneren Personen eine je eigene Geschichte und eine Individualität ihrer Gedanken, Gefühle, Erfahrungen und Eigenheiten zu und darüber hinaus eine eigene Würde. Sie betont damit ihren quasimenschlichen Charakter und schlägt vor, »dass man ihnen mit Respekt und Wertschätzung begegnen sollte« (Kumbier, 2013, S. 19). Ähnlich betont Dirk Rohr (2016, S. 18 f.), dass »in Anlehnung an eine systemische Grundhaltung alle Persönlichkeitsanteile mit ihrem grundlegenden Bedürfnis wertgeschätzt« werden sollen. Im Modell des Inneren Teams sieht Rohr den Versuch einer

Synthese von Humanistischer Psychologie (der Mensch ist autonom) und systemischem Ansatz (und er handelt nach einer Inneren Kommunikation, nach Inneren Dialogen)«.

In ihrem Methoden- und Praxisbuch für die Psychotherapie fasst Kumbier (2013, S. 20 f.) den Stand der aktuellen fachlichen Diskussion zum Charakter des Konzepts Inneres Team mit folgenden Aussagen zusammen:
»Gemeinsam ist allen die Vorstellung, dass
- die innere Dynamik in Analogie zur äußeren Dynamik zwischen verschiedenen Menschen verstanden werden kann,
- eine gedeihliche innere Dynamik voraussetzt, dass alle inneren Anteile respektiert, gewürdigt und in ihren unterschiedlichen Bedürfnissen anerkannt werden,
- Konflikte im Inneren Team Blockaden verursachen und zu Leid und Handlungsblockaden führen,
- es eine übergeordnete Instanz gibt, welche das Innere Team führt oder jedenfalls führen sollte – und dass diese Führung gelingen oder misslingen kann,
- und dass Psychotherapie und Beratung dazu dienen, Blockaden aufzulösen und die Selbstregulationskräfte wieder freizusetzen.«

Diese Vorstellung bildet eine tragfähige Basis nicht nur für die Therapie, sondern auch für die Arbeit mit dem Inneren Team in Coaching und Beratung. Mit Blick auf mein Handlungsfeld als Coach ist mir jedoch eine Ergänzung wichtig: Coaching mit dem Konzept des Inneren Teams hat das Potenzial, die Selbstkenntnis der Klienten und ihre Fähigkeit zur Selbstreflexion zu unterstützen und ihre Selbstleitung ebenso wie ihre Leitungs- und Führungsfähigkeit im Arbeitsfeld zu stärken und weiterzuentwickeln.

Damit ist eine erste Grundlage zur Herkunft und zum Verständnis des Konzepts gelegt. Im Folgenden nehme ich die Dynamik und das spannende Geschehen im Inneren Team genauer unter die Lupe.

2.2 Was läuft im Inneren Team und wie funktioniert Führung?

In meinen Alltagsbegegnungen mit anderen Menschen nehme ich deren Äußerungen und Verhaltensweisen als einen Gesamteindruck wahr. Ich gewinne unwillkürlich eine erste Vorstellung von meinem Gegenüber, ohne mir viele Gedanken darüber zu machen, wie ich zu dieser Vorstellung komme. Wenn ich eine Person schon besser kenne und genauer hinsehe, fallen mir im Kontakt mit ihr vielleicht Unterschiede auf: Ich lerne etwas darüber, welche Seiten und

Eigenschaften sie hat, in welchen Situationen diese Seiten der Person besonders zum Tragen kommen oder wann ich sie nicht wahrnehmen kann. Und immer darf ich darauf gefasst sein, Zeuge eines Moments zu sein, in dem sie sich plötzlich von einer ganz anderen Seite zeigt. Sie tritt unvermittelt aus dem Muster der Denk- und Verhaltensweisen heraus, die mir von ihr vertraut sind und mit denen ich unwillkürlich rechne. Diese Erfahrung kann ich auch bei Menschen machen, die ich sehr gut zu kennen glaube. Ich bin dann in meiner Alltagserwartung irritiert – und nun wird es richtig spannend. Was ist da passiert?

Ähnlich kann es mir natürlich mit mir selbst gehen. Jetzt erlebe ich die Situation allerdings aus der Innenperspektive: aus der Perspektive meiner Gedanken und Gefühle. Bei meinen Messenger-Nachrichten an meine erwachsenen Töchter rechne ich bei beiden nicht mit schnellen Antworten. Sie scheinen souverän entscheiden zu wollen, wann sie den Kontakt mit mir suchen und wann nicht, und das habe ich akzeptiert. Ich fasse mich also zunächst in Geduld. Je nach dem Charakter meiner Nachricht und der Dauer des Schweigens rühren sich bei mir die Gefühle und ich beginne, mir Gedanken zu machen. Da gibt es die ungeduldige, anspruchsvolle Seite, die endlich ernst genommen werden will und die sich ärgert. Es kann aber auch eine besorgte, fürsorgliche Seite dominieren. Dann entsteht ein wachsendes Gefühl der Sorge und der Unruhe. Etwas drängt mich dazu, nicht länger zu warten und den Kontakt zu suchen. Aber es gibt auch einen Gegenspieler, der beruhigend und abwiegelnd dagegenhält, und womöglich einen weiteren, der sich nicht aufdrängen will. So kann ich eine ganze Zeit lang in der Ambivalenz bleiben, bis sich dann die besorgt drängende Seite durchsetzt und mich zum Handeln bringt. Dabei spielt natürlich auch mein »Gesamtzustand« eine Rolle. Wenn ich sowieso unter Druck stehe oder wenn mir – egal aus welchem Grund – an diesem Tag das seelische Gleichgewicht abhandengekommen ist, dann muss ich (und ebenso meine Umwelt) auch mal mit unvermittelt gefühlsbetonten Reaktionen rechnen. Und später frage ich mich: Was ist da passiert?

Manchmal brauche ich in solchen Situationen – wenn sich drinnen schon lange Außergewöhnliches zuträgt und ich es nicht registriere oder nicht wahrnehmen will – die freundliche Frage eines anderen Menschen, was eigentlich mit mir los sei, oder sein Feedback, dass ich mein Verhalten oder meine Körperhaltung plötzlich verändert hätte. Das kann mir dann helfen, aufmerksam zu werden, innezuhalten und bewusst nach innen zu schauen.

Aus beiden Perspektiven, von außen wie von innen, lässt sich das Geschehen bei genauerem Hinsehen als eine Kombination von Gefühlen, Gedanken und Handlungen verschiedener innerer Akteure entschlüsseln, die unterschiedlichen Bedürfnissen und Zielen folgen und jeweils eine ganz spezifische Aufmerksamkeit haben: Sie reagieren in ihrer ganz individuellen Weise auf spezifische Situationen und Themen. »Im Modell des Inneren Teams werden die Wechselwirkungen zwischen Gedanken und Gefühlen – zwischen den unterschiedlichen Stimmen – erkannt und anerkannt« (Rohr, 2016, S. 22). Und wenn es drauf ankommt, verfügen unsere inneren Anteile allein oder in abgestimmter Kombination über ein erstaunliches Repertoire an Bewältigungsmechanismen und Handlungsoptionen, die sie spontan zum Einsatz bringen können – mit guten, manchmal aber auch mit weniger guten Ergebnissen.

Wenn sich alle inneren Beteiligten gut fühlen, wenn sie normal gefordert und gut geführt sind, wenn es keine Probleme zu lösen und keine Konflikte zu klären gibt, dann kann ich mit meinem Inneren Team und seinen vertrauten, eingespielten Mustern wunderbar leben, ohne es bewusst wahrzunehmen oder an es zu denken. Wenn es aber etwas zu klären gibt oder ein inneres Alarmsignal ankommt, dann drängt sich das Innere Team ins Bewusstsein und macht über die Körpersignale und über die Gefühle auf sich aufmerksam. Meine Intuition zeigt mir an, dass »etwas nicht stimmt« und Klärungs- oder Handlungsbedarf besteht. Aber auch bei besonderen Herausforderungen im emotionalen Normalbetrieb ist der Blick auf mein inneres Repertoire sinnvoll: Womöglich nutze ich viele meiner inneren Ressourcen und Potenziale nicht in vollem Ausmaß, weil sie mir nicht vor Augen sind. Das Innere Team zeigt sich ja nicht immer von selbst, wenn es darum geht, das Beste aus meinen Möglichkeiten zu machen.

Wenn ich mich selbst aufmerksam durch verschiedene Zonen meiner Lebenswelt begleite und genau hinschaue, kann ich erkennen, dass mein Inneres Team offenbar ein Chamäleon ist. Zwar gibt es da Stammspieler, die immer oder häufig mit von der Partie sind. Aber wenn ich von der Familie in mein Arbeitsfeld als Coach wechsle, lasse ich einige meiner inneren Akteure hinter mir, dafür sind jetzt andere präsent, die ich brauche, um ein gutes Beratungsgespräch zu führen. Und wenn ich als Seminarleiter in der Coaching-Qualifikation vorn stehe, kommt zu den inneren Fachleuten noch einer hinzu, der sich selbst gut präsentieren und eine freundliche Atmosphäre schaffen möchte. Und etwas weiter hinten rührt sich ein anderer, der etwas nervös ist und hofft, dass es wieder so gut läuft wie das letzte Mal. Am Beginn des zweiten Tages ist er allerdings verschwunden und die innere Stimmung ist deutlich lockerer.

Ähnlich geht es natürlich meinen Coachees. Wenn sie in ihrer Arbeit ihre Rolle spielen, sind sie klar und eindeutig gefordert, »ihren inneren Laden auf Vordermann und in Aktion zu halten«. Dafür haben sie ihre Spezialisten im Inneren Team. Dasselbe ist nötig, wenn es für ein wichtiges Projekt oder für ein Ziel, das ihnen am Herzen liegt, Zweifel zu beseitigen und alle Fähigkeiten und Kräfte zu mobilisieren gilt. Vielleicht können sie dann einen Troubleshooter mobilisieren, der das Projekt aus dem Feuer reißt. Und wenn sie eine neue, herausfordernde Aufgabe haben und dabei nicht mehr so recht weiterkommen, wenn sie in einem Konflikt festhängen oder sich selbst im Weg stehen, gibt es vielleicht einen, dem es plötzlich eng und bang wird. Und ein anderer macht den Vorschlag, sich Unterstützung beim Coach zu holen. Das hat bisher meistens ganz gut geklappt.

So kommen meine Klientinnen und Klienten zu mir ins Coaching, und wieder hat sich ihre innere Aufstellung verändert. Oft haben sie einen Selbstbewussten als Frontmann mitgebracht, und ein Ängstlicher, ein Bedenkenträger ist auch dabei, der aber erst einmal hinter der Türe versteckt wird. Meine Coachees kommen zu mir, um Verständnis und Unterstützung zu finden, und mein inneres Beratungsteam und das Konzept des Inneren Teams geben mir dafür gute Möglichkeiten in die Hand.

Im Prozess der Beratung geht es zu Beginn wie immer darum, die Situation des Coachees zu erfassen und mit ihm sein Anliegen oder sein Ziel zu klären. Wenn die Entscheidung für die Arbeit mit dem Inneren Team gefallen ist, führt der Weg von Coach und Coachee nach innen: Wie können sie den Kontakt zum Inneren Team aufnehmen? Welche Akteure stehen in der Mitte des Geschehens und wer aus dem Team ist sonst noch betroffen? Welche Haltung haben die inneren Anteile zu dem eingebrachten Thema? Im weiteren Verlauf können sich Coachee und Coach auch der inneren Teamdynamik zuwenden und sich die Beziehungen zwischen den inneren Spielern ansehen.

Ich berate schon seit einigen Jahren mit dem Konzept des Inneren Teams. Diese Erfahrung macht es mir leichter, aus den Äußerungen des Coachees, aus dem Wechsel seiner Stimmungen und aus seinen Körpersignalen Hinweise auf die inneren Akteure aufzunehmen, die sich zum eingebrachten Thema melden. Schon bei der Situationsbeschreibung des Coachees entstehen also erste Eindrücke über die aktiven inneren Spieler, die ich dem Coachee als »unterschiedliche Seelen in seiner Brust« zurückspiegeln kann. Wenn er das Konzept schon kennt oder nach einer einführenden Erklärung zustimmt, mit dem Inneren Team zu arbeiten, können wir mit einer Erhebung des Inneren Teams beginnen: Wir lassen transparent werden, welche Akteure und Anteile sich zum angesprochenen Thema ins Spiel bringen und inhaltlich positionieren.

Dann stellt sich immer auch die Frage nach der inneren Struktur des Teams und nach seiner Führung. Denn das Innere Team braucht klare Orientierung, eine Koordination der Kräfte und eine spürbare Leitung, damit die inneren Leistungsträger und die Kompetenzzentren des Teams erfolgreich zum Einsatz kommen können und »schwierige Gesellen«, »innere Schweinehunde« oder abwertende Kritikerinnen und Kritiker das Vorhaben nicht aufhalten oder sogar verhindern.

In jedem lebendigen Team gibt es also Akteure mit guten und schwierigen Seiten, solche, die man zu einem sensiblen Treffen mitnehmen möchte, und andere, die dann infrage kommen, wenn es darum geht, einen harten Pflock einzuschlagen. Wenn unsere Coachees in Sachen innere Teamleitung schon gut aufgestellt sind, dann kennen sie ihre Anteile mit ihren Stärken und Eigenheiten. Sie können sie zu Rate ziehen, eine gute Auswahl treffen und sie für ein Vorhaben auf eine gute Strategie mit verteilten Rollen einschwören, an die sich dann jeder hält. Wenn sie aber Schwächen in der inneren Leitung haben, kann es ein Durcheinander geben: Es traut sich mal wieder keiner oder im entscheidenden Moment nimmt eine der dominanten Stammspielerinnen plötzlich das Heft in die Hand, zieht ein paar andere mit und alles geht in die falsche Richtung. An den Reaktionen und Verhaltensmustern der Coachees lässt sich also erkennen, ob ihr Inneres Team gut geführt ist oder ob eine mehr oder weniger chaotische Truppe am Werk ist, die sich vielleicht mit einiger Mühe durch die Wechselfälle des Alltags kämpfen muss.

Wir haben also eine innere Leitungsinstanz, die grundsätzlich in der Lage ist, sich selbst und die Wirkungen ihres Handelns wahrzunehmen und zu beobachten, eine Bewertung vorzunehmen und das Verhalten der Person zu steuern. In Ruth C. Cohns Konzept der *Themenzentrierten Interaktion (TZI)* nehmen die Gedanken der Selbstwahrnehmung und der Selbstleitung einen zentralen Platz ein: »Sei dein eigener Chairman/deine eigene Chairwoman, sei die Chairperson deiner selbst. Dies bedeutet: Sei dir deiner inneren Gegebenheiten und deiner Umwelt bewusst. Nimm jede Situation als Angebot für deine Entscheidungen« (Matzdorf u. Cohn, 1992, S. 66). Cohn sieht hier eine Analogie zur Führung im Unternehmen (Chairman oder CEO). Mit ihrem Gedanken der »Chairpersonship« (Cohn u. Matzdorf, 1992) gibt sie den Anstoß, sich selbst zu leiten: immer wieder innezuhalten, nach innen zu schauen, sich selbst bewusst wahrzunehmen und dabei auf die eigenen Gefühle und Körpersignale zu achten. Aus diesen Momenten einer inneren Klärung heraus gilt es dann, die aktuelle äußere Situation und die handelnden Personen in den Blick zu nehmen und einzuschätzen, Entscheidungen zu treffen und sich gezielt und mit bewusster Verantwortung ins Geschehen einzubringen. Mit Ruth C. Cohns Gedanken der Chairpersonship ist die Führungsfunktion im Inneren Team exakt beschrieben: in wichtigen Situationen die Lage und die Aufstellung im Inneren Team wahrzunehmen, dort einen Klärungs- und Entscheidungsprozess zu gestalten und ihn nach außen in Handlung umzusetzen.

Eine innere Leitungsinstanz ist ein Element aller erwähnten Konzepte und sie hat dort immer einen zentralen Platz. Schwartz spricht vom »Selbst« und er bezeichnet den Ort, den es besetzt, als den innersten, unverletzlichen Kern der

Persönlichkeit, ihr Bewusstsein, mit dem die Person ihre Welt wahrnimmt und ihre Handlungsentscheidungen trifft (Schwartz, 2008, S. 35 f.). Ist das Selbst an seinem Platz und nimmt seine bewusste Führungsrolle in der »Inneren Familie« wahr, so können wir dies an unverwechselbaren Qualitäten erkennen, den »8 Cs«, wie Schwartz sie nennt: Ruhe (Calmness), Klarheit (Clarity), Neugierde (Curiosity), Mitgefühl (Compassion), Zuversicht (Confidence), Mut (Courage), Kreativität (Creativity) und Verbundenheit (Connectedness). Sie zeigen die aktive Präsenz der inneren Leitungsinstanz im Bewusstsein an (Schwartz, 2008, S. 42 ff.). Vermittelt die Person dagegen etwa kühle Distanz, nüchterne Arroganz oder gar beißenden Sarkasmus, dann können wir sicher sein, dass es sich um ein anderes, offenbar starkes, dominantes Teammitglied handelt, das die Leitungsfigur von ihrem Platz verdrängt hat und ihr Bewusstsein bestimmt. So versteht Schwartz die Situation auch in Momenten, in denen eine Person »außer sich« ist und starke Gefühle ihr Bewusstsein und ihr Handeln bestimmen. Wenn Klienten – situativ oder grundsätzlich – keinen Zugang zu ihrer inneren Leitungsinstanz haben, ist die Aufgabe eine »Selbst-Findung« mit dem Ziel, das Selbst wieder in seine angestammte Funktion zu bringen.

Bei Schulz von Thuns »Oberhaupt« geht es nicht um eine machtvolle, gar übermächtige, sondern eine moderierende, vermittelnde Leitungsinstanz. »Wenn das Oberhaupt etwas will, kann es das nicht autoritär durchsetzen: Dazu reicht seine Macht nicht. […] Es muss schon wesentliche Mitglieder seiner Mannschaft hinter sich bringen. Das Machtverhältnis zwischen Chef und Teammitgliedern ist außerordentlich subtil und kompliziert« (Schulz von Thun, 1998, S. 81 f.). Die Aufgabe des Oberhaupts ist es dann, im Inneren Team mit viel Geschick und Mut immer wieder eine »balance of power« herzustellen, um anstehende Entscheidungen zu treffen und die geeigneten Anteile zu gewinnen, damit Wichtiges auf den Weg gebracht werden kann. Das Oberhaupt sorgt für Aufgaben wie Kontrolle, Moderation, Integration, Konfliktmanagement oder Einsatzleitung.

Jochen Peichl arbeitet mit dem Begriff eines »verborgenen Inneren Beobachters« (Peichl, 2010, S. 32), der eine erwachsene, aufbauende und wertschätzende Position im Inneren Team einnimmt und die Person in ihrer Selbstwahrnehmung, ihrer Selbstachtung und ihrem Selbstvertrauen stärkt. Wenn er sich mit einem oder mehreren inneren Anteilen fest assoziiert hat, ist das Bewusstsein der Person beeinträchtigt und ihre Leitungskompetenz geht verloren: »[…] der Autopilot wurde eingeschaltet und die Steuerungsinstanz hat sich ins Koma verabschiedet« (Peichl, 2019, S. 61). Anstelle von bewussten Handlungsentscheidungen tritt dann die automatische Steuerung durch in der Vergangenheit gelernte Denk- und Fühl-Verhaltensmuster. Dann muss der »innere Systemorganisator« befreit und wieder in seine Funktion gebracht werden.

Dagmar Kumbier postuliert ähnlich wie Schwartz eine innere Leitungsinstanz, die es für das Innere Team zu mobilisieren gilt. Sie betont, dass »der Klient alles in sich selbst hat, was er braucht. Aufgabe des Therapeuten ist es, den Klienten dabei zu unterstützen, diese inneren Ressourcen zu finden und Vertrauen zu ihnen zu entwickeln« (Kumbier 2013, S. 32). Kumbiers ausgeprägte Ressourcenorientierung in der Therapie hat auch als Orientierung für das Coaching eine zentrale Bedeutung. Das Oberhaupt, die innere Leitungsinstanz des Coachees, wird im Beratungsprozess mit dem Inneren Team zur zentralen Figur und zum wichtigsten Ansprechpartner für den Coach. Es ist Partner auf Augenhöhe, wenn es darum geht, das Innere Team zu erkunden und seine Ressourcen zur Wirkung zu bringen.

2.3 Stammspieler, Wächter, Helfer ... – das Ensemble des Inneren Teams

Es ist wie im Theater: Jedes Mitglied des Ensembles ist ein Charakter für sich. Jedes hat jeweils spezifische Eigenschaften, Erfahrungen und Neigungen, die es zum Team beisteuert und dort zur Wirkung bringt. Jede Spielerin und jeder Spieler hat eine spezifische Rolle inne und erfüllt spezielle Aufgaben. Wenn wir die Anteile genauer in Augenschein nehmen, lassen sie sich in ihrer Eigenart als Elemente einer inneren Persönlichkeitstypologie identifizieren. Diese hilft uns, die Verhaltensweisen dieser Anteile zu verstehen und ihre Stärken bei unserer Arbeit im Coaching zu berücksichtigen.

Die integrative, vermittelnde und steuernde Rolle des *Oberhaupts* kennen wir nun. Im Coaching werden wir vor allem mit ihm und mit den standfesten, *erwachsenen Anteilen* arbeiten. Sie tragen mit ihren Fähigkeiten, mit ihrer Erfahrung und mit ihrer Stabilität das Innere Team, und sie haben als Stammspieler oft eine verantwortliche Position im Team. Sie repräsentieren die Eigenschaften, die den Coachees mehr oder minder vertraut sind, mit denen sie leben und deren Fähigkeiten sie bewusst oder unbewusst nutzen – oder mit denen sie sich jeden Tag herumschlagen. Bei unserem ersten Kontakt mit einer Klientin oder einem Klienten haben wir diese Anteile vielleicht schon wahrgenommen, wir haben einen ersten Eindruck gewonnen. Mit der Zeit und mit wachsendem Vertrauen werden die Coachees uns weitere innere Seiten ihrer Persönlichkeit zeigen, die unser Bild anreichern, differenzieren und vertiefen.

Wenn sich ein Coachee zunächst von seiner besten Seite zeigt, treffen wir auf die konstruktiven, fähigen Anteile des Ensembles. Später lernen wir auch diverse Akteure kennen, die etwa als Abenteurer mutig oder rücksichtslos in

Risiken gehen, als nörgelnde Kritiker das Team samt dem Oberhaupt in Schach halten können oder als abwertende Quälgeister eine tägliche Belastung darstellen. Vielleicht bilden sie sogar den Anlass, der den Klienten ins Coaching geführt hat. Dann wird es auf der Bühne lebendig und kontrovers.

Neben den »Erwachsenen« finden wir vielleicht noch weitere »Typen« innerer Spielerinnen und Spieler, auf die wir als Coachinnen und Coachs ebenfalls eingestellt sein sollten. Ihnen begegnen wir etwa, wenn sich starke Gefühle zeigen, wenn sich ein Coachee im Beratungsprozess getroffen und irritiert oder verletzt fühlt. Obwohl wir den Grund vielleicht nicht nachvollziehen können, hat sich im Gespräch die Stimmung plötzlich verändert: Da zieht sich ein Klient unvermittelt völlig zurück oder reagiert fassungslos, wütend. Später erklärt er uns möglicherweise, durch eine Äußerung oder eine Handlung an einem wunden Punkt getroffen worden zu sein. Das können wir gut annehmen, denn das kennen wir auch von uns selbst. Verstanden haben wir das Geschehen aber dadurch noch nicht. Welche Äußerung hat die plötzliche gefühlsbetonte Reaktion ausgelöst und zu einer Störung in der Kommunikation geführt?

Schwartz und Kumbier sprechen hier von verletzten und verletzlichen *kindlichen Anteilen,* die sich unerwartet angesprochen, »angetriggert« fühlen und plötzlich wahrnehmbar oder aktiv werden können. »Kindlich« werden sie deswegen genannt, weil sie, oft in einem früheren Stadium ihrer Entwicklung, eine Verletzung erlebt haben, gegen die sie sich nicht schützen oder wehren konnten. Sie steckt ihnen noch in den Knochen, und die Anteile sind in der Gefahr, die damals erfahrenen Gefühle und Verletzungen erneut zu erleben, und zwar immer dann, wenn sie heute einer identischen oder ähnlichen Erfahrung begegnen.

Als Coachinnen und Berater sind wir darauf gefasst, solche Situationen mit unseren Klienten zu erleben, und wir wissen, dass das Oberhaupt des Coachees durch die Vehemenz der Gefühle für eine Zeit außer Funktion gesetzt oder von anderen Akteuren überspielt werden kann. Verletzungen, Angriffe und schmerzliche Verluste sind, seien wir Coachee oder Coach, Teil unserer Lebensgeschichte. Die *Inneren Kinder* waren ihnen ausgesetzt und haben, auch wenn diese Erlebnisse nicht völlig spurlos an ihnen vorbeigegangen sind, doch Mechanismen zu ihrer Bewältigung entwickelt. Wenn solche frühen Erfahrungen mit massiver Bedrohung und Angst oder mit extremen Übergriffen verbunden waren, sprechen Psychotherapeuten von einem *Trauma,* einer psychischen Belastung des Inneren Teams, und es kann therapeutischer Unterstützung bedürfen, um damit gut umgehen zu können.

In der Symbolik des Inneren Teams sieht sich in solchen Situationen eine verletzte innere Figur in Gefahr, und das System des Inneren Teams reagiert unmittelbar, um sich zu schützen. Dies kann unvermittelt zu Irritationen und Störungen führen, in der Arbeits- und Lebenswelt des Coachees oder zuweilen auch im Coaching-Prozess selbst. Der Coach wird solchen Situationen mit Verständnis und einfühlsamem Schutz begegnen, ohne vertiefende Interventionen zur Klärung oder Veränderung zu unternehmen. Dagmar Kumbier vermittelt klare und verständliche Informationen, die dazu eine gute Orientierung geben, unabhängig davon, ob ein Coach mit dem Konzept des Inneren Teams arbeitet oder nicht (Kumbier, 2013, S. 38 ff.).

Von meinem Coachee Herrn S. habe ich oben schon berichtet. Herr S. ist eine Führungskraft, die sich in der Beziehung zu ihrem eigenen Chef durch dessen unsensiblen und immer wieder aggressiven Führungsstil sehr beeinträchtigt fühlt. Herr S. nutzt sein Büro dann als eine Art sicheren Rückzugsraum, nicht nur gegenüber dem Chef. Es schützt ihn auch vor Unterbrechungen durch seine Mitarbeiterinnen und Mitarbeiter. Denn er sieht sich in seiner eigenen fachlichen Tagesarbeit unter hohem Druck. Ein wichtiger innerer Akteur von Herrn S. schaut stets angespannt nach oben, auf den Chef. Er will diesem möglichst keinen Anlass zu weiterer Kritik geben. Im Bestreben, seinen Chef zufriedenzustellen, kommt Herr S. allerdings in die Gefahr, seine Führungsaufgaben zu vernachlässigen.

Nicht lange nach dem Ende seines Sommerurlaubs erscheint Herr S. aufgebracht und aufgewühlt zum Coaching. Als er am ersten Arbeitstag sein Büro betreten wollte, so berichtet er, sei dieses durch einen ihm unbekannten Kollegen besetzt gewesen. Seine ganze Gruppe habe man in einen anderen Flügel des Gebäudes versetzt und er habe seinen Schreibtisch und seine Unterlagen in der Ecke eines Großraumbüros wiedergefunden! Er sei nun völlig ungeschützt, seine Akten seien teilweise durcheinander, und nicht einmal das Telefon habe funktioniert!

Beruhigend gemeint entgegne ich, das sei zwar völlig schlechter Stil, aber er werde das schon wieder in den Griff kriegen. Dann plötzlich geht alles vollkommen schief: Herr S. richtet sich auf, und ich sehe mich zu meiner Überraschung mit dem wütenden Angriff einer inneren Person konfrontiert, die mir in aggressivem Ton totales Unverständnis und eklatant mangelndes Einfühlungsvermögen vorhält. Das würde ihm nun überhaupt nicht helfen, so höre ich. Ob ich denn nicht verstanden hätte, dass ein eigenes Büro für ihn essenziell sei, um seinen Job vernünftig machen und die überhohen Anforderungen meistern zu können? Herr S. ist außer sich, er kann sich nur langsam wieder beruhigen und die Rolle eines *wütenden, empörten Angreifers* verlassen.

Es scheint, als ob sich hinter dem *Angreifer* eine *stille, gekränkte Person* subjektiv wirklich in einer Situation existenzieller Bedrohung sieht. Hinter der Ängstlichkeit meines Coachees, die mir schon vertraut ist, wird eine tiefe Verletzlichkeit wahrnehmbar: Offenbar wurde durch den Vorfall im Betrieb eine alte Wunde bei Herrn S. berührt. Und gleichzeitig wurde mit dieser Verletzung eine Wächterfigur auf den Plan gerufen, die mir jetzt unerwartet und massiv entgegengetreten ist. Sie hat alles beiseitegefegt und sich als Retter vor den *Stillen, Gekränkten* gestellt. Ich bin verblüfft und brauche einen Moment der inneren Klärung. Dann entschuldige ich mich bei Herrn S., dem dieser plötzliche Ausbruch jetzt etwas peinlich ist. Das *Oberhaupt*, das von der Wächterfigur beiseitegeschoben wurde, ist wieder an seinen Platz getreten und es ist dabei, erneut die Führung zu übernehmen.

Bei einer unvermittelten Aktualisierung bedrohlicher Erfahrungen aus der Lebensgeschichte ist die betroffene innere Person in der Situation, unmittelbar von bedrohlichen Gefühlen überflutet zu werden. Genau um dies wirksam zu verhindern, sind ihr *Wächterfiguren* zur Seite gestellt. Verletzte Anteile und ihre Wächter können oft für lange Zeit eine direkte, vitale und sehr stabile Verbindung bilden. Für uns als Beraterinnen und Coachs ist es wichtig zu wissen, dass es diese Koppelung zwischen verletzlichen Figuren und ihren Wächtern gibt. Sie kann sich plötzlich aktualisieren und zu heftigen verletzten und aggressiven Reaktionen führen. Als Coachs werden wir dann versuchen, im wertschätzenden Kontakt zu bleiben. Wir halten uns aber zunächst in respektvoller Entfernung, um dem Selbstschutzmechanismus unseres Coachees Raum zu geben. Jetzt kann sich der Coachee wieder fangen und seine innere Aufstellung sortieren.

Wenn das Innere Team eines Coachees und sein Oberhaupt in Situationen geraten, in denen sie alle sich ratlos und überfordert fühlen oder ohne Plan vor einer kritischen Situation des Teams stehen, schlägt die Stunde der *Helferfiguren*, der inneren Helfer. Sie mischen sich kaum auf eigene Initiative in das Geschehen ein: Sie wollen gefunden, angesprochen und konsultiert werden. Dann sind sie mit ihrer Erfahrung, ihren Kräften, mit ihrer durchweg positiven, ermutigenden Einstellung eine sehr wertvolle Ressource. Bevor wir uns mit Lösungsideen ins Geschehen einbringen, können wir dem Coachee den Anstoß geben, sich den Kontakt zu seinen inneren Helfern zu erschließen und ihn als wertvolle Ressource zu nutzen. Oft vermittelt schon die Begegnung mit ihnen Energie und bestärkenden Optimismus.

Als »weise alte Frau« oder als »treuer, unverbrüchlicher Begleiter« können die Helferfiguren eine ähnliche Gestalt haben wie die anderen Mitglieder des Inneren Teams. Sie können aber auch wie im Märchen in der Gestalt von Tieren oder anderen symbolischen Figuren auftreten. Oft besitzen sie Einsicht, Erfahrung und Weisheit. Die inneren Helfer sind als Teil des Inneren Teams stets präsent, auch wenn sie nicht als Akteure im alltäglichen Geschehen erscheinen.

Manche inneren Anteile eines Coachees stehen in einer (guten oder schwierigen) Verbindung zu wichtigen Personen aus der Lebensgeschichte. Sie können im Coaching als *externe Akteure* im inneren Geschehen auftauchen und als Gäste oder Eindringlinge einen bedeutsamen Platz im Inneren Team einnehmen und das Fühlen und Handeln des Coachees beeinflussen. Sie sind als solche nicht immer leicht zu identifizieren. Wenn dies gelingt, steht beim Coachee früher oder später die Entscheidung an, ob diese Anteile ihre lebensgeschichtlich gewachsene Rolle behalten oder diese aufgeben sollen.

Eine meiner Coachees arbeitet längere Zeit an der Frage, ob sie ihre sichere, vertraute, aber weitgehend zur Routine gewordene berufliche Aufgabe verlassen soll, um an einem anderen Ort ein attraktives Stellenangebot und damit eine neue Herausforderung für ihr Leben anzunehmen. Am Ende ist sie entschlossen, den Schritt zu wagen und bewusst in eine neue Phase zu gehen.

Die Entscheidung löst bei ihr eine begeisterte Aufbruchstimmung aus. So gut hat sie sich lange nicht gefühlt! Dahinter rührt sich aber eine warnende, unbekannte Stimme, die sie zunächst ignoriert und nicht ernst nehmen will. Als wir mithilfe von Inszenario-Figuren ihr Inneres Team zum Thema Arbeitswechsel aufstellen, bestätigt sich das klare Entscheidungsbild: Die warnende Stimme steht abseits, behält aber ihren irritierenden Einfluss.

Im Dialog mit der inneren Figur wird deutlich, dass dahinter eine bereits verstorbene Tante der Coachee steht. In einer Zeit, in der die Eltern der Klientin beide beruflich völlig absorbiert waren, hatte die Tante das Einzelkind auf eine behütende, warmherzige Art unter ihre Fittiche genommen. In einem Ritual während des Coachings kann die Coachee sich bei ihr bedanken und verabschieden und sich aus ihrer einschränkenden Fürsorge lösen.

2.4 Das Innere Team als lebendiges, dynamisches System

Mit der Darstellung dieser Typologie ist das vielfältige Geschehen im Inneren Team aber noch längst nicht vollständig beschrieben. Das Innere Team funktioniert als ein dynamisches, gegenüber seiner Umwelt offenes *System* mit eigenen Spielregeln. Es stellt kein unverbundenes Nebeneinander der einzelnen Akteure dar. Das bedeutet, dass die inneren Anteile sich in einem Verhältnis der Wechselwirkung miteinander befinden. Äußere Einflüsse, Herausforderungen, Angriffe auf die Person dringen nach innen durch und entfalten dort ihre Wirkung. Sie bringen das Innere Team in Bewegung und lösen Gefühle, Reaktionen und Handlungsmuster aus. Was der eine innere Akteur unternimmt, hat Einfluss auf das Fühlen, Tun und Lassen der anderen, es führt zu intern mehr oder minder gut abgestimmten Handlungen der Person. Das Innere Team hat im Laufe seiner Entwicklung gelernt, spontan oder auch vom Oberhaupt angeleitet auf die Wechselfälle des Lebens eine Antwort zu finden. Es hat sich entsprechend organisiert und Lösungsmuster entwickelt.

Wenn, symbolisch beschrieben, ein Fremder ans Tor klopft – und man hat mit solchen Fremden schon einiges erlebt –, dann wird man erst einmal nur ein kleines Fenster öffnen, hinter dem diejenigen stehen, die sich mit Menschen auskennen und eine Risikoabwägung treffen können. Dahinter können sich schon kräftigere Gestalten in Bereitschaft halten. Die verletzlicheren Anteile warten sicher und abgeschirmt in den inneren Bereichen ab, wie sich die Dinge entwickeln. Wird dann die Pforte geöffnet und der Fremde zum Empfang durchgewinkt, trifft er dort auf verbindlichere innere Personen, die ihn näher in Augenschein nehmen und ihn je nach Eindruck und Begehr mit den Anteilen in Verbindung bringen, die darauf spezialisiert sind. Oder sie holen das Oberhaupt, um zu entscheiden, wie es jetzt weitergehen soll. Dann bekommt der Fremde einen Platz angeboten. – So kann man sich den Beginn eines ersten Kontakts und eines Prozesses der Vertrauensbildung aus der Perspektive des Inneren Teams vorstellen, das als System funktioniert.

In jedem Inneren Team hat sich also aus den Bedingungen seiner Umwelt und aus der jeweils spezifischen Lebenserfahrung eine Rollenverteilung mit unterschiedlichen Konstellationen und dynamisch wechselnden Aufstellungen herausgebildet. Diese verfolgt das Ziel, die aktuellen Herausforderungen und Aufgaben der Person zu bewältigen, aber auch seine Existenz und seine Sicherheit zu gewährleisten. Es geht darum, mit vereinten Kräften das System zu steuern und die Person in der Balance zu halten. Jedes Innere Team hat dabei seine Stärken und seine Schwachstellen: Es hat auf der einen Seite Spezialistinnen und Spezialisten für alle Lebenslagen und auf der anderen Seite Akteurinnen und Akteure, die Stress produzieren oder immer wieder etwas vermasseln. Es hat bewährte Koalitionen und typische Konfliktkonstellationen. Es hat Anteile, die selbstständig unterwegs sind, und andere, die klare Führung brauchen oder besonders schutzbedürftig sind.

Jedes Innere Team hat also Krisenmanager, die die Kohlen aus dem Feuer holen, Quälgeister, die nerven und provozieren, und Fürsorgliche, um die Verletzten in Sicherheit zu bringen und zu versorgen. Sie alle gehören dazu und sie haben eine gemeinsame Geschichte der Entwicklung und Veränderung, die sie zu dem gemacht hat, was und wie sie heute sind und wie sie heute handeln.

Die hohe Verletzlichkeit eines Inneren Kindes kann das innere System als Ganzes ins Wanken bringen und angreifbar machen. Diese Verletzlichkeit, eine Achillesferse, hat in der Regel zu vorbeugenden Maßnahmen und schützenden, stabilisierenden Mechanismen im System des Inneren Teams geführt. Oft haben verletzte, in den Katakomben versteckten Anteile im Verborgenen erste Schritt dazu selbst getan: Sie haben ein Tandem gebildet, also sich an eine der erwachsenen inneren Personen gehängt mit dem Ziel, dass diese sich vor sie stellt und sich als eine Art Schutzpatron stets für sie, ihre Ziele und Bedürfnisse einsetzt. Das beruhigt sie und erleichtert ihre Situation, bringt aber die Erwachsenen ganz schön unter Druck. Es verhilft zu Stabilität und Sicherheit, kann aber Wachstum und Veränderung behindern.

Das Innere Team als System hat im Lauf seiner Lebens- und Überlebensgeschichte also oft stereotype, starre Lösungen und Handlungsmuster etabliert, die früher einmal passten, heute aber womöglich überholt und nicht mehr funktional sind. Solche »historischen« Allianzen sind integraler Bestandteil des Inneren Systems. Sie haben oder hatten stets ihren Sinn und ihre Wirkung und verdienen Respekt. Aber oft binden sie innere Energie und können wirksame, emanzipatorische Veränderungen verhindern, etwa zu lernen, für sich selbst zu sorgen und Schritt für Schritt »erwachsen« zu werden.

Dies gilt auch für den Fall, dass das System gefährdeten Anteilen feste *Wächter* an die Seite gestellt hat, die diese im Hintergrund halten und automatisch eingreifen, auch schon dann, wenn Gefahr im Verzug ist (vgl. Schwartz, 2008, S. 93 ff.). Solche Wächter haben ihre Schutzaufgabe in der Regel schon lange Zeit inne. Schwartz unterscheidet bei ihnen zwischen *Managern* und *Feuerbekämpfern*: Manager sind in der Regel im Bereich der Vorsorge unterwegs, sie verhindern durch kluge, vorausschauende Strategien, dass die verletzten Anteile auch nur in die Nähe einer Situation kommen, in der sie gefährdet sein könnten. Der Job der Feuerbekämpfer ist die Krisenintervention: Sie agieren mit äußerster Entschlossenheit und Tatkraft dann, wenn sie eine unmittelbare Bedrohung des ihnen anvertrauten kindlichen Anteils wahrnehmen oder wenn es in einer beginnenden Konfrontation darum geht, dass sie als »Rettungssanitäter« schnell bergen und schützen. Sie können als »Loyal Soldiers« ihren alten Job auch dann noch ausüben, wenn dies längst nicht mehr notwendig ist. Die ihnen zugeordneten *kindlichen* oder *jugendlichen Figuren* sind möglicherweise inzwischen ja gewachsen, haben ihre traumatischen Ängste bewältigen können und sind aus der Gefahrenzone heraus in eine sichere Position im Team gelangt.

Obwohl das innere System die Tendenz hat, Konstanz zu sichern, um sich selbst zu erhalten, ist es grundsätzlich in der Lage, sich verändernde Bedingungen des Umfelds wahrzunehmen und Antworten darauf zu finden. Dann ist es Zeit, dass Akteure wie die Wächterfiguren ihre anachronistische Rolle verlassen, sich und ihre Aufgaben verändern und neue Verantwortung im Team übernehmen. Coaching kann dabei eine wirksame Unterstützung sein.

3 Die Handlungsfelder im Coaching – wo es gut läuft und wie es wirkt

Selbstverständlich stehen im Coaching nicht nur Fragen und Aufgaben an, die die Persönlichkeit der Coachees betreffen. Dies ist ein erster, bedeutender Unterschied zur Arbeit mit dem Inneren Team in der Therapie. Der Themenschwerpunkt kann bei jedem Termin ein anderer sein, seien es methodische, fachliche, organisatorische oder Führungsfragen aus dem Verantwortungsbereich der Coachees oder die Begleitung einer komplexen Aufgabenstellung bzw. eines schwierigen Projekts. Dennoch ist die Persönlichkeit der Klientinnen und Klienten immer als eine Art »Metathema« im Hintergrund wahrnehmbar. Nicht selten wird sie im Verlauf zum eigentlichen Thema, vor allem wenn die Tätigkeit der Coachees von ihrem Charakter und von der Art und Weise ihrer Realisierung her eng mit der Person und ihren personalen Kompetenzen verbunden ist. Dies gilt immer sowohl im Management als auch in der Führung und ebenso bei allen Berufen, die einen bedeutenden pädagogischen, beratenden, therapeutischen, leitenden oder verkäuferischen Aspekt haben. Diese Aspekte sind heute mit einer Vielzahl von beruflichen Aufgaben und Tätigkeiten verbunden. Dann ist die eigene Person ein wichtiges, oft sogar das wichtigste Werkzeug auf dem Weg zum Erfolg in der beruflichen Aufgabe: Neben den fachlichen und methodischen Kompetenzen sind personale Eigenschaften wie Selbstkenntnis, Selbstleitung, Selbstreflexion, Resilienz und Veränderungsfähigkeit entscheidende Qualitätskriterien für erfolgreiches und wirkungsvolles Handeln in der beruflichen Aufgabe, ebenso Empathie und Mut. Immer mehr Unternehmen und Organisationen legen inzwischen großen Wert auf Feedback als Teil ihrer Kultur von Entwicklung, Führung und Zusammenarbeit. Beim Feedback steht besonders die Person mit ihren Ausprägungen, mit ihrem Verhalten und seinen Wirkungen im Mittelpunkt des Geschehens.

Bei der Unterstützung von Klientinnen und Klienten hat eine Coachin oder ein Berater ein großes Spektrum an konzeptionellen und methodischen Möglichkeiten zur Wahl, um persönlichkeitsrelevante Themen zu bearbeiten. Das Konzept des Inneren Teams sticht durch seine Lebendigkeit und seine Anschaulichkeit heraus und ermöglicht eine kreative und immer wieder geradezu spielerische Art der Arbeit. Das Modell motiviert und es macht die Coachees neugierig auf sich selbst. Diese Form der Beratung erleichtert es, Hemmschwellen zu überwinden und recht schnell auf spannende Punkte zu kommen. Wenn ich mit dem Inneren Team nicht von vornherein auf Skepsis oder Ablehnung stoße, lassen sich viele Coachees leicht darauf ein, sobald sich die unterschiedlichen Seelen in ihrer Brust erst einmal zeigen. Seltener als sonst begegne ich einer Abneigung oder Ablehnung, sich auf diese Weise einer Problematik zu nähern. Denn wenn sich ein Zipfel der inneren Wirklichkeit gezeigt hat, sind es häufig die Coachees selbst, die weiterfragen, die sich selbst erkunden und sich auf die Schliche kommen wollen. Sie werden neugierig auf sich selbst und machen sich auf den Weg, ein klareres Bild ihrer personalen Identität und ihrer inneren Dynamik zu gewinnen.

Als Coach gestalte ich nur selten einen kompletten Beratungsprozess mit dem Konzept des Inneren Teams, wie dies im therapeutischen Bereich dagegen oft der Fall ist. Der Zugang zum Inneren Team eröffnet sich im Coaching selten gleich zu Beginn eines Beratungsprozesses. Häufig taucht erst nach einigen Themen mit anderen Schwerpunkten ein bedeutsames Persönlichkeitsthema auf, für das sich die Bearbeitung mit dem Inneren Team – über einige Termine hinweg – anbietet. Manchmal hat sich das persönliche Thema aber mit einer Coaching-Sequenz schon geklärt, sodass wir uns wieder anderen Fragen und Arbeitsformen widmen. Dieser Wechsel der Arbeit an der Person und an ihren beruflichen und zum Teil auch persönlichen Rollen und Aufgabenfeldern ist typisch für das berufsbezogene Coaching – und einer der wichtigen Unterschiede zwischen beratender und psychotherapeutischer Arbeit mit dem Konzept.

3.1 Situationen, Ziele, Wege

Immer wenn ich im Coaching mit einer Klientin auf Themen komme, bei denen ihre Person im Mittelpunkt des Anliegens oder des ausgewählten Beratungsthemas steht, immer wenn eine persönliche Klärung, Stärkung oder Ermutigung die Voraussetzung ist, um eine Aufgabe im beruflichen Feld zu bewältigen, ist die Arbeit mit dem Inneren Team eine interessante Option. Dies gilt ebenso, wenn es der Coachee um den Erwerb personaler und sozialer Fähigkeiten geht, die sie braucht, um ihre Rollen und ihre beruflichen Funktionen auszufüllen und als Führungsperson erfolgreich und verantwortungsvoll zu handeln. Mit dem Konzept des Inneren Teams und dem dazu passenden Methodenrepertoire lassen sich Persönlichkeits- und Personalentwicklung gut miteinander verbinden, daher stellt es ein interessantes Instrument zur Reflexion und zur Entwicklung von persönlichen und betrieblichen Zielen und Strategien dar.

Im Folgenden möchte ich eine Reihe von Anlässen, Möglichkeiten und Aufgaben für die Arbeit mit dem Konzept vorstellen, bei denen sich das Potenzial des Inneren Teams in Beratungsprozessen besonders gut entfalten kann. Sie reichen von kurzen Ausflügen in die innere Welt der Coachees bis zur Gestaltung längerer Beratungsprozesse mit dem Inneren Team, bei denen sich die innere und die äußere Welt immer wieder begegnen, spiegeln und aufeinander einwirken, wie etwa bei einer inneren Teamentwicklung.

Solch ein kurzer Ausflug in die innere Welt ist eine Möglichkeit aus der Vielzahl von kreativen Interventionen, die uns im Coaching zur Verfügung stehen. Er braucht keine Einführung in das Konzept. Eher kann er als ein sehr anschaulicher erster Schritt einer solchen Einführung dienen.

Herr G. bringt ein irritierendes Feedback einer Kollegin ins Coaching ein. Er sei halt doch ein Zauderer, so sagte sie ihm bei passender Gelegenheit so nebenbei. Der Satz habe ihn provoziert und nicht mehr losgelassen, und nach einigem Nachdenken müsse er sagen: Sie hat schon irgendwie recht! Aber das stete Zaudern passe gar nicht zu seinem Selbstbild als tatkräftige Führungsperson. – Wir schauen auf einige Situationen, die ihm bei seiner kritischen Selbstüberprüfung in den Sinn gekommen sind. Und als das Gemeinsame an ihnen zeigt sich, dass er jedes Mal einem deutlichen Gefühl des Zweifels begegnet, das er nicht zuordnen kann. Typischerweise verschiebe der dann das Thema, obwohl eigentlich alles klar sei, und gehe irgendwann »noch einmal über die Bücher«. Erst dann könne er den Schritt zur Umsetzung tun.

Ich schlage ihm vor, diesem Gefühl nachzugehen, und bitte ihn, sich ein Beispiel ins Bewusstsein zu rufen, sich einen Moment zu entspannen und nach innen zu hören. Es meldet sich eine kritische Stimme, die ihn nachdrücklich und penetrant fragt, ob er auch alles bedacht habe. Ob er dieser Stimme eine klare Antwort geben kann, frage ich ihn. Das kann er, und das tut er dann auch. Damit scheint für diesmal alles klar zu sein. Herr G. kann das Gefühl, das diese innere Stimme vermittelt, auch anderen Situationen des Zauderns zuordnen. Er nimmt die kurze Innenschau und seine klare Antwort auf die Stimme als eine »Sozialtechnik« auf, mit der er künftig gute Erfahrungen macht.

In bestimmten Situationen geht es also lediglich darum innezuhalten, auf die inneren Stimmen und Signale zu horchen, die sich mit einem Gefühl angekündigt haben, und diese – als Oberhaupt – zu bewerten und zu beantworten. So kann ein Kurzbesuch beim Inneren Team ohne eine tiefer gehende Bearbeitung schon sehr wirkungsvoll sein. Andere Problemstellungen brauchen dann je nach Thema und Situation eine eingehendere Intervention und zuvor einen vorbereitenden Einstieg ins Konzept als Grundlage.

3.2 Die wichtigsten Anwendungsbereiche in Beratung und Coaching

Seit ich mit dem Konzept arbeite, haben sich mir immer wieder neue Möglichkeiten und Ideen erschlossen. Im Folgenden beschreibe ich die Themen und Beratungssituationen, die mir in meinen Coaching-Prozessen häufiger begegnen und bei denen ich mich gerne für das Innere Team als Methode entscheide. Dabei steht natürlich jeweils der oder die Coachee im Mittelpunkt des Geschehens.

3.2.1 Selbstkenntnis, Selbstbewusstsein, Selbstleitung

Mit dem Moment der Einführung des Inneren Teams in den Beratungsprozess gewinnt die Rat suchende Person unversehens eine andere Perspektive auf sich selbst: Vielleicht kam sie ratlos, mit dem Gefühl »Ich bin das Problem« im Coaching an oder als diejenige, die es nicht geschafft hat, allein zurechtzukommen und eine Lösung zu finden. Mit dem Einstieg ins Konzept des Inneren Teams gewinnt sie die Überzeugung, dass sich zwar ein Teil von ihr mit einigem herumschlägt oder ganz schön in Konflikte geraten kann. Doch vieles an der Person ist in Ordnung und vieles gelingt ihr ja auch! Darin liegt eine große Entlastung und gleichzeitig eine Stärkung des Selbstbewusstseins. Nach einer Einführung beginnen viele Coachees schnell damit, Neugier auf sich selbst zu entwickeln, und die Metapher des Teams gibt ihnen eine fassbare, verständliche Form an die Hand, diese Neugier weiterzuverfolgen und sich selbst genauer kennenzulernen.

Dies gilt zunächst bezogen auf die erste ins Coaching eingebrachte Situation oder Frage, die Coachee und Coach jetzt gemeinsam mithilfe des Konzepts anschauen und untersuchen. Welche Seiten von mir werden in meinem Denken und Handeln sichtbar und wie wirken sie zusammen? Schon lassen sich erste Umrisse von Handlungsmustern erkennen, vielleicht entsteht bereits ein klareres Bild: »Ja, das stimmt, so reagiere ich typischerweise in solchen Situationen, so läuft es dann bei mir oder zwischen uns ab. Spannend! Aber woher kommt das?«

Manche Coachees sind durch solche für sie völlig unerwarteten und unverständlichen Nebenwirkungen ihres Verhaltens völlig irritiert. Sie handeln in guter Absicht, aber in bestimmten Situationen geht etwas immer wieder völlig schief und sie gewinnen keinen Zugriff. Dadurch entsteht eine wachsende Distanz zu ihrem Umfeld, vor allem dann, wenn es keine Chance auf ein offenes Feedback gibt. Die Coachee versteht schlicht nicht, warum passiert, was passiert. Sie findet keinen Zugang zu ihrem persönlichen Beitrag an diesem Geschehen, und sie ist zunehmend irritiert und hilflos. Hierzu ein Beispiel:

Herr V., ein im Projektmanagement hochkompetenter Projektleiter, bringt als Problem die große Fluktuation in seinem Projektteam ein. Er war von seinem Chef angesprochen worden, er solle seine persönliche Haltung und seinen persönlichen Umgangsstil reflektieren. Einer der Gründe für den Wechsel vor allem der besonders wichtigen und fähigen Leistungsträger sei, so der Auftraggeber des Projekts, dass sich diese als Personen und in ihrem Engagement und ihrer Leistung von ihrem Projektleiter Herrn V. nicht respektiert und wertgeschätzt fühlten. Herr V. mische sich zudem unangemessen in ihre Arbeit ein und behandle sie von oben herab.

Herr V. kann die Vorwürfe nicht mit seinem Selbstbild in Einklang bringen. Sein Projektteam sei eine tolle Truppe, auf die er nichts kommen lasse. Gemeinsam hätten sie schon einige wichtige Projekte aus dem Feuer gerissen und seien bei allen Problemen und Herausforderungen als Team am Ende immer gemeinsam erfolgreich gewesen. Sie seien schlicht die Besten, und er verstehe nicht, »warum die Guten irgendwann abhauen!«. Im Coaching stellen sich als Ursache zwei Kernthemen heraus: In den Projektmeetings spielt der Coachee eine schwierige Rolle, er hat Probleme mit dem Zuhören und kann nur wenig Geduld für den fachlichen Austausch und die gemeinsame Problemdiagnose aufbringen. Herr V. berichtet,

dass ihm bei dem ewigen Gerede irgendwann der Kragen platze. Es wird ihm deutlich, wie er mit seinem arroganten Ton und mit seiner Rechthaberei die anderen brüskiert und dann einfach seine Lösung diktiert.

Ähnliches wird bei unserer Analyse der Projektpräsentationen im Steuerungskreis deutlich, wo Herr V. den Chefs über den Status berichtet und den weitere Fortgang des Projekts vorstellt. Hier gerät er plötzlich in die Rolle des »großen Zampano«, mit einem ausgeprägten Bedürfnis zur Selbstdarstellung. Den Beifall und die Anerkennung der Führung sammelt er nur für sich selbst ein. Wenn einzelne seiner Leute überhaupt mit zur Präsentation dürfen, spielen sie Statistenrollen und können sich mit ihren Kompetenzen nicht zeigen. Anschließend, wenn alles vorbei ist, gibt Herr V. das eingesammelte Lob gerne großzügig an seine Leute weiter.

Welche Konstellation im Inneren Team lässt eine gestandene Führungskraft plötzlich ausrasten? Und warum hat sie das Bestreben, trotz ihrer Überlegenheit von ihrem Status und ihrer Macht her ihr Umfeld kleinzuhalten? Die Arbeit mit dem Inneren Team kann solche Fragen aufklären und die alten Bindungen auflösen, die eine Person zu irrationalen Handlungen zwingt. Über mehrere Situationen und Stationen kann sich die Arbeit mit dem Konzept für den Coachee oder die Klientin zu einer Art Persönlichkeitstypologie entwickeln, sodass eine wachsende Bewusstheit und Aufmerksamkeit für die eigenen inneren Akteure und Prozesse entsteht. *Stammspieler* schälen sich heraus, die immer wieder auf der Bühne auftauchen und großen Einfluss haben, und *Störenfriede,* die für Unruhe und Konflikte sorgen. So beginnt die Person, ein Verhältnis zu ihren inneren Anteilen zu entwickeln. Da gibt es welche, die sie mag und schätzt, und andere, die sie gar nicht sehen will, als ihre Achillesferse betrachtet oder als einen Quälgeist, den sie am liebsten schnell wieder los wäre. Doch all diese Anteile gehören zum Inneren Team, und es gilt, sie erst einmal so anzunehmen, wie sie sind. Gleichzeitig haben die Coachees verschiedene Einflussmöglichkeiten, und es stehen ihnen dazu noch hilfreiche Geister zur Verfügung und die tragenden Kräfte im Team, auf die sie sich verlassen können.

Wenn in der Arbeit mit dem Inneren Team einigermaßen klar geworden ist, was da gespielt wird – im Guten wie im Bösen – und wie die Verteilung der Rollen aussieht, dann stellt sich als Nächstes die Frage, ob und wie die inneren Figuren beeinflussbar und veränderbar sind. Die Coachees erkennen, dass das ganze innere Gebilde Leitung, Koordination und Steuerung braucht und dass es nur Vorteile hat, sich gleich darum zu kümmern. Die Erfahrung, ein Oberhaupt mit Einflusspotenzial bei sich zu entdecken – wenn auch kein perfektes – und es weiterzuentwickeln, bedeutet eine weitere Stärkung des Selbstwerts und des

Selbstbewusstseins. Eine spannende Aufgabe kann auch eine Art innere Standortbestimmung sein, eine *Statuserhebung des Selbstwerts* im Inneren Team: Was sagen die Anteile über mich, die mich schätzen und viel von mir halten? Und welche Stellungnahmen sind von den kritischen, vielleicht sogar abwertenden Stimmen zu erhalten? Vielleicht werden dabei weitere (Problem-)Bereiche sichtbar, um die der oder die Coachee sich kümmern möchte.

Die Themen Selbstleitung und Selbstentwicklung etablieren sich im Laufe der Coaching-Sitzungen als feste Aufgaben der Coachees, sie werden zu »Daueraufträgen« im Coaching und darüber hinaus. Damit sind die Voraussetzungen geschaffen, um gemeinsam zu erkunden, was den Coachees im Kontakt mit ihrem inneren Inventar sonst noch begegnet und was sie damit anfangen können.

3.2.2 Handlungs- und Verhandlungsstrategien entwickeln

Betrachten wir eine für das Coaching im beruflichen Umfeld typische Aufgabe: Eine Coachee bringt ihre aktuelle Aufgabenstellung oder eine komplexe Situation aus ihrem Arbeitsfeld ins Coaching ein und beschreibt zum Einstieg ihr Erleben und ihre Einschätzung der Dinge. Was treibt sie um und worauf kommt es ihr an? Ziele und Anliegen der Beratungssequenz werden formuliert, beteiligte und betroffene Personen identifiziert, externe Einflussfaktoren mithilfe einer Skizze transparent gemacht. Eine Analyse des Kräftefelds lässt bereits vermuten: Das wird nicht einfach werden!

Coachee und Beraterin entwickeln jetzt unterschiedliche Mittel und Wege des Vorgehens, sie wägen deren Chancen und Risiken gegeneinander ab. Am Ende entscheidet sich die Coachee für eine Strategie, die sie sich zutraut und die sie für am erfolgversprechendsten hält. Sie bestimmt die Kolleginnen und Kollegen aus ihrem Umfeld, auf deren Unterstützung sie setzen kann und die sie glaubt motivieren und mobilisieren zu können. Es sind erste Ideen und Pläne zur Rollenverteilung entstanden und eine Vorstellung davon, welche Aufgaben in den Schlüsselsituationen speziell auf die Coachee zukommen könnten. Am Ende der Coaching-Sitzung hat die Coachee klare Entscheidungen über die nächsten Schritte getroffen. Das vermittelt ihr ein gutes Gefühl. Bis zum Start des Projekts bleibt noch ausreichend Zeit.

Beim nächsten Termin nimmt die Coachee das Thema wieder auf. Sie wünscht sich diesmal ein Feedback von ihrer Beraterin, wo diese sie in ihrer Rolle als besonders stark und wo als gefährdet ansieht. Hier bietet sich der Coachin die Option, das Feedback zunächst zurückzustellen und an seiner Stelle eine Selbsteinschätzung mithilfe des Inneren Teams anzustoßen. Der erste

Schritt ist die Auswahl einer konkreten Situation, welche die Coachee für sich als besondere Herausforderung betrachtet. Was gilt es da zu erreichen? Und auf welche Fähigkeiten und Stärken kommt es dabei vor allem an? Eine Erhebung des Inneren Teams kann die Anteile lebendig werden lassen, deren Fähigkeiten und Eigenschaften jetzt besonders gefragt sind.

Auf diesem Weg werden die Ressourcen ins Bewusstsein gebracht, die die Coachee hat und die es zu mobilisieren und situationsgerecht zu kombinieren gilt. Erwünschte Nebeneffekte sind eine Erweiterung der Selbstkenntnis und ein Schub der Ermutigung. Weil jetzt Selbstbewusstsein und Selbstwertschätzung der Coachee im Vordergrund stehen, bleiben für die Coachin im gewünschten Feedback die Aufgaben einer Bestärkung, Ergänzung und Differenzierung der Selbsteinschätzung der Klientin: »Ich sehe etwas, was Sie (vielleicht) nicht sehen.«

Spannend ist dann die Erwägung, welche inneren Anteile sich zwar aufdrängen, jetzt aber vielleicht nicht so hilfreich zu sein scheinen, und welche in ihrer Verletzlichkeit eher gefährdet sind. Diese bittet die Coachee darum, im Hintergrund zu bleiben. Schon ist das Aktionsteam zusammengestellt und eingeschworen. Aber ist das Oberhaupt auch selbst in Führung? Wer steht zu Beginn im Vordergrund der Bühne und wer tritt mit welcher Aufgabe erst später aus den Kulissen und in Aktion? Und endlich: Gibt es im Inneren Team eine weitere Instanz, deren Sichtweise noch wichtig wäre? Vielleicht »die Alte« oder »die Strategin«, der die Werte der Person bewusst sind oder die ihre gesammelte Lebenserfahrung zur Verfügung stellen kann?

Wenn die Coachee in der vorbesprochenen Situation etwa auf eine ihr gut bekannte Kollegin oder Kundin trifft, kann sie sich eine Vorstellung davon machen, welchen Mitgliedern von deren Innerem Team sie wohl begegnen wird. Sie wird sich überlegen, mit welchen eigenen Akteuren sie denen auf der anderen Seite erfolgreich begegnen kann, um einen guten Kontakt herzustellen und die gemeinsamen Ziele zu erreichen.

Die Arbeit mit dem Inneren Team birgt ein ungeheuer wertvolles Potenzial: Sie unterstützt unsere offene, authentische Begegnung mit uns selbst und bereitet die ebenso offene, authentische Begegnung mit anderen vor. Ein erkundendes, vorbereitendes Eintauchen in die eigene innere Welt kann in allen Situationen hilfreich sein, in denen es darauf ankommt, zu seinen Überzeugungen, seinen Werten und zu sich selbst zu stehen und seine Bedürfnisse, seine Interessen und seine Rolle selbstsicher und angemessen zu vertreten (z. B. in der Führung, in Bewährungssituationen, bei Verhandlungen, in Situationen der Selbstabgrenzung, des Selbstschutzes und der konstruktiven Konfrontation).

3.2.3 Automatische Reaktionen entschlüsseln und außer Kraft setzen

Als »automatische Reaktionen« bezeichnen Dietz und Dietz (2007, S. 18 ff.) spontan und völlig unerwartet auftretende Handlungen einer Person, die praktisch ungesteuert ablaufen und von starken Gefühlen begleitet sind. Sie können unspektakulär und kaum erkennbar sein, aber auch sehr heftig ausfallen und durchaus verletzend sein. Oft sorgen sie im Umfeld für Unverständnis und Kopfschütteln: Was ist da passiert? Wie ist es zu diesem plötzlichen Gefühlsausbruch oder zu diesem plötzlichen Rückzug mit Türenschlagen gekommen? Eine Aktion oder eine Äußerung aus der Umgebung hat bei der Person einen wunden Punkt getroffen. In ihrem Inneren Team hat jemand den Notknopf gedrückt und das System schaltete automatisch auf Angriff oder Abwehr und löste diese heftige Reaktion unvermittelt aus.

Wir haben solche Situationen sicher alle schon erlebt. Schwartz erkennt dahinter das radikale Handeln eines inneren Wächters, der einen strengen Auftrag zum Schutz und zur Verteidigung eines hoch verletzlichen Anteils im Inneren Team hat. Er reagiert auf äußere Geschehnisse und Reize, die für die von ihm beschützten Teilpersönlichkeiten eine Bedrohung darstellen oder darstellen könnten. Ist das Misstrauen des betroffenen Wächters erst geweckt, dann ist er im Kontakt mit anderen Menschen stets mit hoher Wachsamkeit präsent. Sein Radar für Feindbewegungen ist also aktiviert.

Ein solcher Schutzauftrag samt seinem stereotypen Reaktionsmuster ist also Teil des inneren Systems und kann schon seit langer Zeit bestehen. Er findet seinen Sinn und seinen Zusammenhang oft in Erfahrungen aus der Vergangenheit der betroffenen Person, die sich daran in der Regel nicht erinnert und die Verbindung dazu nicht mehr herstellen kann. Automatische Reaktionen signalisieren häufig einen plötzlichen Steuerungsverlust: Die Leitungsinstanz wird von dem Wächter zur Seite gefegt, und oft kann sie, wenn sich der Pulverdampf verzogen hat, nur noch die Scherben zusammenkehren und auf eine Schadensbegrenzung hinwirken.

Automatische Reaktionen können aber auch völlig undramatisch ablaufen: In einem Gespräch kommt ein kniffliges Thema auf, der Austausch gerät unvermittelt ins Stocken, die Kommunikation zwischen den Gesprächspartnern bricht ab. Oder eine Person wird unruhig und beendet ein ihr unangenehmes Thema, sie will jetzt nicht weiter darüber reden! Hier hat sich fast unbemerkt eine andere innere Person eingemischt. Sie wechselt geschickt das Thema, lenkt es mit leichter Hand auf ein anderes Feld, bevor es ihr »zu heiß« wird. Und kaum bemerkt, ist sie auch schon wieder aus dem Spiel: Operation gelungen!

Frau L. erlebt von ihren Kolleginnen und Kollegen häufig Kritik und Ärger wegen ihrer plötzlich harschen und apodiktischen Beiträge in den Meetings und ihrem zuweilen aggressiven Stil. Wenn die Kollegen viel Zeit bräuchten oder sich nähmen, um ein Thema abzuwägen, wenn sie nicht gleich auf den Punkt kämen, werde sie unruhig, so berichtet sie mir. Ebenso wenn sie ihr lang und breit etwas erklären wollten, was ihr doch schon lange sonnenklar sei. »Was soll das Gelaber?«, frage sie sich dann: »Ich habe das Entscheidende doch schon längst gesagt!« Dann beginnt die Lage allmählich zu eskalieren. Wenn sich Frau L. dazu noch unter Zeit- oder Handlungsdruck fühlt, geschieht dies noch schneller und plötzlicher! Zu ihrer wachsenden Ungeduld kommt jetzt noch ein arrogant eingefärbter Ärger (»Wann kommt der Schwätzer denn endlich auf den Punkt?!«), kombiniert mit einem Gefühl der Kränkung (»Da interessiert sich offenbar wieder keiner für meine Gedanken, ich fühle mich übergangen, benutzt!«).

Plötzlich geht dann alles sehr schnell: Die angestauten Spannungsgefühle brechen sich Bahn und es kommt zu einer unfreundlichen, aggressiven Äußerung, mit der sich Frau L. Luft verschafft – und schon ist einiges Porzellan zerschlagen. Wenn sich die Spannung aufgelöst hat, schwanken ihre Gedanken und Gefühle zwischen »Sorry, das wollte ich eigentlich nicht« und »Warum müssen die mich immer wieder so provozieren?! Ich bin eben impulsiv!«. Frau L. ist unglücklich und fühlt sich hilflos, weil es schon wieder so blöd gelaufen ist. Ihr ist klar, dass sie sich wieder unbeliebt gemacht hat und jetzt etwas tun muss, wenn sie nicht ins Abseits geraten will.

Worin liegen nun die Ansatzpunkte im Coaching? In einem ersten Schritt kann es darum gehen, die plötzlichen Reaktionen »aus dem Off« zu reflektieren und besser zu verstehen: In welchen Situationen und nach welchem Muster läuft dieser Prozess eigentlich immer wieder ab? Mit welchen Folgen und mit welchen inneren Akteurinnen und Beteiligten? Die Aufmerksamkeit von Coach und Coachee richtet sich auf die Frühwarnsignale, auf die Wolken, die das kommende Gewitter ankündigen, damit die innere Leitungsinstanz künftig in der Lage ist, den Druck von innen und die negativen Gefühle rechtzeitig in den Griff zu bekommen und den drohenden Ausbruch zu stoppen. Aber gelöst ist das Problem damit meistens noch nicht.

Also gilt es, die beteiligten Schlüsselspielerinnen (es können mehrere sein) zu identifizieren, die an der automatischen Reaktion beteiligt sind, und einen guten Kontakt zu ihnen aufzubauen. Welche Verbindungen bestehen zwischen ihnen? Mit welchen Gefühlslagen und welchem Auftrag bzw. mit welchen Belastungen sind sie unterwegs? In Gesprächen und Verhandlungen mit diesen Anteilen kann es der Coachee gelingen, die eingespielten Automatismen, die hinter ihrem Rücken wirken, außer Kraft zu setzen und die anachronistischen Aufträge aufzulösen, die eine wirksame Selbststeuerung durch das Oberhaupt immer wieder zunichtemachen. Vielleicht gelingt es ja, den Schutz der verletzlichen Inneren Kinder in die Hände des Oberhaupts zu legen und ihn auf andere Weise sicherzustellen.

Ein solcher Prozess der Transformation im Inneren Team kann gelingen, er wird aber immer an seine Grenze stoßen, wenn dabei kindliche Anteile auftauchen, die ernsthaft traumatisiert sind und therapeutische Unterstützung brauchen.

3.2.4 Innere Kritiker und andere Quälgeister integrieren

Wie jeder Mensch, so ist auch sein Inneres Team durch seine lebensgeschichtlichen Erfahrungen geprägt. Ebenso wie sich besondere Ausprägungen und Fähigkeiten entwickeln, die die Person begleiten und bei ihren Aufgaben unterstützen, können sich dort auch Kräfte etablieren, die sie behindern und einschränken und also immer wieder eine Störung darstellen. Im Inneren Team als offenem sozialem System stehen die Mitglieder wie Angehörige eines Arbeitsteams in einem stetigen Lern- und Veränderungsprozess. Sie werden von der Dynamik der Umfeldentwicklungen beeinflusst und herausgefordert und sie haben gleichzeitig ihre altersgemäßen Wachstums- und Entwicklungsaufgaben zu bewältigen (Erikson, 1977). Dafür gibt es feste Rollen und Beziehungen im System, die sich vor langer Zeit schon herausgebildet und zu bestimmten Aufgaben und typischen Verhaltensweisen ausdifferenziert haben. Sie können ihre Konstanz gegen alle Tendenz zur Veränderung bewahrt haben und bis in die Gegenwart hinein hoch wirksam sein.

Im Abschnitt 2.3 haben wir uns unter anderem mit inneren Akteuren befasst, die einen Auftrag zum Schutz von anderen, meistens schwachen oder verletzten Teammitgliedern wahrnehmen (Wächterfiguren, Managerinnen, Feuerbekämpfer …). Zu diesem Zweck haben sie quasi automatisch wirkende Schutz- und Abwehrmechanismen gegenüber den Gefährdungen aus der Außenwelt entwickelt. Diese stereotypen Reaktionen und Verhaltensweisen der Wächterfiguren, so wurde deutlich, bestehen nicht selten auch dann weiter, wenn sie keinen Zweck mehr für die Erhaltung des inneren Systems erfüllen, weil ihre Schutzbefohlenen schon längst aus ihrem Schatten getreten und zu eigenständigen Mitgliedern des Inneren Teams geworden sind.

Ähnlich verhält es sich mit einer anderen Art innerer Akteure, die Jochen Peichl (2014) und Angelika Rohwetter (2015) »Innere Kritiker« nennen. Auch sie haben eine Schutzfunktion für das System übernommen. Doch richtet sich ihr Handeln nicht abwehrend nach außen auf die Umwelt, sondern nach innen:

Innere Kritikerinnen und Kritiker geben den anderen Mitgliedern des Inneren Teams einerseits klare Orientierung, andererseits regulieren und sanktionieren sie deren Verhalten und können dabei einen permanenten Anpassungsdruck ausüben. Mit ihrem häufig abwertenden und aggressiven Stil beeinträchtigen sie das Klima und die Kultur des Miteinanders im Team und können als »verkleidetes Oberhaupt« eine überaus dominante, beherrschende Position einnehmen. Ihre Existenz und ihre Ausprägung lassen sich mit den krisenhaften Situationen des Sozialisationsprozesses in Verbindung bringen, die wir als Kinder und Jugendliche zu bewältigen hatten. Sie spiegeln damit unsere existenzielle Abhängigkeit von den Eltern und anderen Erziehungspersonen wider.

Die inneren Kritiker sind Symbole und Stellvertreter für die Regeln und Normen, die eine Person im Laufe ihrer Entwicklung aus der sie umgebenden Kultur aufgenommen und verinnerlicht hat. Sie können diese Normen und Werte im Inneren Team überaus radikal und kompromisslos vertreten und lassen die Art und Weise erahnen, mit der sie der betroffenen Person in ihrem Sozialisationsprozess vermittelt und wie sie durchgesetzt wurden.

Innerer Kritikerfiguren sind janusköpfig: Sie helfen, die typischen Entwicklungskrisen der Kindheit und Jugend zu bestehen und zu überwinden. Sie unterstützen als Helferinnen und Helfer dabei, die Regeln und Anforderungen einzuhalten, die wir Menschen brauchen, um als Teil der sozialen Systeme, denen wir angehören, unseren Platz, unsere Akzeptanz und unsere Rolle zu finden und erfolgreich zu sein (Familie, Kita, Schule, Sportverein …). Innere Akteure mit einem kritischen Blick stellen also eminent hilfreiche Anteile dar. Wir brauchen sie, »um als liebenswerte, soziale Menschen im Kontakt mit anderen zu bestehen und geachtet zu werden. Sie sind innere Helfer, innere Wächter über eine nicht überfordernde Entwicklung vom Säugling zum Erwachsenen« (Peichl, 2014, S. 46).

Wenn sie sich jedoch radikalisiert und zu Quälgeistern oder zu Verfolgerinnen entwickelt haben, wird aus einer hilfreichen Orientierung und Warnung ein permanentes Überwachungs- und Bedrohungsszenario, durch das die Person und ihr Inneres Team in Schach gehalten werden. Vor allem kindlich gebliebene, verletzliche Anteile stehen unter Überwachung und können es nie recht machen. Die Person wird in ihrem Wachstum zu einem freien, eigenständigen Menschen behindert und in ihrer Lebendigkeit und Vielfalt beschränkt. Sie hat die massiven Bedrohungen und Abwertungen, die sie in ihrem Sozialisationsprozess erlebt und erlitten hat, in sich selbst hineingenommen, sie sind zu einem Teil ihrer selbst geworden.

Im Extremfall ist die Aktivität der inneren Kritiker völlig von ihrer Schutz- und Orientierungsfunktion abgekoppelt und zu einem Stereotyp der Verfolgung und Bedrohung degeneriert: Inner Big Brother is watching you! Ebenso stereotyp sind dann die charakteristischen Erkennungszeichen der inneren Kritiker: ihre abwertenden, bedrohlichen, antreibenden Sätze, die den Menschen das Leben schwer machen und sie in ständigem Stress halten: »Du bist überflüssig. Du bist dumm und nutzlos, du hast schon wieder alles falsch gemacht. Komm endlich in die Gänge, du faule Trine. Aus dir wird nie was werden. Du wirst es wieder nicht schaffen! Hab ich dich erwischt, du Schweinehund!«

Nicht immer sind die Sätze so unverhüllt und brutal, sie sind oft subtiler und raffinierter – und dabei nicht weniger wirksam. Sie können durch einen kleinen Anlass zur Kakofonie der Destruktivität werden, können wie ein innerer Film ihre Wirkung entfalten und das Lebensgefühl der Klientinnen und Klienten massiv beeinträchtigen, im beruflichen Kontext ebenso wie im privaten Bereich. Es ist für die Betroffenen nicht leicht, sich ihnen entgegenzustellen und ihre Wirkung zu begrenzen und auszubalancieren. Dieses innere Geschehen, die stetige Selbstentwertung und der innere Kampf der Person um ihre Selbstachtung werden von ihr häufig wie ein Geheimnis gehütet und beschützt. Die Auflagen der Ratgeberliteratur zum inneren Kritiker lassen deutlich werden, wie verbreitet dieses Phänomen ist.

Die Psychotherapeutin Angelika Rohwetter (2015, S. 16 ff.) beschreibt in ihrem Ratgeber den inneren Kritiker als einen destruktiven Typus, der mit anderen Anteilen des Inneren Teams in Beziehung steht (der ungeschickten Verteidigerin, dem »guten Objekt«, den Inneren Kindern …) und dort seine destruktive Wirkung entfaltet. Es gilt, zum inneren Kritiker Kontakt aufzunehmen, mit ihm zu verhandeln, sich mit ihm zu versöhnen und ihn mit einer neuen Rolle ins Innere Team zu integrieren. Dazu bietet Rohwetter ein differenziertes Selbsthilfeprogramm an. Es enthält Anstöße, Ideen und methodische Elemente, mit denen sich zum Teil auch im Coaching arbeiten lässt (siehe dazu auch 5.4). Die Typologie ihrer inneren Anteile wirkt jedoch etwas holzschnittartig, sie kann den Blick auf die spezifische Ausprägung jeder einzelnen Kritikerfigur als Teil einer individuellen Person und ihrer Sozialisation verstellen.

Jochen Peichl (2014, S. 16 ff.) vermittelt in seinem Ratgeber aufschlussreiche und sehr gut nachvollziehbare wissenschaftliche Informationen zu den inneren Kritikern. Spannend ist, wie er seine Leserinnen und Leser herausfordert zu untersuchen, welche Charakteristik der eigene innere Kritiker wohl hat und wie er seine Wirkung im Team entfaltet. Er differenziert und beschreibt ganz unterschiedliche Kritikertypen: einen rigiden Kontrolleur, einen vorwurfsvollen Perfektionisten, einen brutalen, ruhelosen Antreiber, einen Akteur, der es allen recht machen muss, und zum Schluss einen, der sich jenseits aller Probleme und Konflikte aus dem Spiel nimmt und sich selbst und alle anderen beruhigt und sediert.

Peichl erleichtert es Coachee und Coach, die kritischen Anteile zu entdecken, ihre Rolle im inneren System zu entschlüsseln, ihre eigentlich gute Absicht und ihre Wirkungen und Nebenwirkungen zu erkunden. Auch Peichl betont die systemische Verbindung der inneren Kritiker mit den kindlichen, verletzlichen Anteilen. Die Kritiker sollen sie beschützen, gleichwohl stören und verfolgen sie sie.

Ich möchte auf die doppelte Wirkung der inneren Kritiker hinweisen: Ihre schwierige, oft verletzende Art und ihre schwächende, entwertende Strategie richten sich zwar vor allem auf die inneren Anteile, mit denen sie systemisch verbunden sind, und auf die Befindlichkeit der ganzen Person. Gleichzeitig haben sie aber die Tendenz, ihr destruktives Potenzial auch nach außen zu richten und die betroffene Person in Konflikte mit ihrem (beruflichen wie privaten) Umfeld zu bringen. Umso wichtiger ist es, ihnen eine neue, sinnvolle Perspektive im Inneren Team zu eröffnen.

Frau T. hat sich nach Jahren als angestellte Referentin im Bildungsbereich selbstständig gemacht und ist schon seit längerer Zeit als Trainerin und Coachin tätig. Ihre Arbeitsfelder sind vor allem die öffentliche Verwaltung, Universitäten, Hochschulen und Weiterbildungseinrichtungen. Über die Jahre hat sie dort einen Stamm von festen Kunden gewinnen können, die sie immer wieder beauftragen. Es ist Frau T. wichtig, sich als kompetente Dienstleisterin sehr für ihre Auftraggeber zu engagieren. Damit möchte sie natürlich auch ihre Position bei ihnen sichern.

Im Coaching berichtet sie, dass sie sich von ihren festen Geschäftspartnern nicht so respektiert fühlt, wie sie sich das wünscht und wie das ihrem Engagement entsprechen würde. »Was ist da los? Wie gehen die eigentlich mit mir um? Und stelle ich mir da vielleicht selbst ein Bein?«, so fragt sich Frau T. Sie merke, dass sie dieses Gefühl fehlenden Respekts zunehmend verunsichere. Sie beklagt sich über den inneren Druck, unter dem sie ständig stehe. Sie sei eben, so formuliert sie, keine richtige Geschäftsfrau, die sich gut selbst verkaufen könne. Dagegen verhalte sie sich eher als eine »Oberloyale«, eine Oberengagierte, die ihren Job gerne noch etwas schneller und billiger mache. Sie möchte, dass ihre Kunden sie nett finden und sich ihr verpflichtet fühlen. Sie wolle als Fachfrau und als Person geschätzt werden und dauerhaft eine wichtige Rolle bei ihnen spielen. Im Gespräch wird deutlich, dass sie sich weniger als eine Selbstständige empfindet und verhält, sondern eher als eine Art Angestellte auf Zeit, die in der Beziehung zu ihren Auftraggebern Sicherheit, Zugehörigkeit und Heimat sucht. Sie ist praktisch immer von der Angst begleitet, sie könnte eines Tages ihre Bedeutung und ihren Wert verlieren: »Dann gibt es mich plötzlich nicht mehr!«

Andererseits schätze sie aber auch ihre Freiheit und ihre Eigenständigkeit sehr. Sie wünscht sich, als Mensch mit ihren Besonderheiten und spezifischen Fähigkeiten gesehen und anerkannt zu werden. Im Coaching möchte sie untersuchen, wie sie sich »selbst immer wieder ein Bein« stellt. Wir vereinbaren, bei dieser Frage zum ersten Mal mit dem Inneren Team zu arbeiten.

Bei der Erhebung des Teams stellt mir Frau T. als erste innere Akteurin *die Oberloyale, Oberengagierte* vor, die offenbar unter dem Dauerdruck steht, stets akzeptiert und gemocht zu werden. Das führe dazu, dass sie sich im Kontakt mit dem Kunden immer sehr bemüht zeigt: »Die sollen sehen, dass ich eine von den Guten bin!« Frau T. beschreibt diesen inneren Anteil als sehr zugewandt und aufmerksam. Sie erlebt sich in ihrer gefälligen Art daher stets etwas nach vorn gebeugt – dadurch mache sie sich anscheinend kleiner, als sie sei, so wird ihr im Gespräch deutlich. Eigentlich gebe sie, genau betrachtet, eine nicht gerade starke, sondern eher freundliche, manchmal fast etwas lächerliche Figur.

Das bringt sie mit einem inneren Anteil in Kontakt, der sich durch die Beschreibung der Oberloyalen offenbar angesprochen fühlt. Dieser Anteil hat Angst, dass Frau T. ihre Position beim Kunden verlieren und früher oder später in der Bedeutungslosigkeit versinken könnte. Da diese Befürchtung schon öfter in ihrem Leben aufgetaucht ist, gibt Frau T. dieser Figur den Namen *die chronische Zweiflerin*. Durch sie fühle sie sich immer wieder belästigt und emotional hinuntergezogen. Im Laufe der Aufstellung stoßen wir noch auf einen ganz anderen Anteil, der sich offenbar ziemlich allein auf seinem Posten fühlt. Diese innere Person empfindet sich durch den ständigen Zwang zum Erfolg beim Kunden beeinträchtigt. Mit der Freiberuflichkeit habe sie vor allem die Vorstellung verbunden, mehr über sich selbst bestimmen und sich immer wieder Auszeiten nehmen zu können. Frau T. nennt sie eine *freiheitsliebende Schwärmerin,* die sich schlicht Illusionen mache über die typische Situation einer Freelancerin, die sich im Haifischbecken der Konkurrenz über Wasser halten müsse.

Während Frau T. die *Freiheitsliebende* beschreibt, verändert sich plötzlich die Atmosphäre. Die Stimme, die zuletzt zu hören war, scheint mit dieser Schwärmerin überhaupt nicht glücklich zu sein. Diese Freiheitsideale seien ja verständlich und nett, aber völlig naiv. Sie sei eine »Loserin«, die man früher oder später aus dem Verkehr ziehen müsse, wenn der berufliche Erfolg in der Zukunft noch gesichert sein solle. Ihre arrogante und abwertende Haltung macht deutlich: Bei der Sprecherin kann es sich nicht mehr um das Oberhaupt handeln. Ich mache Frau T. auf den Rollenwechsel aufmerksam und frage sie, wer sich denn da zeige. Da entpuppt sich die harte Sprecherin als eine Art interne Prüfungsinstanz von Frau T., eine *kritische Kontrolleurin,* mit der Frau T. ständig zu tun hat. Sie hat es sich zur offenbar Aufgabe gemacht, die Dinge kritisch so zu beschreiben, »wie sie wirklich sind«. Die Kontrolleurin sitze ihr im Nacken, sie habe Sätze von ihr im Ohr, mit denen sie täglich angetrieben und abgewertet werde.

Innere Kritikerfiguren im Sinne von Rohwetter und Peichl sind in Beratungsprozessen häufig als Gäste präsent. Sie zeigen sich im Coaching als wirkmächtige Hindernisse für das Wohlbefinden und den beruflichen Erfolg der Klientinnen und Klienten und nicht selten können sie mit ihrer hartnäckigen Präsenz die Ursache für heiße aktuelle und erkaltete chronische Konflikte im Arbeitsleben sein. Auf der offenen Bühne des Inneren Teams werden sie sichtbar. Jetzt ist es möglich, sie anzusprechen und den Versuch zu unternehmen, sie mit einer anderen, konstruktiven Rolle zu überzeugen und ins Team zu integrieren.

Die anderen Mitglieder des Inneren Teams können bei einem solchen Prozess der Transformation wichtige Unterstützerinnen und Unterstützer sein. Sie gilt es als Betroffene zu beteiligen, denn es geht ja um eine Veränderung des ganzen inneren Systems, die oft alle wichtigen Anteile betrifft und einbezieht.

3.2.5 Kommunikations- und Beziehungsstörungen verstehen und bearbeiten

Störungen der Kommunikation und der Kooperation im Beruf und Spannungen in den Arbeitsbeziehungen, die Coachees in den Beratungsprozess einbringen, kommen in der Regel oft zunächst als »Schuld des anderen« daher: Weil die Betroffenen den eigenen Anteil am Geschehen nicht erkennen können oder abwehren, sehen sie sich leicht als Opfer des Fehlverhaltens und der Störungen der anderen. Sie schütteln erstaunt oder empört den Kopf und erwarten ein Einsehen und eine Veränderung des Verhaltens von denen, die sie als die Auslöser oder »Störenfriede« erleben und kritisieren – und manchmal sind sie das ja auch.

Oft zeigen die Coachees aber eben nur eine Seite der Medaille. Das Coaching lenkt den Blick auch auf die andere Seite: auf das eigene Verhalten und Handeln und seine Hintergründe. Dieses trägt oft ebenso stark dazu bei, dass das Spiel der wechselseitigen Vorwürfe und Abwertungen in Gang kommt. Beide Seiten sind dann Teil des Problems und werden zu einer Belastung für eine konstruktive, wertschätzende Kultur des kollegialen Miteinanders. Je mehr aber das eigene Verhalten einer Coachee dem des vermeintlich feindlichen Gegenübers ähnelt, desto heftiger bekämpft sie dieses beim anderen und desto weniger kann sie es an sich selbst wahrnehmen und annehmen. Die Person ist in einem Zustand des Widerstands, und je weiter die Situation eskaliert ist, desto häufiger müssen die Beteiligten mit heftigen Reaktionen rechnen, wenn sie das Problem offen ansprechen. Daher vermeiden sie dieses Thema lieber und der unbefriedigende, »gestörte« Zustand bleibt als latenter oder »kalter« Konflikt bestehen (Glasl, 2004, S. 76) und kann jederzeit plötzlich zum offenen Streit eskalieren.

Als Coach begegne ich immer wieder dem Unwillen von Coachees, wenn ich konfrontierend zurückzumelden wage, was ich an ihnen wahrnehme: »Sie machen es doch ganz ähnlich, oder nicht?« Und dennoch gelingt es immer wieder, dass Coachee und Coach diese Spur gemeinsam verfolgen können. Dabei ist oft die Neugier auf sich selbst das stärkste Motiv der Coachees, um sich auf einen Blick nach innen, auf ihr Inneres Team einzulassen. Das kann zu Veränderungen führen, denn die Bearbeitung von Störungen der inneren Teamdynamik einer Person mindert auch die Störungen, die sie in den Arbeitsbeziehungen zur Folge haben. Im Coaching geht darum, diese »inneren Störungen« gemeinsam zu identifizieren, sie zu verstehen und wenn möglich aufzulösen.

Herr V., der wegen seiner Dominanz und seiner Konkurrenzhaltung seinen Mitarbeiterinnen und Mitarbeitern gegenüber in die Kritik geraten ist (vgl. 3.2.1), hat sich im Coaching davon überzeugen lassen, sich einem Feedback in seinem Projekt zu stellen. Was ihm zurückgemeldet wird, ist zum Teil hart und schmerzlich für ihn, aber die konstruktiven Anstöße, die er erhält, erleichtern es ihm, nicht alles gleich abzuwehren. Bei einem selbstkritischen »Blick in den Spiegel« wird ihm nach einigem Hadern bewusst, dass es vermutlich vor allem an ihm selbst liegt, wenn die besten Leute seine Projekte verlassen. Er ärgert sich darüber und hat Mühe, sich selbst und sein Verhalten zu verstehen.

Es ist ihm peinlich, als er erfährt, dass er bei den oberen Führungskräften im Steuerkreis seines Projekts inzwischen als der große Zampano gilt. Für ihn ist es jetzt »eine Frage der Ehre«, dass er in seinen Meetings nicht immer so ausrastet, mehr Geduld aufbringt und sich besser im Griff hat. Herr V. fühlt sich herausgefordert, seine fast automatisch auftretenden Reaktionen bei sich selbst näher zu untersuchen und herauszufinden, was sich da bei ihm eigentlich immer wieder abspielt. Schnell wird klar, dass es um seine Selbstführung geht. Er möchte *den großen Zampano,* der so leicht ausrastet, besser in den Griff bekommen und sein Verhalten unbedingt verändern, um seine Mitarbeiterinnen und Mitarbeiter zu halten und als Führungskraft mit ihnen weiterhin erfolgreich in seinen Projekten zu arbeiten. Aber wie kann ihm das gelingen?

Das Coaching-Gespräch führt auf die Spur einer abwehrenden Konkurrenz von Herrn V. gegenüber seinen Leistungsträgern in den Projekten. Welche äußeren Umstände lösen die plötzlich harschen Reaktionen aus und von welchen Gefühlen sind sie begleitet? Wir gehen der Frage nach, welche Erinnerungen und welche inneren Bilder sich zu diesen Gefühlen einstellen. Herr V. findet sich in seine Herkunftsfamilie zurückversetzt: Er musste als der Ältere darum kämpfen, neben seinem jüngeren, begabten und beliebten Bruder bei den Eltern Anerkennung zu finden. Diesen Kampf, so stellt sich heraus, führt er bis heute als Erwachsener und als anerkannte Führungskraft weiter, nicht mehr gegen seinen Bruder, sondern jetzt gegen seine besten, weitaus jüngeren Mitarbeiterinnen und Mitarbeiter.

Als mir Herr V. von der Zeit damals erzählt, verändern sich seine Stimme und seine Körperhaltung: Er wirkt plötzlich wie ein *trauriger, verzweifelter Junge, der um die Anerkennung und Liebe seines Vaters kämpft,* es ihm aber nie recht machen kann. Dieser erwartete von ihm, sich durchzusetzen: in seinen Peergruppen in Schule und Freizeit, gegenüber seinem Bruder und ebenso gegenüber der Mutter! Genauso wie sie sei er zu weich und er werde, so prophezeite der Vater, nie ein richtiger Mann werden, sein Potenzial nicht ausschöpfen und im Leben immer auf der Seite der Schwächeren bleiben!

Doch mit dem Satz »Aber ich habe es ihnen allen gezeigt!« tritt nun eine andere innere Figur auf die Bühne, die einen auftrumpfenden und gleichzeitig selbstbezogenen Eindruck hinterlässt: Herr V. nennt diesen Anteil den *Triumphierenden, der es geschafft hat.* Aber Herr V. kann den Triumph nie lange genießen, denn er steht immer neu unter Druck, er muss sich ja schon bald der nächsten herausfordernden Bewährungsprobe stellen. Dieser Druck hat sich offenbar lange schon als Dauerzustand bei Herrn V. etabliert. Er hat ihn zu einem unruhigen, stets alarmierten Menschen gemacht, der seinerseits Druck ausübt. Woher kommt der Druck? Herr V. stößt in seinem Inneren Team auf eine Art *Stellvertreter des Vaters,* der dort agiert und den alten Einfluss gnadenlos aufrechterhält. Es wird ihm deutlich, dass dieser Stellvertreter die eigentliche Machtinstanz in seinem inneren System darstellt. Es ist eine paradoxe Situation: So erfolgreich er in seinem Leben als Erwachsener damit ist, die

Prophezeiung seines Vaters zu widerlegen und sich hochzukämpfen, so wenig ist es ihm bis heute gelungen, dem abwertenden Druck dieses Anteils etwas entgegenzusetzen und sein Oberhaupt fest in der Führung seines Inneren Teams zu verankern.

Herr V. wagt mit Unterstützung wichtiger Akteure seines Inneren Teams den entscheidenden Schritt, die internalisierte Vaterfigur zu konfrontieren und sich ihr zu stellen. Als Coach schlage ich ihm vor, diesen lebensgeschichtlich geprägten Anteil in die Gegenwart und in einen kritischen Dialog zu holen. Das Ziel ist, ihm eine neue, konstruktive Rolle im Team zuzuweisen und die Führung im Inneren Team als Oberhaupt selbst zu übernehmen. So kann es meinem Coachee gelingen, den destruktiven Mechanismus außer Kraft zu setzen, der ihn bestimmt und der ihn gleichzeitig zum Treiber und zum Getriebenen macht. Diese innere Loslösung eröffnet Herrn V. den Weg zu einer neuen, authentischen Souveränität, die seinen Mitarbeiterinnen und Mitarbeitern mehr Spielraum verschafft und ihm selbst einen angemessenen Respekt. Auch im Führungskreis kann er seinen Stil nachhaltig verändern. Er lässt den großen Zampano auch dort hinter sich, gestaltet seine Rolle zurückhaltender und authentischer und gewinnt eine neue Akzeptanz.

Verfahrene innere Handlungsmuster und Mechanismen, die sich verfestigt haben und oft schon lange wirken, führen also häufig zu Problemen und Defiziten bei der Führungsaufgabe und zu Spannungen und Schwierigkeiten im zwischenmenschlichen Kontakt und in der kollegialen Zusammenarbeit. Sie sind nicht selten mit einem heftigen Widerwillen oder Widerstand der Betroffenen verbunden, sich damit näher zu befassen, oder die Betroffenen sehen sich sogar als Opfer ihrer Lebensgeschichte. Geleitet von der Symbolik und der spielerischen Methode des Inneren Teams lassen sich diese Mechanismen jedoch identifizieren und verändern, wenn immer der Coachee sich darauf einlässt und bereit ist, Ursachen nicht nur beim anderen oder in der Vergangenheit zu suchen, sondern auch bei sich selbst. Seine inneren Mechanismen sind »Steine des Anstoßes« – sie tragen zur Weiterentwicklung der Person und zum aktuellen und künftigen Erfolg im beruflichen Handeln bei. »Die Gestaltung der Gegenwart bestimmt die Wirkung der Vergangenheit und die Erwartungen an die Zukunft« (Peichl, 2019, S. 107).

3.2.6 Die Klärung von Konflikten angehen und bei sich selbst beginnen

Der Leitsatz »Selbstklärung geht vor Beziehungs- und Konfliktklärung!« gilt in der Beratung für alle Themen und Situationen, in denen eine Coachee stark berührt ist oder die mit starken Gefühle wie Wut oder Ärger verbunden sind – was in Konfliktsituationen häufig der Fall ist. Meistens beginne ich mit der Bitte, mir einfach die Geschichte zu erzählen, um die es geht. Nicht selten schildert mir die Coachee eine eigene Reaktion, die plötzlich und unerwartet bei ihr ausgelöst wird. Häufig läuft sie nach einem bestimmten gelernten Schema ab und ist von einem inneren Gefühl der Anspannung getrieben: Es knallt und der Konflikt ist da (vgl. Dietz u. Dietz, 2007, S. 21 ff.).

Meine ersten Fragen dienen der Orientierung: In welchem Kontext steht das Geschehen und wie geht es dort zu? Immer steht nach den ersten Informationen und Eindrücken die Klärung des Anliegens und der Ziele der Beratung an: Keine Beratung ohne Kontrakt! Dieser Leitsatz gilt für alle Formen der Beratung. Erst anschließend geht es in eine vertiefende Bearbeitung.

Wir kehren zu der Situation oder zu der Frage zurück, mit der meine Coachee besonders starke Gefühle verbindet. Was läuft da in ihr ab, was wird gespielt im Inneren Team? Können wir einen Konflikt erkennen und benennen? Und welche Reaktionen hat er bei der Coachee ausgelöst? Oft habe ich bis dahin schon einzelne innere Akteure entdecken können, die sich durch unterschiedliche Stimmlagen und Körpersignale zeigten, besonders natürlich die Trägerinnen und Träger der Gefühle. Sie gilt es nun zu benennen und mit ihrer Grundhaltung und ihrer Position festzuhalten. Hat mir die Coachee so Zugang zu ihrem Inneren Team gegeben, kann ich ihr das Gehörte und Wahrgenommene zurückspiegeln und mit meinen Gedanken und Gefühlen und vielleicht auch mit ersten vorsichtigen Hypothesen darauf reagieren.

Dann schlage ich vor, die Arbeit mit einer gemeinsamen Erkundung des Inneren Teams fortzusetzen und zu vertiefen. Wenn wir zum ersten Mal mit dem Konzept arbeiten, gebe ich jetzt eine erste kleine Einführung. Ist es schon bekannt, befinden wir uns auf unserer Entdeckungstour ja zumindest teilweise auf vertrautem Boden. Wir schauen, wer sich wo bewegt und mit wem verbunden ist (die Erhebung). Eine Visualisierung hilft der Coachee und mir, einen Überblick zu gewinnen und das Wichtigste festzuhalten.

Im Kontakt mit den bei diesem Thema besonders involvierten, stark berührten Akteuren können wir deren Beziehungskonstellation herausfinden. Ich schaue, welche Lager es im inneren System gibt und ob eine einheitliche oder eine sehr gegensätzliche, spannungsvolle Situation im Inneren Team zu erkennen ist. Die geschilderte äußere Konfliktlage findet dabei häufig eine Entsprechung im *inneren* Konfliktgeschehen. Meistens ist deutlich zu erkennen, ob zuerst eine *innere* Klärung und Einigung notwendig ist, um später planvoll, konstruktiv und mit Aussicht auf Erfolg im äußeren Umfeld weiterzukommen. In diesem Klärungsprozess ist das Oberhaupt der Coachee als Partnerin auf Augenhöhe eine entscheidende Unterstützung für den Coach oder die Beraterin: Es eröffnet der Klientin den Zugang zu ihrem Inneren Team, unterstützt ihren Kontakt zu den einzelnen inneren Anteilen. Die Coachee hat mit ihrer Selbstkenntnis und ihrer Intuition oft den entscheidenden Anteil daran, die bestehenden inneren Verbindungen und Zusammenhänge zu entschlüsseln. Ich gehe also zusammen mit der Coachee in eine vertiefende Erkundung ihrer inneren Situation. Ich führe sie mit meinen Fragen (Leading) und lasse mich gleichzeitig von der Klientin korrigieren und leiten (Pacing).

Wenn sich am Ende des Erkundungsprozesses ein klares Bild der handelnden Akteure, ihrer Beziehungskonstellation und ihrer Interessen und Einstellungen zur anstehenden Frage ergibt, wirkt dies meist schon erleichternd und motivierend auf die Coachee, auch wenn die Schritte zur Veränderung der Lage noch nicht klar sind. Dies gilt umso mehr, wenn die einzelnen inneren Personen Verständnis und Anteilnahme für ihre Situation erfahren.

Von besonderer Bedeutung sind oft noch die oben schon angesprochenen automatischen Reaktionen (vgl. 3.2.3): Was ist passiert? Was konkret war der Auslöser? Welcher innere Anteil war da plötzlich provoziert, am Oberhaupt vorbei heftig in den Konflikt zu gehen? Welche innere Befindlichkeit, welche Körperempfindung ging dieser Aktion voraus und welcher wunde Punkt könnte dahinterstecken? Wer im Inneren Team hat dabei womöglich wen beschützt? Es ist ein spannender Prozess, die »Hintergründe einer Automatik [zu] erforschen« (Dietz u. Dietz, 2007 S. 31) und diese automatischen Reaktionen in die Steuerung durch das Oberhaupt zu überführen oder sogar aufzulösen.

Wichtigste Voraussetzung für die Bereitschaft der inneren Akteure, sich einzulassen und in Spannungen und Konfliktsituationen die eigene Position und die Haltung zum anderen zu hinterfragen und zu verändern, ist stets die Anerkennung ihrer Gefühle und der Verletzungen, die sie zuvor selbst erlitten haben. Diese Anerkennung und ein Verständnis für ihre Situation zu erfahren, macht es den inneren Personen leichter, Abstand zu gewinnen, ihre abwehrende, blockierende Haltung Schritt für Schritt aufzulösen und ihre Wächter von der Bühne zurückzuziehen.

Langsam und mit Achtsamkeit kommt die Coachee mit ihren inneren Anteilen besser in Kontakt, sie zeigen sich allmählich, werden erfahrbar und ansprechbar. Dadurch kann sich der Weg für eine einvernehmliche, faire Lösung eröffnen. Dies gilt gleichermaßen für innere Spannungen und Konfrontationen wie für die sich anschließende Bewältigung der äußeren Konfliktsituation. Die Analogie zwischen der inneren und der äußeren Erfahrung bei der Konfliktbearbeitung lässt sich im Coaching mit dem Inneren Team gut verdeutlichen und zur Wirkung bringen: Was im Inneren Team geklärt, abgestimmt und vereinbart werden konnte, stärkt die Coachee und verhilft ihr zu einer besseren inneren Balance und Standfestigkeit. Es bereitet sie darauf vor, offen, mit klaren Zielen und mit einer guten Strategie in die Konfliktbearbeitung zu gehen: Die Verletzlichen und die Provozierten werden geschützt oder halten sich vielleicht im Hintergrund, dafür nimmt die Coachee die konstruktiven, souveränen inneren Akteurinnen und Akteure mit in das Gespräch und bringt sie dort planvoll ins Spiel.

Eine solche Form der inneren Selbstklärung ist also eine gute Vorbereitung, um in ein Mediationstreffen oder in eine Verhandlung mit schwierigen Partnern im Arbeitsfeld zu gehen (wie gesagt: Selbstklärung kommt vor Beziehungsklärung). Sie macht es der Coachee leichter, zu sich selbst und zu ihrem eigenen Konfliktanteil zu stehen und sich in der Auseinandersetzung angemessen zu verhalten. Ihre verletzten Anteile und inneren Scharfmacherinnen und Antreiber sind ihr ja bekannt. Dadurch wird es leichter für sie, sich offener zu zeigen für die Sichtweise, das Erleben und die Interessenlage der anderen Seite und sich sachlicher und konstruktiver damit auseinanderzusetzen.

3.2.7 Ambivalenzen und Polarisierungen auflösen, Entscheidungen treffen

Eine bevorstehende Entscheidung ist eine der klassischen Situationen, die Coachees in den Beratungsprozess einbringen. Oft geht es nach der Beleuchtung der Situation und der Abgrenzung und Formulierung der Entscheidungsfrage im Coaching zuerst darum, mögliche Entscheidungs- und Handlungsalternativen herauszuarbeiten. Welche Folgen und Nebenwirkungen in den betreffenden Kontexten sind schon zu erkennen und welche Vorteile, Nachteile und Risiken gilt es, gegeneinander abzuwägen? Nicht selten gelingt es so, aus der Analyse der Bedingungen und Wechselwirkungen der äußeren Situation eine schlüssige und überzeugende Entscheidung abzuleiten und gemeinsam über die konkreten Schritte zu ihrer Umsetzung nachzudenken.

Immer wieder fühlen sich Coachees angesichts einer offenen Entscheidung aber unsicher oder befinden sich in einer inneren Ambivalenz. Trotz eingehender Analyse der Situation bleibt bei ihnen ein ungutes Gefühl oder ein Zögern, ein Zweifeln zurück: Irgendetwas stimmt noch nicht! Wenn sie dies nicht gleich zur Sprache bringen, taucht das Entscheidungsthema häufig im nächsten Termin wieder auf, die Entscheidung wurde noch nicht umgesetzt. Dafür bringen die Coachees nachvollziehbare, logische Gründe vor, die mich als Coach oft nicht so recht überzeugen. Was steckt wohl dahinter und worum geht es denn wirklich? Die Coachee sieht sich bezogen auf das Entscheidungsthema »zwischen Baum und Borke«, sie beschreibt eine innere Unklarheit oder Zerrissenheit, die sie quält und aus der sie keinen Ausweg findet.

Dann ist es sinnvoll, die Ebene der rationalen Begründung und Analyse zu verlassen und sich nach den Gefühlen und Gedanken zu erkundigen, die die Coachee mit der offenen Situation verbindet. Die Idee, diesen Gefühlen mit der Methode des Inneren Teams zu folgen und den Hintergründen des Zögerns und der Zweifel so auf die Spur zu kommen, ist eine gute Alternative und eröffnet eine Vielzahl von Möglichkeiten.

Frau L., eine erfahrene Physiotherapeutin, hat sich jahrelang in einem anerkannten körpertherapeutischen Verfahren qualifiziert, das vor allem auch Fachärzte für Orthopädie gerne für ihre berufliche Weiterbildung nutzen. Sie hat beim entsprechenden Verband ihren Abschluss gemacht und mit den gelernten Methoden ihre berufliche Tätigkeit mit Erfolg erweitert und bereichert. Vor längerer Zeit schon ist sie aber auf ein Gerichtsurteil in erster Instanz aus einem anderen Bundesland aufmerksam geworden, in dem einem Kollegen die Anwendung des Verfahrens ohne eine zusätzliche Ausbildung als Heilpraktiker untersagt wurde.

Sie erkundigt sich daraufhin bei den zuständigen Behörden, kann aber nur erfahren, dass es noch keine eindeutige bundesweite Regelung in dieser Sache gibt. Frau L. ist durch diese Information zunächst beruhigt. Sie gerät aber sofort wieder ins Zweifeln, als sie von einem Arzt aus ihrem Umfeld kritisch auf ihre Tätigkeit und ihre Qualifikation dafür angesprochen wird. Sie fühlt sich plötzlich »wie unter einem Damoklesschwert« und macht sich Sorgen, sie könnte unerwartet in ernsthafte Schwierigkeiten geraten. Obwohl der Stand in der Sache unverändert ist, trifft sie die

Entscheidung, sich für die Prüfung als Heilpraktikerin anzumelden und neben ihrer vollen Berufstätigkeit sofort mit den aufwendigen Vorbereitungen dafür zu beginnen.

Als das Thema einige Monate später im Coaching zufällig wieder auftaucht, stellt sich heraus, dass Frau L. sich zwar angemeldet hat, aber mit der Vorbereitung noch keinen Schritt weitergekommen ist. Sie ist sehr unzufrieden mit sich und weiter in Sorge. Welche äußeren Gründe und welche innere Konstellation haben die Umsetzung ihrer Entscheidung verhindert, die damals so klar zu sein schien? Einerseits schildert die Klientin, was alles an aktuellen Ereignissen und Anforderungen sie aufgehalten hat, mit den Vorbereitungen anzufangen. Andererseits zeigt sich aber auch, dass bei dieser Frage im Inneren Team völlig unklare Kräfteverhältnisse herrschen. Die Umsetzung der Entscheidung ist blockiert:

Eine *Ängstliche, Beunruhigte* hat große Zweifel, ob Frau L. die Prüfung überhaupt noch schaffen kann in ihrem Alter! Sie hätte zwar einerseits gerne endlich ihre Ruhe und Sicherheit wieder, wolle aber andererseits nicht an die Vorbereitungsarbeit zur Prüfung gehen, denn wahrscheinlich sei alles umsonst. Eine *Unzufriedene, Ärgerliche* findet, dass es jetzt reiche mit den ewigen Anforderungen und der vielen Arbeit. Sie hat sich mit dem Partner von Frau L. verbündet, der das offenbar ähnlich sieht. Eine *Freiheitsliebende, Autonome* will sich von niemandem etwas vorschreiben lassen, schon gar nicht von irgendeinem arroganten Arzt! Gleichzeitig meldet sich eine *mahnende, kritische Stimme*. Sie vertritt offenbar die Werte von Frau L.: Diese hätte sich weit von ihren ursprünglichen Vorstellungen entfernt, von einem stärker durch Spiritualität geprägten Leben und Arbeiten. Es gelte, weniger statt mehr zu arbeiten und sich Zeit für sich selbst zu nehmen. Das sei ihr früher doch eminent wichtig gewesen! Dagegen besteht eine *ehrgeizige Selbstbeschränkerin* allein und gegen alle anderen Anteile darauf, dass die Sache sofort anzupacken sei! Sie ist es offenbar gewohnt, sich einfach durchzusetzen und die Dinge letztlich zu bestimmen: »Was erwartest du denn? Was man nicht verändern kann, das muss man akzeptieren!«, fasst sie zusammen – sie hat ganz offenbar nicht erst seit heute die Funktion des *Oberhauptes* übernommen. Das eigentliche *Oberhaupt* steht dagegen unschlüssig und abwartend am Rande des Geschehens.

Frau L. ist erst einmal froh, dass sie ihre innere Lage jetzt etwas klarer wahrnehmen und einschätzen kann. Sie hat noch einige Klärungsfragen an einzelne Akteure und versucht dann mit einiger Mühe, ihre Position als Chefin wieder zu erobern und ihren Anspruch auf die letzte Entscheidung als Oberhaupt durchzusetzen. Es braucht einige Versuche, bis ihr das bei diesem Thema gelingt. Nach diesem ermutigenden Erfolg nimmt sie die Dinge in die Hand. Sie sucht zunächst den Kontakt mit Kolleginnen in gleicher Situation, um die rechtliche Lage mit ihren Risiken abzuklären und sich gemeinsam abzusichern.

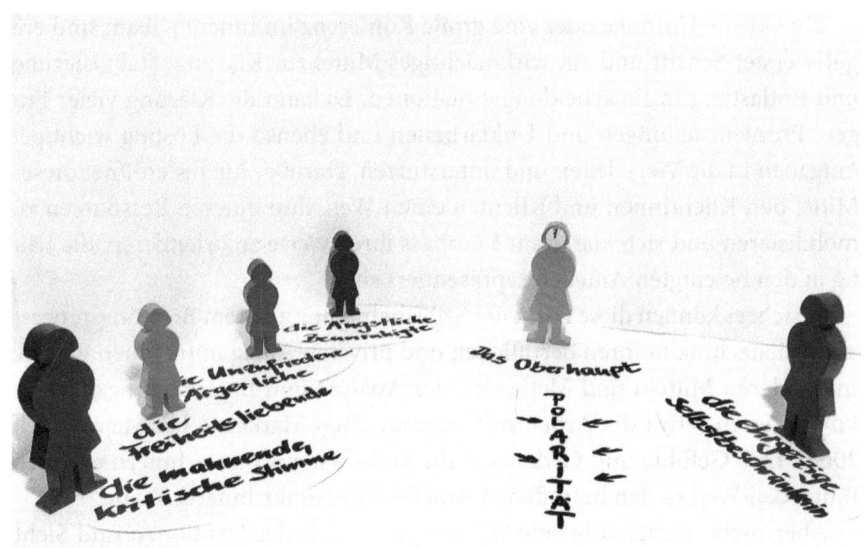

Damit hat sie gute äußere Bedingungen geschaffen, um im Inneren Team bei einem »großen Ratschlag« alle zu hören und dann eine Klärung und eine tragfähige Entscheidung herbeizuführen, die sie dann auch durchhalten kann: Erst wenn die Behörden ihnen den Abschluss als Heilpraktikerin definitiv vorschreiben, will sie sich mit den Kolleginnen gemeinsam auf die Prüfung vorbereiten. Damit ist die Lage zunächst einmal beruhigt. Hier bedingen sich äußere und innere Klärung, beide ergänzen sich und schaffen die notwendige Stabilität, um die in der Sache weiter offene Situation innerlich auszubalancieren und zu stabilisieren. Der Gedanke der Spiritualität und der persönlichen Werte bei ihrer Arbeit und in ihrem Leben aber bleibt für Frau L. präsent. Er wird sich für sie später noch zu einem wichtigen Thema im Coaching entwickeln.

Menschen schaffen es oft erstaunlich lange, in beruflichen wie in privaten Fragen mit Ambivalenzen und Unklarheiten zu leben und Entscheidungen offenzuhalten, die längst fällig wären. Sie tragen die damit verbundene (chronische) Belastung und Unsicherheit lieber weiter mit sich herum, als den Mut zu einer Klärung und Entscheidung zu finden, deren Folgen sie nicht so recht abschätzen können. Den Entschluss müssten sie ja auch vertreten und umsetzen und womöglich die Verantwortung für ein eigenes Scheitern übernehmen. Verschobene, verschleppte oder einfach weiterdelegierte Entscheidungen produzieren zuverlässig Probleme und Konflikte, und sie kosten oft eine Menge Geld.

Eine kleine Umfrage oder eine große Konferenz im Inneren Team sind ein guter erster Schritt und ein wirkmächtiges Mittel zur Klärung, Stabilisierung und Entlastung in Entscheidungssituationen. Es kann die Klärung vieler Fragen, Problemstellungen und Unklarheiten und ebenso die Lösung wichtiger Aufgaben in die Wege leiten und unterstützen. Darüber hinaus eröffnet dieses Mittel den Klientinnen und Klienten einen Weg, ihre inneren Ressourcen zu mobilisieren und sich klarer am Kompass ihrer Werte zu orientieren, die häufig in den beteiligten Anteilen repräsentiert sind.

Coachees können diese Form der Selbstbefragung aus dem Beratungsprozess als Sozialtechnik in ihren beruflichen und privaten Alltag mitnehmen und sie mit anderen Mitteln und Methoden der Analyse und Entscheidungsfindung kombinieren (etwa die Arbeit mit »somatischen Markern« bei Maja Storch, 2005). Ihre Gefühle und Gedanken, die Stimmen aus ihrem Innern eröffnen ihnen den Weg zu den betroffenen Anteilen und in ihr Inneres Team.

Aber nicht immer führt ein innerer Austausch der Positionen und Sichtweisen zur Auflösung der Spannungen und zur Einleitung einer Entscheidung. Coachee und Coach können im Inneren Team auf eine Situation treffen, die mit dem Begriff »Polarisierung« gut bezeichnet ist: Zwei oder mehrere innere Akteure stehen einander in einer Frage diametral gegenüber und sehen sich in dieser Konstellation fixiert. Die Austragung der Gegensätze geschieht oft nicht nur mit friedlichen Mitteln: »Polarisation happens, when they go beyond this to actively fighting each other and becoming extreme in reaction to each other« (Earley, 2012, S. 1). Es ist ein innerer Kampf im Gang, in dem sich die inneren Akteure mit Macht nach vorn spielen können und versuchen, sich gegenseitig zu verdrängen. Der Konflikt berührt und beeinträchtigt das gesamte Team, und hinter ihm stehen oft miteinander unvereinbare Werthaltungen, Ziele oder Motive. Wie können Polaritäten im Inneren Team bearbeitet und aufgelöst werden? Jay Earley nennt sein Konzept dafür *Depolarisierung* (Depolarisation). Er hat es für die Psychotherapie entwickelt (Earley, 2012, S. 61 ff.), doch lässt es sich, wie ich später bei den Methoden (vgl. Kap. 5) ausführen werde, mit guten Erfolgschancen auch in Beratungs- und Coaching-Situationen zur Anwendung bringen.

3.2.8 Persönliche Standortbestimmung und Neuausrichtung

Es gibt vielfältige Anlässe und Gründe, aus dem Fluss der alltäglichen beruflichen Ereignisse und Aufgaben zurückzutreten, die Perspektive zu wechseln und die eigenen Kontexte und die eigene Position darin kritisch zu prüfen. Seine Situation aus den Blickwinkeln der Mitglieder des eigenen inneren Teams zu betrachten, eröffnet einen spannenden Prozess. Denn die Vielfalt der Sichtweisen ergibt ein differenziertes, mehrdimensionales Bild der Lage. Dabei kommen immer auch die Stimmen zu Wort, die vielleicht längere Zeit nicht gefragt waren und jetzt Wichtiges zu sagen haben.

Mit einer realistischen und ausgewogenen Balance der beruflichen Belastungen und Aufgaben geht oft auch das Gleichgewicht im inneren System verloren. Eigentlich wichtige Ziele, Wünsche und Werte der Person können aus dem Bewusstsein geraten, und die inneren Akteure und Helfer, die sie vertreten, haben ihren Platz auf der Bühne geräumt und ihr Rederecht im inneren Parlament aufgegeben. Im schlimmsten Fall ist – außen wie innen – aus einem Lebens- schon ein Überlebensmodus geworden, und es ist an der Zeit, dass der Person jemand ins Gewissen redet, die oder der sie kennt.

Herr B., erfolgreicher Abteilungsleiter im Konzernstab eines großen Unternehmens, lebt seit längerer Zeit mit einer chronischen Überlastung der Mitarbeiter in seinem Verantwortungsbereich, die er zunächst versucht, durch eigene Mehrarbeit auszugleichen. Sein inneres Muster, unter Druck immer so lange durchzuhalten, bis es nicht mehr geht, bringt ihn am Ende in eine ausweglose Situation: Im Betrieb verweigern ihm seine Vorgesetzten die Unterstützung durch neues Personal, einer seiner Leistungsträger geht. Zu Hause will seine Partnerin die immer weiter gehende Einschränkung ihrer gemeinsamen Zeit nicht mehr hinnehmen. Die inneren Kräfte, die auf der Behauptung seiner bedeutenden beruflichen Position beharren, sind massiv in Gegensatz zu den Anteilen geraten, die immer vehementer seine Überzeugungen und Werte vertreten: das Verantwortungsgefühl für das Wohl seiner Mitarbeiter, sein Eintreten für die Rettung seiner Partnerschaft und zum Schluss auch seine Selbstfürsorge.

Herr B. ist dazu gezwungen, anstelle seines chronischen Krisenmanagements seine berufliche und persönliche Lage endlich grundsätzlich auf den Prüfstand zu stellen. Die Erhebung seines Inneren Teams unterbricht das »immer weiter« und sein Oberhaupt kann sich aus der Lähmung befreien, fortdauernd funktionieren zu müssen. Über eine Erhebung und Anhörung der betroffenen inneren Akteure wird seine komplexe Lage für ihn greifbar. In einem längeren Prozess der Auseinandersetzung mit seinen Vorgesetzten und mit sich selbst eröffnet er sich den Weg zu einer Lösung, die er vor sich und vor seiner Lebenspartnerin vertreten kann. Ein halbes Jahr später verlässt Herr B. das Unternehmen und übernimmt nach einem Sabbatical eine neue berufliche Aufgabe.

Die Situation im Coaching muss nicht immer so dramatisch sein, um dem Coachee eine solche Versammlung seines Inneren Teams vorzuschlagen. Sie eignet sich grundsätzlich für alle Situationen, in denen eine Unterbrechung des

Geschehens und ein Distanznehmen angesagt sind. Sie hilft, das »immer mehr vom Gleichen« zu unterbrechen, das sich im Alltag allzu leicht einspielt und das substanzielle Entscheidungen und Veränderungen verhindert oder in den Hintergrund drängt.

3.2.9 Karriereberatung und Zukunftsgestaltung

Auch als ein Element der Zukunftsorientierung und der Karriereberatung erweist sich die Arbeit mit dem Inneren Team als sehr hilfreich, sowohl bei der Reflexion des bisherigen Weges als auch bei einer Beurteilung der aktuellen beruflichen Situation oder bei der Projektion der beruflichen Perspektive. Zukunfts- und Karrierefragen tauchen in länger laufenden Coaching-Prozessen häufig auf: Ist meine aktuelle Tätigkeit noch sinnvoll für mich? Was könnte mich locken und ein guter nächster Schritt für meine berufliche und persönliche Entwicklung sein? In welchen Aufgaben könnte mit Blick auf die Entwicklung meiner Profession eine kluge Erweiterung bestehen?

Kornelia Rappe-Giesecke (2008) hat ein differenziertes Konzept zur Begleitung von Professionals, Führungskräften und Selbstständigen bei ihren Zukunftsentscheidungen vorgelegt. Darin schreibt sie den Werten der Person eine wesentliche Steuerungsfunktion bei Karriereentscheidungen zu: »Es lässt sich empirisch nachweisen, dass die Werte, die eine Person entwickelt hat, Karriereentscheidungen massiv beeinflussen, selbst dann, wenn sie diese Werte nicht benennen kann« (Rappe-Giesecke, 2008, S. 169). Mitglieder des Inneren Teams sind als Träger der Werte einer Person hier sehr wichtig, und sie können sie zur Sprache bringen. Die inneren Akteure lassen sich befragen, um die bisherige berufliche Entwicklung der Person als Teil ihres Lebensplans zu bewerten und zu würdigen. Sie unterstützen sie dabei, ihre Wertehaltungen – nicht nur bei Karrierefragen – als sicheren Kompass für den künftigen Weg zu justieren und sich daran zu orientieren.

3.3 Die Arbeit am ganzen System – die innere Teamentwicklung

Wie weit trägt Friedemann Schulz von Thuns Idee einer Analogie zwischen dem Arbeitsteam als einer dynamischen Form der Organisation und Kooperation auf der einen Seite und dem Inneren Team, der Psychodynamik des individuellen inneren Geschehens einer Person auf der anderen Seite? Wo erscheint uns eine solche Analogie zwischen beiden Systemen stimmig und überzeugend und wie können wir im Persönlichen Coaching mit ihr arbeiten? Schulz von Thun versteht den Begriff der inneren Teamentwicklung etwas anders, als ich es tue. Er meint damit auch einzelne Interventionen wie zum Beispiel die Integration einer Außenseiterin, eine Rollenklärung zwischen zwei Anteilen oder das Zurückholen einer »verbannten« inneren Teilpersönlichkeit in den Kreis des Teams. Es geht ihm also um einzelne Problemlagen im Inneren Team, die identifiziert und einer Lösung zugeführt werden sollen, oder auch um »Variationen der inneren Mannschaftsaufstellung« (Schulz von Thun, 1998, S. 269), um die Bewältigung bestimmter Aufgaben zu ermöglichen.

Mit meinem Verständnis orientiere ich mich dagegen am Begriff der Teamentwicklung als einem wichtigen Element im Konzept der betrieblichen Personalentwicklung (PE). Dabei geht es um einen längeren Prozess, der mit einer Diagnose beginnt, das ganze System des Teams umfasst (seine Strukturen, seine Kultur und seine Kontexte). Teamentwicklung zielt auf eine ganzheitliche Anpassung des Teams an sich verändernde Bedingungen und Aufgaben. Lässt sich eine *innere* Teamentwicklung mit diesem Verständnis und mit ähnlichen Konzepten und Werkzeugen betreiben, wie wir sie als Coachs aus unserer Beratungstätigkeit von Arbeitsteams und aus der Begleitung von Teamentwicklungsprozessen kennen? Diese Fragen möchte ich im Folgenden untersuchen.

3.3.1 Was ist ein Team und was heißt Teamentwicklung?

»Ein Team ist eine aktive Gruppe von Menschen, die sich auf gemeinsame Ziele verpflichtet haben, harmonisch zusammenarbeiten, Freude an der Arbeit haben und hervorragende Leistungen bringen. Ein Team besteht also aus Menschen, die eine Beziehung miteinander eingehen, um ihre gemeinsamen Ziele zu erreichen« (Francis u. Young, 2017, S. 12). Diese kurze Beschreibung aus einem Trainingsprogramm zur Teamentwicklung verbindet eine Begriffsbestimmung mit Qualitätsmerkmalen gut funktionierender Teams.

Schauen wir uns die soziologischen Merkmale von Arbeitsteams genauer an: Was macht ein Team aus und wie lässt sich das auf unser Verständnis des Inneren Teams übertragen?

Ein Team hat mehr als zwei und nicht sehr viel mehr als sieben Mitglieder, zusammengeführt durch ein gemeinsames Interesse oder gemeinsame Aufgaben und Ziele. Es ist eine Gemeinschaft auf Zeit. Gemeinsam erfüllen die Teammitglieder eine Rolle in ihrem unmittelbaren Kontext und im Rahmen ihrer Organisation. Alle bringen zwar ihre persönlichen Eigenschaften und Fähigkeiten mit, als interdependente Gruppe von Rollenträgern entwickeln sie jedoch eher ein gemeinsames Image als eine einheitliche Identität. Einzelne Mitglieder können das Team verlassen, neue kommen hinzu, das Team verändert sich. Mit der Erledigung von Aufgaben und Zielen löst sich das Team gewöhnlich auf, oder es erhält oder setzt sich neue.

Das Innere Team dagegen können wir als eine feste Lebensgemeinschaft ohne zeitliche Begrenzung sehen. Die einzelnen Mitglieder sind bei der Bewältigung des Lebensschicksals und der Aufgaben der Person aufeinander angewiesen und stark voneinander abhängig. Kein Mitglied kann das Team verlassen oder herausgenommen werden, aber alle können ihren Charakter, ihre Beziehungen untereinander und ihre Funktion in der langen Zeit ihres Zusammenwirkens stark verändern. Dies geschieht etwa durch die Aufgaben und Herausforderungen, die in den einzelnen Lebensphasen auf das gesamte Innere Team zukommen und die bewältigt werden müssen (Erikson, 1977). Damit wandeln sie ihre gemeinsame Identität, auch wenn ihre Grundeigenschaften erhalten bleiben.

Ein Arbeitsteam ist charakterisiert durch typische innere Dynamiken und durch Herausforderungen, mit denen es sich auseinandersetzen und zurechtkommen muss (Konkurrenz, Macht, Nähe und Distanz, Aktivität und Zurückhaltung, Verantwortlichkeit und Leitung …). Dies gilt analog auch für das Innere Team. Das Arbeitsteam ist durch eine innere Struktur formeller und informeller Rollen und durch seine spezifische Art der (Selbst-)Organisation und der Aufgabenteilung gekennzeichnet. Ein Teil davon ist festgelegt und eingeführt, ein anderer Teil ist offen und gestaltbar. Mit der Veränderung der Aufgaben und des Umfelds können sich diese Rollen ändern.

Bei der Struktur des Inneren Teams herrscht eine informelle Rollenverteilung vor. Die einzelnen Akteure führen ein stärkeres Eigenleben und haben bzw. nehmen sich mehr Freiheit. Dennoch lassen sich auch feste Verbindungen und Abhängigkeiten herauskristallisieren. Das Innere Team wirkt naturwüchsiger als das Arbeitsteam, dieses dagegen zivilisierter und oft formalisierter (z. B. durch vorgegebene oder vereinbarte Spielregeln). Beide prägt ein hohes Maß an Interdependenz zwischen Personen und Handlungen. Beide brauchen Leitung und Koordination und beide sind beeinflusst durch eine charakteristische Entwicklungsgeschichte. Diese kann bei einem kurz laufenden Arbeitsteam mit hoher Fluktuation fast bedeutungslos sein, beim Inneren Team ist sie dagegen prägend und reicht viel weiter zurück.

Insgesamt finden wir eine Vielzahl von Übereinstimmungen, welche die Idee einer Analogie stützen und sinnvoll erscheinen lassen. Gleichzeitig werden deutliche Unterschiede sichtbar, oft zeigt sich auch die Verwandtschaft des Inneren Teams mit dem System der Familie. Im Konzept der *Teamentwicklung* wird ein Arbeitsteam in einem Unternehmen oder in einer Organisation als ein *offenes*

System im Kontext einer Gesellschaft oder im globalen Zusammenhang verstanden, das sich in einer Interdependenz mit seinem Umfeld befindet. Dieses Umfeld ist einem Prozess stetiger Veränderung unterworfen (Ressourcen, Organisation, Markt, Kunden, Umwelt, gesetzliche Vorschriften, gesellschaftliche Themen und Trends usw.). Das Team ist zur Anpassung und zur Bewältigung der sich verändernden Bedingungen gezwungen. Je länger es existiert, desto mehr muss es seine Ziele, Angebote und Arbeitsweisen analysieren und aktualisieren, und zwar mit Blick auf das, was das Team als relevante Veränderungen seines Umfelds und seiner Erfolgsvoraussetzungen identifiziert. Von seiner Grundidee her ist das Konzept der Teamentwicklung also nicht nur an den Defiziten des Teams orientiert, das heißt auf Problemlösung in der Gegenwart beschränkt, sondern es ist vor allem an Zielen und künftigen Erfolgen orientiert, also stets auf die Zukunft ausgerichtet.

Ich verstehe den Prozess der Teamentwicklung als einen aktiven Prozess der stetigen Wandlung: Es geht um die Aufgabe, die sich verändernden Kontexte aktuell im Blick zu haben, notwendige und sinnvolle Veränderungen zu erkennen, anzustoßen und umzusetzen. Es geht aber auch darum, gleichzeitig aus diesem Gestaltungsprozess zu lernen und sich als System immer wieder selbst zu optimieren. Ein Team ist und versteht sich also als ein lernendes System.

Ein solcher Wandlungsprozess beginnt – wie bei einer Organisationsentwicklung – mit der Analyse des sich verändernden Umfelds und mit einer Stärken-Schwächen-Analyse des eigenen Teamsystems (Team-TÜV). Es gilt der Leitsatz »Keine Maßnahme ohne Diagnose« (Doppler u. Lauterburg, 2005). Für diese einführende Diagnose sind neben bewährten Verfahren und Instrumenten der Teamanalyse vor allem erprobte Qualitätskriterien hilfreich, an denen sich erfolgreiche Teams orientieren und messen müssen.

Als *strukturelle* Kriterien gelten klare und motivierende Aufgaben und lohnende, herausfordernde und erreichbare Ziele. Dazu kommen effektive, gut abgestimmte Strukturen und Prozesse, eine gute Leitung und Selbstorganisation des Teams sowie einige überzeugende und wirksame Spielregeln, die Rahmen und Orientierung schaffen. Wichtig sind natürlich auch effiziente Arbeitsmittel auf dem Stand der Zeit und geeignete zeitliche und räumliche Rahmenbedingungen. Das Team organisiert eine doppelte Aufmerksamkeit: nach innen auf sich selbst und nach außen auf das relevante Umfeld.

Zur *Kultur* guter Teams gehören eine anspruchsvolle und gleichzeitig realistische Bestimmung von Zielen, die nachdenkliche, kritisch-konstruktive Reflexion der Erfahrungen und Ergebnisse, ein kreativer Umgang mit Schwierigkeiten und Konflikten (statt der Suche nach den Schuldigen) und die aufbauende Offenheit im gegenseitigen Feedback. Alle Mitglieder fühlen sich für die Arbeit und den gemeinsamen Erfolg des Teams verantwortlich, sie helfen sich gegenseitig und sprechen offen die Probleme an, die in der Zusammenarbeit auftauchen. So verstanden unterstützt Teamentwicklung auch die berufliche und persönliche Entwicklung seiner Mitglieder. Sie schafft damit die Voraussetzungen für Qualität und für den individuellen wie den gemeinsamen Erfolg.

3.3.2 Innere Teamentwicklung – mit sich selbst lange Wege gehen

Die *innere* Teamentwicklung dagegen ist ein Kernelement personenorientierter Beratungsprozesse. Auch sie folgt der Idee, nachhaltige Entwicklungs- und Veränderungsprozesse zu gestalten: Eine Person hat sich entschlossen, sich mithilfe eines Beraters länger und intensiver mit sich selbst und ihren inneren Prozessen auseinanderzusetzen. Denn sie ist bei der Arbeit und in den beruflichen Kontakten an Grenzen gestoßen. Verhaltensweisen, Denk- und Handlungsmuster sind deutlich geworden, die nicht hilfreich und zielführend sind und die Konflikte zur Folge haben. Vielleicht wurde der Person auch klar, dass Veränderungen notwendig sind, um eine neue Herausforderung zu bewältigen.

Coachee und Coach schauen sich also die Prozesse im Inneren Team an. Dabei sehen sie das Team als ein offenes System, das sich neben den inneren Gegebenheiten auch den Veränderungen und aktuellen Anforderungen im beruflichen und persönlichen Kontext der Person stellen und darauf eine Antwort finden muss. Doch geschieht *innere* Teamentwicklung selten geplant, sondern meistens spontan und damit weniger systematisch und geregelt als beim Arbeitsteam. Oft ist ein aktuelles Geschehen der Anstoß für den Prozess einer inneren Teamentwicklung: ein ungelöstes inneres Problem oder ein Konflikt, der im Hier und Jetzt seine störende oder irritierende Wirkung entfaltet.

Neben der Bearbeitung einzelner Spannungen und Blockaden unter den Teammitgliedern steht dann eine tiefergehende Arbeit an der *Kultur* des Teams im Vordergrund. Coachee und Coach untersuchen das aktuelle Geschehen, wobei sie auf Spuren, Zusammenhänge und typische Verhaltensmuster im Inneren Team stoßen, die innen und außen zu Schwierigkeiten geführt haben.

Wie lange gibt es sie schon? Warum wurden sie nicht wahrgenommen und gelöst? Gab es früher schon Warnsignale? Wie steht es um die Selbstwahrnehmung und Selbstreflexion? Und was hat ein Eingreifen der inneren Leitungsinstanz verhindert? Nicht selten erkennen Coach und Coachee dann auch eine Vorgeschichte, alte Handlungs- und Vermeidungsmuster aus der Vergangenheit, die bis in die Gegenwart wirken. Und nicht selten hat sich das Oberhaupt oder der innere Beobachter mit den üblichen Akteuren verbündet oder »sich schon ins Koma verabschiedet«, wie Jochen Peichl (2019, S. 61) sagen würde. Wenn sich auf diese Weise grundsätzliche Fragen und Problemstellungen im Team herauskristallisieren, dann ist es sinnvoll, über das einzelne »Symptom«, den einzelnen Konflikt hinauszugehen, genauer hinzusehen und einen auf längere Zeit angelegten Entwicklungsprozess anzustoßen und zu begleiten.

Innere Teamentwicklung unternimmt es, die Einstellungen und Verhaltensweisen im Inneren Team anzusehen (Kultur des Teams) und wo notwendig auch Veränderungen in der Rollenzuordnung und in der inneren Aufstellung vorzunehmen (Team- und Leitungsstruktur). Es geht darum, dass der Coachee sich in einem längeren Prozess aus den überholten Strukturen und Handlungsmustern der Vergangenheit lösen und Veränderungen erreichen kann. Coachee und Coach schließen dazu also einen gesonderten Kontrakt, sie vereinbaren, das Innere Team mit den Chancen und Möglichkeiten der Beratung zu stärken, zu stabilisieren und besser auf die Gegenwart und Zukunft auszurichten.

Frau N. berichtet, dass sie bei dem Ziel, eine ihrer Mitarbeiterinnen zur Mitwirkung in einem neu gegründeten Projektteam zu gewinnen, auf massive Vorbehalte und Widerstände gestoßen sei. Alle Liebesmühe sei bisher vergeblich geblieben. Zu den Gründen ihrer Mitarbeiterin kann sie nicht viel sagen. Sie wünscht sich von mir ein paar Tipps und Tricks, wie sie ihre gut zehn Jahre ältere Frau P. doch noch »herumkriegen« könne. Wir nehmen uns ein wenig Zeit für Überlegungen, womit speziell sie diese Mitarbeiterin überzeugen oder verlocken könnte, doch noch mitzuziehen. Frau N. hält am Ende der Sitzung an ihrer Idee fest, ihre Mitarbeiterin mit Raffinesse und Freundlichkeit »zu überzeugen«. Zum nächsten Termin bringt sie die Botschaft mit, sie sei damit auf der ganzen Linie gescheitert. Die Beziehung zu ihrer Mitarbeiterin Frau P. sei inzwischen deutlich angespannt. Frau N. stellt Überlegungen an, wie sie diese künftig »enger an die Kandare kriegen« könnte. Sie denkt daran, sie jetzt einfach anzuweisen, in das Projekt zu gehen.

Ich schlage Frau N. vor, sich von ihrer Mitarbeiterin ein persönliches Feedback zu dem Vorfall zu holen, um die geschehene Eskalation besser zu verstehen. Darauf lässt sie sich nach einigem Zögern ein. Als Thema für das Feedback vereinbaren wir: »Was hat Sie an meinem Vorgehen gestört oder irritiert? Was habe ich mit meinem Verhalten zu Ihrer Ablehnung beigetragen?« Frau N. erfährt von ihrer Mitarbeiterin, diese habe von Beginn an den Eindruck gewonnen, dass Widerstand sowieso zwecklos sei. Sie wolle jetzt ganz offen sein: Für ihre Gründe habe Frau N. sich als ihre Chefin nicht interessiert und statt zuzuhören habe sie den Druck erhöht. Dann sei sie auch noch mit versteckten Drohungen gekommen. Es sei nicht das erste Mal, dass Frau N. versuche, sie kleinzukriegen. Sie würde eigentlich gerne mit ihr arbeiten, aber das könne und werde sie nicht zulassen.

Frau N. fühlt sich provoziert. Sie hat einige Mühe, diese Äußerungen erst einmal so stehen zu lassen. Sie werde darüber nachdenken. Im Coaching erscheint sie sehr nachdenklich. Es wird deutlich, wie sehr sie jetzt, nach drei Jahren in ihrer neuen Rolle, immer noch darum kämpft, als Führungskraft akzeptiert zu werden. Sie öffnet sich dafür, sich ihre Durchsetzungsmuster genauer anzuschauen. »Was ist es, das mich so aufbringt? Und was bringt mich dazu, dass ich mich mit allen Mitteln gegen diese Mitarbeiterin durchsetzen will?« Mit diesen Themen gehen wir an die Erhebung ihres Inneren Teams.

Zunächst meldet sich *eine resolute, rücksichtslose Person:* »Diese widerständige Art werde ich mir nicht bieten lassen! Jetzt geht es darum, nicht nachzugeben und klare Kante zu zeigen!« Dazu gesellt sich gleich *eine, die immer gewinnen muss:* »Von der P. lass ich mich doch nicht aufhalten!« Beide fühlen sich durch die selbstbewusste Wehrhaftigkeit von Frau P. provoziert. Sie bestärken sich gegenseitig und wollen »diese Frau, die da aufmuckt, kleinkriegen« und sie zur Unterwerfung unter die Chefin zwingen. Beim Feedback hatten sie zähneknirschend danebengestanden mit dem Gedanken: »Jetzt bloß keine Schwäche zeigen!«

Erst nach einer Pause tritt vorsichtig ein Anteil in Erscheinung, der Verständnis für die Situation der älteren Mitarbeiterin aufbringt. Frau N. nennt ihn *die Verständnisvolle, die den Ausgleich sucht.* Diese innere Person meint, dass die Kollegin eigentlich ganz in Ordnung sei. Aus ihrer Sicht sei das Feedback gut gelaufen, darauf könnte man doch jetzt aufbauen und ein konstruktives Arrangement miteinander finden. Sie fürchte einen Dauerkonflikt, der die Stimmung in der Arbeitsgruppe zu vergiften drohe. »Am Ende sind dann alle gegen uns, und das muss ja nicht sein …!«

Die vernünftige Realistin pflichtet ihrer Vorrednerin bei. Es sei ja schon gut, dass die »Kämpferinnen«, wie sie die beiden ersten Anteile nennt, Position bezögen, sonst wäre man als junge Führungskraft nur noch der Spielball der Arbeitsgruppe. Da seien einige lockere Vögel drin, die sich gerne der nötigen Aufsicht entziehen wollten. Aber die Kämpferinnen hätten wohl überzogen. Man solle jetzt erst einmal den Ball flach halten und Gras über die Sache wachsen lassen.

Nun schaltet sich eine weitere Person ein: *die Ehrgeizige, die sich immer beobachtet fühlt.* Man sei ja mit Blick auf die Karriere aktuell in einer kritischen Situation. Alle in der Firma sähen zu: Schafft sie's oder schafft sie's nicht, sich als Führungskraft zu etablieren? Man dürfe sich den Karrierestart nicht verderben lassen! Es gehe darum, Format zu zeigen statt Schwäche! Es sei weder gut, den Kopf einzuziehen, noch, sich auf einen Machtkampf einzulassen! Frau N. fühlt sich von der *Ehrgeizigen* gleichzeitig herausgefordert und bestärkt. Was ist also als Nächstes zu tun?

Da meldet sich als Nachzüglerin plötzlich noch eine ängstliche, zaghafte Stimme zu Wort, *die Kleine, die sich nicht traut.* Sie sei in einer schwierigen Lage, seit

Frau N. neu in diese Führungsposition gelangt sei. Sie werde in wichtigen beruflichen Situationen mit ihren Bedenken und Befürchtungen nicht mehr gehört. *Die Resolute* und *die Gewinnerin* hätten allein das Sagen, und während sie tausend Tode sterbe, gingen die beiden bei Konflikten immer radikaler und gnadenloser zu Werk. Sie und *die Verständnisvolle* würden dann einfach zur Seite gefegt und sie brauche danach immer lange Zeit, um sich von den radikalen Auftritten der beiden Hauptakteurinnen zu erholen.

Ihre Äußerung klingt fast wie ein Notruf. Für *die Kleine* war die aktive, schützende Präsenz der *Verständnisvollen* notwendig, um sich überhaupt zu zeigen. Aber wo bleibt *das Oberhaupt?* Wie kommt es, dass es in Konfliktsituationen den beiden dominierenden Stimmen völlig die Führung überlässt?

Frau N. verschafft sich als Erstes einen Überblick über die Themen, die sie klären möchte. Ihr vordringlichstes Ziel ist jetzt die Stabilisierung *der Kleinen, die sich nicht traut* (kindlicher Anteil). Ihre dauerhafte Integration kann gelingen, wenn Coachee und Coach sich das gesamte System mit seinen Wechselwirkungen ansehen. Hier eröffnet sich die Perspektive, einen längeren Teamentwicklungsprozess zu beginnen, der nicht nur einzelne Anteile betrifft. Dabei scheint ein »Emanzipationsprozess« des Oberhaupts ein wichtiges Ziel zu sein.

Parallel zur inneren Arbeit sucht Frau N. im Coaching nach einer Strategie, um das Verhältnis zu ihrer Gegenspielerin Frau P. zu entspannen und den Konflikt fair zu Ende zu bringen – und damit auch ihre Rolle als Führungskraft zu stärken. Dazu gilt es, die beiden »Kämpferinnen« im Zaum zu halten.

Innere Teamentwicklung beginnt nach ersten stabilisierenden Maßnahmen immer mit einer Analyse des gesamten Systems. Coach und Coachee versuchen zu erkennen, wie sich die Muster der einzelnen Anteile bedingen und gegenseitig beeinflussen und wie sie die Kultur des Miteinanders und Gegeneinanders im Team prägen. Bei einer Verletzung einzelner Akteure ist ihre Entlastung im Coaching möglich, wenn sie nicht traumatisiert sind, sondern sich als »Symptomträger« in der aktuellen Teamdynamik des inneren Systems diskriminiert oder bedroht sehen (z. B. als Außenseiter oder »Prügelknabe« des Teams).

Durch eine *systemische* Herangehensweise an die jeweilige Problematik des Inneren Teams, wie sie Richard C. Schwartz und Gunther Schmidt für die Therapie entwickelt haben, können wir im Coaching also eine Verbesserung der Situation einzelner Anteile mit der Veränderung des gesamten Teams verbinden, ohne den Weg einer therapeutischen Intervention zu gehen. So verstanden ist die innere Teamentwicklung eine ganz spezifische Disziplin im Coaching mit dem Inneren Team. Sollte sich als Kern des Problems aber eine massive Belastung oder eine traumatische Verletzung eines oder mehrerer Anteile herausstellen, wäre der richtige Weg sicherlich eine therapeutische Intervention.

Mit dieser Sammlung und Beschreibung von Themen und Anwendungsbereichen wurde deutlich, welches beachtliche und vielfältige Spektrum sich für das Konzept des Inneren Teams in Beratung und Coaching eröffnet. Damit zeigt sich die beratende Arbeit mit dem Konzept in ihrer Besonderheit und ihrer Eigenständigkeit gegenüber den psychotherapeutischen Herangehensweisen, wie sie Kumbier, Peichl und Schwartz dargelegt haben.

Schauen wir uns nun die Gemeinsamkeiten, Unterschiede und Besonderheiten bei der Arbeit mit dem Inneren Team in Therapie und Coaching genauer an. Die Psychotherapeuten und -therapeutinnen haben hier zweifellos den Weg bereitet für Beraterinnen und Coachs. Wir können viel von ihnen lernen, haben darüber hinaus aber eine klare Vorstellung von den besonderen Chancen und Möglichkeiten der Arbeit mit dem Konzept in unseren charakteristischen Tätigkeitsfeldern entwickelt.

3.4 Das innere Team im Coaching und in der Psychotherapie – ein Vergleich

In einem kurzen Abschnitt hat Dagmar Kumbier (2013, S. 226 ff.) aus ihrer Perspektive als Therapeutin Coaching und Therapie bei der Arbeit mit dem Inneren Team miteinander verglichen und beide Handlungsbereiche voneinander abgegrenzt. Insbesondere hat sie dabei die Themenbereiche bestimmt, die der Psychotherapie vorbehalten sein sollen. Mit einer Tabelle und einigen Erläuterungen dazu ermöglicht sie eine erste Übersicht. Bei meiner Darstellung aus der Perspektive des Coachs und Beraters orientiere ich mich an ihren Unterscheidungspunkten, nehme aber darüber hinaus einige mir wichtige Ergänzungen und Differenzierungen vor.

Das Ziel der therapeutischen Arbeit mit dem Inneren Team ist die *Heilung* des Klienten oder der Klientin. Ausgehend von einer aktuellen Belastung, einem Bedürfnis oder Anliegen der Person geht es also darum, sich ein Bild von der inneren Situation zu machen, traumatisierte Innere Kinder zu entlasten und zu stärken und sie am Ende in die Gegenwart des Teams zu bringen, sie als handlungsfähige Akteure »auf die Bühne« und ins Leben zu holen.

Das Ziel der Arbeit mit dem Inneren Team beim Coaching beginnt immer mit Schritten der *Klärung*. Zunächst mit einer Situationsklärung *außen*, im äußeren System: Was ist los, worum geht es? Wer ist betroffen und beteiligt? Welche Einflüsse wirken? Was ist der Auftrag oder das Anliegen? Dann geht es um eine *Klärung im inneren System:* Der Coach identifiziert zusammen mit dem Coachee zunächst die beteiligten inneren Personen. Beide schauen auf den Anteil der Akteure am Geschehen und ihre Beziehungen zueinander, sie nehmen das *Innere Team als System* in den Blick und damit die Aufstellung, die Psychodynamik und die Qualität der inneren Führung in der eingebrachten Situation: Was wird gespielt? Welche Dynamik wirkt und wie zeigt sich diese in der eingebrachten Situation oder Frage? Unsere Beratung kann sich aber auch auf eine Betrachtung und Analyse weniger oder nur einzelner innerer Anteile beschränken. Immer stehen die Veränderungen im Außen als Ziel der Arbeit mit dem Konzept im Vordergrund – und als Voraussetzungen dafür die Fähigkeit zur Selbstreflexion, eine Erweiterung der Selbstkenntnis und der Ausbau der Selbstleitungskompetenz.

Nach der äußeren und inneren Klärung geht es also in der Regel darüber hinaus auch um das Ziel einer Veränderung: Der Coachee will aus dem Analysieren und Verstehen der Situation und seines Verhaltens Schlüsse und Konsequenzen ziehen und ins Handeln kommen! Diese Veränderung wird meistens wieder im äußeren System entworfen. Coachee und Coach entwickeln Ziele und Handlungsstrategien zur eingebrachten Problemstellung (Was will ich erreichen und wie könnte mir das gelingen? Wie will ich also vorgehen?). Dazu mobilisiert der Coachee dann die Ressourcen: Er stellt im inneren System die geeigneten Akteure zusammen (Welche Fähigkeiten braucht es dazu? Wen nehme ich also mit und wen lasse ich lieber zu Hause? Wer kommt wann zum Einsatz?) und stellt dazu oft auch Überlegungen zum Vorgehen im Außen an.

Charakteristisch für das Coaching mit dem Konzept des Inneren Teams ist also ein Wechsel zwischen Außen- und Innenperspektive, ein *dynamischer*

Perspektivenwechsel: Es geht darum, die äußere und innere Situation einzuschätzen, im Inneren Team Klärungen und Entscheidungen herbeizuführen und die inneren Kräfte und Ressourcen zu mobilisieren, mit denen die Aufgaben im Außen dann erfolgreich bewältigt werden können. Gewünschte oder notwendige Veränderungen im Arbeitsfeld des Coachees und in seiner Person sind also interdependent, das heißt, sie sind häufig eng miteinander verknüpft und bedingen sich gegenseitig. Der Coachee wird mit seinem Verhalten in typischen Situationen zum Stein des Anstoßes oder er steht sich selbst und seinem Erfolg im Weg, ist blockiert und kommt nicht weiter oder er kann sich nicht entscheiden … – jetzt will oder muss er seine Lage, seine innere Einstellung und seine innere Aufstellung grundsätzlicher überprüfen. Vielleicht gelingt es ihm dann, diese zu verändern. Im Coaching kann es also gelingen, innere Muster und Entwicklungsblockaden zu lösen und damit die Voraussetzung für wichtige persönliche und berufliche Entwicklungen und Veränderungen zu schaffen.

Dies gilt vor allem dann, wenn als *Hauptansprechpersonen* erwachsene innere Figuren im Mittelpunkt stehen. Sollten aber im Beratungsprozess traumatisierte, hoch verletzliche, kindliche Anteile auftauchen oder aggressive, schwer steuerbare innere Figuren ins Spiel kommen, kann eine klärende und vertiefende Arbeit ausschließlich im Handlungsbereich der Psychotherapie geschehen. Hauptansprechpersonen im Coaching sind neben den erwachsenen und den zugänglichen, stabilen Akteuren auch Helferfiguren. Sie stellen für den Coachee eine wichtige Ressource dar und können als Quelle für Ermutigung, Stärkung und Vision mobilisiert werden. Grundsätzlich kann der Coach mit allen zugänglichen Anteilen des Klienten arbeiten, wenn sie *von sich aus* in den Kontakt mit ihm kommen. Es gilt dabei die Regel: Wer immer im Coaching auftaucht und sich meldet, sei dies ein Erwachsener, ein verletzter und kindlicher Anteil oder eine Wächterfigur, er oder sie wird auf die gleiche Art wie ein erwachsener Akteur mit wertschätzender Akzeptanz begrüßt, angenommen und mit seinen oder ihren Bedürfnissen einbezogen.

Im *Umgang mit verletzlichen oder schwierigen Anteilen* schlagen Therapie und Coaching unterschiedliche Wege ein: Die Psychotherapie geht mit dem betroffenen verletzten Anteil in einen Prozess der Vertiefung, um sich mit behutsamer Vorsicht seiner traumatisierten Seite anzunähern und ihn mit allem jetzt Nötigen zu versorgen. Die verletzte innere Person muss wie bei einem Unfall geborgen und in Sicherheit gebracht werden. Dafür haben Traumatherapeutinnen und -therapeuten ein über lange Jahre bewährtes, wissenschaftlich abgesichertes Verfahren entwickelt. Am Ende des Therapieprozesses kann der verletzte Anteil Sicherheit gewinnen und einen guten Platz und eine neue Rolle in der inneren Familie oder im Inneren Team erhalten. Ebenso gehören die Arbeit mit den Wächtern und die Veränderung ihrer zum Teil destruktiven Aufgaben und ihrer Position im Team zum therapeutischen Prozess. Ist beides gelungen und der gesamte Integrationsprozess im Inneren Team abgeschlossen, so kann anschließend eine therapeutische Begleitung bei der Umsetzung und Verfestigung der inneren Veränderung im Leben der Klientinnen und Klienten draußen folgen.

Im Coaching kann das Auftreten eines verletzten Anteils und vielleicht dazu seines schwierigen Wächters zu einem ernsthaften Problem für den Beratungsprozess werden, das höchste Aufmerksamkeit und entschiedenes Handeln erfordert. Wir können hier Menschen begegnen, die unvermittelt höchst emotional (verletzt oder aggressiv) reagieren, ohne dass wir das vorhersehen konnten. Wenn solche inneren Spieler, gesteuert von ihren aufbrechenden Emotionen, das Oberhaupt zur Seite schieben und dominant die Führung im Inneren Team übernehmen, wenn sie sich also urplötzlich zeigen und in Aktion treten, haben sie das Potenzial, Coachee und Coach völlig aus ihrer Spur und den Coaching-Prozess unmittelbar zum Erliegen zu bringen. Solche Unterbrechungen, solche »Störungen« im Sinne der Themenzentrierten Interaktion, haben jetzt Priorität, denn sie nehmen sich selbst den Vorrang im Prozess und sorgen für eine Zäsur. »Das Postulat, dass Störungen und leidenschaftliche Gefühle Vorrang haben, bedeutet, dass wir die Wirklichkeit des Menschen anerkennen, und diese enthält die Tatsache, dass unsere lebendigen, gefühlsbewegten Körper und Seelen Träger unserer Gedanken und Handlungen sind« (Cohn, 1975, S. 122). Diese gefühlsbewegten Handlungen und Prozesse erfordern jetzt die Anerkennung als eine Realität, höchste Aufmerksamkeit und eine beruhigende und strukturierende Intervention durch den Coach.

Er kann nun mit der Hilfe oder mit der Erlaubnis des Coachee-Oberhaupts zusammen mit diesem oder auch direkt mit den betroffenen inneren Anteilen in Kontakt treten und versuchen, ihre aktuelle Gefühlslage, ihre Bedürfnisse und Motive zu erfragen. Ziel ist es, für Entspannung und Sicherheit zu sorgen, eine klare und entschiedene innere Leitung durch das Oberhaupt zu unterstützen und damit die Situation zu stabilisieren. Der Coach hat also weder den Auftrag noch die Möglichkeit zur Bearbeitung und Beseitigung der *Ursachen,* welche die provozierten Anteile zu ihrem plötzlichen Auftreten geführt haben, sondern es geht ihm jetzt um ihre Beruhigung und um die Wiederherstellung der Arbeits- und Handlungsfähigkeit im Inneren Team des Coachees.

Gelingt ihm dies und haben die beteiligten inneren Akteure sich beruhigt und fürs Erste wieder einen guten Platz im Team gefunden, dann können Coach und Coachee den unterbrochenen Beratungsprozess fortsetzen und die gewonnenen Erfahrungen in ihn einfließen lassen. Gelingt dies nur schwer oder überhaupt nicht, wird der Coach den Anstoß geben, eine Gelegenheit für die vertiefende therapeutische Bearbeitung des Geschehens zu suchen. Die Leitgedanken für den Coach heißen: die Situation und die Person annehmen, sich einfühlen und versuchen zu verstehen, im Hier und Jetzt beruhigen, stabilisieren und integrieren, um das eskalierende Geschehen zu unterbrechen und damit (jetzt oder später) die Voraussetzungen für die Fortsetzung des Beratungsprozesses zu schaffen.

Selbstverständlich bedeuten die Unterschiede zwischen Psychotherapie und Coaching neben Gemeinsamkeiten auch klare Unterschiede ihrer *Arbeitsweisen und Methoden.* Die Psychotherapeutin folgt zuerst den aktuellen Erfahrungen, den aktualisierten Gefühlen und dem inneren Erleben ihrer Klientinnen und Klienten. Sie arbeitet grundsätzlich prozessorientiert, das heißt, sie lässt sich vom Geschehen leiten und öffnet sich empathisch für alles, was kommt. Sie gewinnt daraus für die Klientinnen und Klienten Erfahrungen, Verstehen und Wege zur Veränderung und Heilung. Dabei nimmt neben dem therapeutischen Gespräch die vertiefende biografische Arbeit besonders auch mithilfe von Imaginationsmethoden eine besonders wichtige Rolle ein. Dagmar Kumbier spricht in diesem Zusammenhang von der Arbeit auf der »inneren Bühne«, die der psychotherapeutischen Arbeit mit dem Inneren Team vorbehalten ist.

Bei der Arbeit auf der »äußeren Bühne«, der Arbeit mit dem Inneren Team in seinem jeweils aktuellen äußeren Kontext, beginnen Therapeutin und Coach gleichermaßen mit der Klärung des Anliegens und der Identifizierung der hier beteiligten inneren Akteure (Erhebung der Teamaufstellung bezogen auf die vom Klienten eingebrachte Situation). Während in der Therapie jetzt *prozessorientiert* die Psychodynamik des Geschehens im Vordergrund steht, orientiert sich die Arbeit des Coachs ziel- und handlungsorientiert vor allem auf die im Rahmenkontrakt vereinbarten Themen und Ziele und speziell darauf, was der Coachee jetzt als Frage oder Anliegen einbringt (keine Beratung ohne Kontrakt).

Im Mittelpunkt stehen die aktuell vorgefundene Aufstellung der Akteure und dann die Frage, wie sie verstanden und verändert werden könnte, um das eingebrachte Problem zu lösen oder das angestrebte Ziel zu erreichen. Die Arbeitsweise des Coachs wird die Wahrnehmung des inneren Prozesses und der Gefühlslage seines Coachees mit seinen inneren Anteilen keineswegs außer Acht lassen. Aber seine Interventionen werden auf der Basis einer guten Empathie und einer klaren Situationsanalyse gegenüber der Arbeitsweise der Therapeutin einen deutlich ausgeprägten analytischen, kognitiven, »sachlicheren« Charakter haben, natürlich auch abhängig vom Arbeitskontext, in dem sich der Coachee bewegt, und seiner spezifischen Kultur der Beziehungen und der Zusammenarbeit.

Über die einzelne Situation hinaus kümmern sich Coach und Coachee *grundsätzlich* um die innere Teamdynamik mit ihren typischen Chancen und Risiken: Wer spielt im Inneren Team welche Rolle? Welche Ressourcen und Fähigkeiten sind vorzufinden und wie können sie gestärkt und kombiniert werden? Wie lassen sich typische Spannungsfelder identifizieren, beruhigen und dauerhaft befrieden? Wie verlässlich und wirkungsvoll nimmt das Oberhaupt seine Führungsaufgaben wahr? Das Coaching mit dem Inneren Team kann so über die Lösung von Einzelfragen und -problemen hinaus zu einem längeren Begleitungs- und Entwicklungsprozess werden (innere Teamentwicklung). Dieser erfordert ein professionelles Repertoire spezifischer Methoden und Arbeitsweisen.

Bei der *Orientierung in der Zeit,* im Blick auf Vorgeschichte und Vergangenheit, auf Gegenwart und Aktualität sowie auf Perspektive und Zukunft richtet sich der Fokus des Coachings und der Psychotherapie gleichermaßen auf das, was den Klienten bzw. den Coachees und ihren inneren Akteuren in der Gegenwart begegnet, was sie hier und jetzt beschäftigt und bedroht und wie sie sich erleben und sich leiten können. Die Therapeutin legt ihren Hauptschwerpunkt dann auf die Vergangenheit, nämlich auf das, was verletzten Anteilen und ihren Wächtern in ihrer Lebensgeschichte begegnet und zugestoßen ist und welche Traumata sie vielleicht erlitten haben. In der Therapie geschieht also eine vertiefende, biografische Arbeit mit dem Ziel einer Heilung und einer psychischen Gesundheit und Belastbarkeit im Hier und Jetzt. Dies sieht Jochen Peichl als Vertreter der hypnosystemischen Sicht allerdings anders: »Wenn die Ursache meiner heutigen Probleme in der Vergangenheit liegt, dann kann ich daran nichts verändern, weil die Vergangenheit bereits vergangen ist« (Peichl, 2019, S. 104). Er setzt auf die Repräsentanz des Vergangenen in der Gegenwart: »Es ist nicht das Ereignis selbst […], was es nachhaltig zu einem schlimmen Trauma macht, sondern die Art, wie wir es verarbeitet und womit dann das Netzwerk des traumatischen Erlebens nun wiederum in der Gegenwart neuronal vernetzt wird« (Peichl, 2019, S. 105). An dieser Präsenz des Vergangenen in der Gegenwart, das sich inzwischen verstärkt und verselbstständigt hat, gilt es für Peichl zu arbeiten.

Im Coaching klammern wir die Vergangenheit des Coachees im Bemühen um ein Verstehen und Einbeziehen seiner Lebenserfahrung und seiner Prägungen natürlich nicht aus. Der Coaching-Prozess gelingt leichter, wenn er aus den Ressourcen des Coachees Kraft gewinnen und auf seinen Erfahrungen und Erfolgen aufbauen kann. Ein Coach legt allerdings sein Hauptaugenmerk besonders darauf, was in der Gegenwart der Rat suchenden Person zu klären, zu verstehen und zu bewerkstelligen ist. Hier stößt er ebenso auf die neuronal verankerten Denk-, Fühl- und Verhaltensmuster des Coachees. Darüber hinaus können sich für den Klienten neue Perspektiven eröffnen, es soll deutlich werden, was es in der näheren oder ferneren Zukunft zu klären und zu erreichen gilt.

Bei vielen Gemeinsamkeiten und Berührungspunkten kristallisieren sich im Vergleich der Begleitungs- und Beratungsformate Therapie und Coaching bei der Arbeit mit dem Inneren Team deutliche Unterschiede heraus, die durch jeweils spezifische Aufgaben und Ziele, aber auch durch Qualifikationen, Erfahrungen, Methoden und Werkzeuge ihrer Vertreterinnen und Vertreter begründet sind. Dabei gilt es für beide Seiten, die Grenzen des eigenen Auftrags und der eigenen Professionalität einzuhalten und wo nötig die Unterstützung oder Ergänzung durch die jeweils andere Profession ins Spiel zu bringen.

Tabelle 1: Gegenüberstellung Coaching – Therapie

Orientierungspunkte	in Beratung und Coaching	in der Psychotherapie
Ziele	Klärung der äußeren und der inneren Situation, Mobilisierung von eigenen Ressourcen, Entwicklung von Handlungsstrategien, Erweiterung von Selbstkenntnis und Selbstleitung	Stabilisierung, Schutz und Stärkung in der akuten Situation, Heilung durch Hereinholen traumatisierter Anteile in die Gegenwart und Integration ins Innere Team
Perspektive	Wechselt dynamisch zwischen dem Fokus auf äußerer Situation (Thema, Lage, Anliegen, Ziele, Schritte der Umsetzung) und auf *innerer* Situation (Erhebung des Teams, Arbeit am/mit dem Team)	Beginnt mit dem Blick auf die äußere Situation und der Klärung des Anliegens und wechselt mit der Erhebung des Teams in die konstante Arbeit an der *inneren* Situation/mit den Akteuren des Inneren Teams
Hauptansprechpersonen	Oberhaupt, Erwachsene, zugängliche, stabile Anteile, Helferfiguren	Oberhaupt, verletzliche, kindliche/traumatisierte Anteile, schwer steuerbare und aggressive Anteile (Wächter)
Umgang mit verletzlichen/schwierigen Anteilen	Annehmen, aufnehmen, schützen, Verständnis und Akzeptanz geben, keine vertiefende oder konfrontierende, sondern stabilisierende Arbeit im Hier und Jetzt	Versorgen, schützen und bergen, erkunden, vertiefen und heilen, zurückführen ins Innere Team, dort mit veränderter Rolle einführen und integrieren
Methoden und Arbeitsweisen	Von innen nach außen: Erhebung der Teamsituation, Blick auf Dynamiken und Konstellationen, themenzentriertes Arbeiten auf der äußeren Bühne mit ausgewählten Akteuren, innere Teamentwicklung, Umsetzung der Veränderung außen	Von außen nach innen: Erhebung der Teamsituation, Arbeit auf allen Bühnen, innen intensive Arbeit in der Imagination, vertiefende biografische Arbeit (lebensgeschichtliche Traumata)

Orientierungs-punkte	in Beratung und Coaching	in der Psychotherapie
Orientierung in der Zeit	Vergangenheit (Mobilisierung von Erfahrungen und Ressourcen) Gegenwart (Konflikt-, Problemlösung) und Zukunft (Perspektiven und Ziele, konkrete Möglichkeiten)	Gegenwart (aktuelles Leben und Erleben) Vergangenheit (erlebtes Leiden) Zukunft (Hoffnungen, Wünsche und Grenzen, Ermutigung)
Grundorientierung der Arbeit	Zielorientiert und doch offen im Prozess des Geschehens, fokussiert auf das, was hier und jetzt nötig, möglich und erreichbar ist	Prozessorientiert, aufmerksam, offen und stets eingestellt auf alles, was kommt und geschieht
Systemische Analogie	System des Arbeitsteams	System der Familie

4 Aufbau und Inszenierung der Beratungsarbeit

Der Einstieg in die Arbeit mit dem Inneren Team im Coaching beginnt in der Regel erst dann, wenn Coachee und Coach oder Coachin schon eine Zeit miteinander gearbeitet und Vertrauen zueinander entwickelt haben. Der Beratungsprozess ist also bereits eine ganze Weile im Gang, und zwar mit anderen Arbeitsmethoden und Schwerpunkten im Aufgabenbereich der Coachees. Dennoch habe ich als Coach oft schon einen Eindruck vom Inneren Team der Rat suchenden Person gewonnen. Im Erstgespräch treffen wir in der Regel zuerst auf das Oberhaupt: Wenn wir den Anlass erkunden, der die Coachee zu uns führt, ist es angesprochen, und es gibt uns meistens auch Einblicke in den beruflichen und in Teilen auch den privaten Kontext, der den Hintergrund der Coachee darstellt. Es ist in der Regel auch unsere Partnerin oder unser Partner bei der Vereinbarung eines Kontraktes, und oft ist es auch dann im Spiel, wenn es gilt, ein erstes Thema, ein erstes Anliegen ins Coaching einzubringen.

Mit dem ersten Moment des Coachings entsteht der Kontakt zwischen Coachee und Coach und es beginnt ein Prozess der Annäherung und des Kennenlernens. Beide schauen einander an, machen sich ein Bild vom Gegenüber: Was ist das für eine oder für einer? Könnte eine Zusammenarbeit zwischen uns passen? Kann ich ihr oder ihm trauen? Nach einem ersten Austausch und den ersten Eindrücken schließen beide einen Kontrakt, eine Vereinbarung über den thematischen und organisatorischen Rahmen ihrer Zusammenarbeit, der auch die Arbeit an Themen der Persönlichkeit einschließen wird.

Ein guter Kontakt, eine tragfähige, vertrauensvolle Beziehung beginnt mit meinem Angebot als Coach, mich selbst zu öffnen und mich zu zeigen. Gleichzeitig bin ich offen für die Klientin oder den Klienten. Ich versuche, der Person den Weg zu mir zu öffnen, und suche den Weg zu ihr: zu ihrer beruflichen Rolle, ihren Aufgaben und Problemstellungen, zu ihrem Umfeld oder Kontext. Schritt für Schritt gelingt es, Zugang zu ihrer Persönlichkeit zu gewinnen: zu ihrem Selbstbild, ihren Gedanken, Gefühlen, Mustern und Werten.

Wenn dieser Prozess einer Öffnung gelingt, kann aus einer Beziehung eine lebendige Begegnung werden, die durch eine besondere Art des Kontakts charakterisiert ist: »Das wechselseitige und vielgestaltige Von-außen-nach-innen und Von-innen-nach-außen konstituiert die Qualität jedweder Begegnung. […]

Kontakt ereignet sich, indem ich ganz bei dem anderen und gleichzeitig ganz bei mir bin« (Erpenbeck, 2017, S. 55). Diese Qualität der Begegnung, wie sie Mechtild Erpenbeck beschreibt, ist die entscheidende Voraussetzung dafür, die Coachee als Person zu erreichen und zu ermöglichen, dass im Zusammenwirken von Coach und Coachee innere Prozesse der Wandlung und des Wachstums geschehen können. Eine solche Beziehung ist einerseits durch Offenheit, Authentizität, Empathie und Nähe gekennzeichnet, andererseits prägen auch klare Kontaktgrenzen und »reflexiver Abstand« (Erpenbeck, 2017) die Beziehung zwischen Coachee und Coach.

Zu einem frühen Zeitpunkt des Beratungsprozesses ist mir oft noch gar nicht klar, ob ich der Coachee vorschlagen werde, gemeinsam mit dem Modell des Inneren Teams zu arbeiten. Dennoch kann ich häufig schon beim Kontraktgespräch die ersten Akteure auf der Bühne agieren sehen, die sich mir zeigen: Vielleicht ist mir am Anfang neben dem Oberhaupt eine misstrauische Wächterin aufgefallen, der es wichtig ist, dass hier alles gesichert abläuft und keine Risiken entstehen. Oder ich bin gleich zu Beginn einem leidenden, belasteten Anteil begegnet, der mir sein Herz ausschütten will, oder – was vielfach geschieht – einer inneren Person, der es gar nicht recht ist, Hilfe in Anspruch nehmen zu müssen, und die deswegen ihre starken, kompetenten Seiten in den Vordergrund stellt.

Wenn mir der Kontakt zur Coachee erst einmal gut gelungen ist, wenn sie beginnt, sich mir zu öffnen, kann ich meine Wahrnehmung bewusst darauf richten, erste Eindrücke vom Oberhaupt zu gewinnen und – in aller Vorläufigkeit – einzelne Facetten der Persönlichkeit der Coachee als *Teilpersönlichkeiten* wahrzunehmen und zu registrieren. Vorläufig sind sie deshalb, weil alle meine Wahrnehmungen und Eindrücke ohne einen Austausch mit der Klientin darüber hypothetisch bleiben, also einseitige, subjektive Vermutungen darstellen, auf die ich mich noch nicht stützen kann.

Ich kann das Modell des Inneren Teams beim Kennenlernen für mich als Coach doppelt nutzen: einerseits als eine Persönlichkeitstypologie, um Eindrücke von den verschiedenen Seiten meiner Klientin zu gewinnen. Ich kann wahrnehmen, auf welche Weise innere Anteile in ihren unterschiedlichen Ausprägungen und in ihrem Zusammenwirken sich zum eingebrachten Anliegen positionieren. Andererseits kommt auch mein eigenes Inneres Team in Aktion: Die Beratungscrew erfahrener Coachs erweitert und differenziert wie von selbst die Wahrnehmung ihres Berateroberhaupts. Mein inneres Beratungsteam wirkt dabei wie ein Sensorium, das mir hilft, die Situation und die Person der Coachee von verschiedenen Seiten her zu erfahren und zu erspüren. In einer Reflexion des Erstgesprächs kann ich mein Team versammeln, »uns« einige Fragen zur

Reflexion stellen und mir so meine Wahrnehmungen und Hypothesen bewusst machen und sie einordnen:
- Wie beschreibe und empfinde ich als Coach die Situation der Coachee? (Das Erleben und die »Wirklichkeitskonstruktion« meines Teams)
- Welche ersten Konturen der inneren Akteure haben sich mir gezeigt? Wie deutlich zeigt und positioniert sich das Oberhaupt?
- Welche offenen und verdeckten Erwartungen an mich als Coach habe ich wahrgenommen? Welche Art von Unterstützung erwartet die Coachee von mir? Welche Rolle(n) soll ich als Coach spielen? »Welcher Stuhl wird mir angeboten?«
- Was ist mein Auftrag? Welcher Rahmen für »Tun und Lassen« ist mir mit ihm gesetzt?
- Welche Einzelthemen sind jetzt schon für mich erkennbar? Was soll vermieden werden? Welche Themen haben nach meinem Eindruck die größte persönliche Dringlichkeit?
- Was frage ich mich als Coach in Bezug auf die Coachee? Welche Hoffnungen und welche Sorgen oder Zweifel habe ich?
- Wie erlebe ich mich mit meiner Beziehung und mit meinem Zugang zur Person? Wo erlebe ich erstes Vertrauen und wo Misstrauen? Wie erlebe ich mich mit meiner Beziehung zur Aufgabe? Was kann ich? Was reizt mich? Wo liegt meine Verführbarkeit?
- Welches erste Thema, welche erste Frage könnte einen guten Einstieg in den Beratungsprozess ermöglichen? Wen im Team spreche ich an? Und was kommt später?

So habe ich also oft schon wichtige Eindrücke von der Situation meiner Klientin, von ihrem Inneren Team und von ihrem Oberhaupt gewonnen, wenn die Entscheidung für die Arbeit mit dem Konzept gefallen ist und der Beratungsprozess beginnt. Zweierlei ist mir dabei wichtig: Erst im Prozess der gemeinsamen Arbeit mit dem Konzept lerne ich die Anteile richtig kennen, nämlich dann, wenn mir die Coachee deren Identität und deren spezifische Rolle im Team beschreibt und bestätigt. Jede Situation, jede Thematik, an der wir arbeiten, bringt ihre eigene innere Aufstellung und ihre besondere Dynamik beim Coachee zum Tragen. Ich prüfe immer vier Voraussetzungen, die aus meiner Sicht gegeben sein müssen, um mich mit einer Klientin oder einem Klienten für die Arbeit mit dem Inneren Team zu entscheiden:
- Am Beginn des Beratungsprozesses sind Anliegen und Ziel dieser Sitzung herausgearbeitet und festgelegt worden. Wir haben also einen Stundenkontrakt vereinbart, an dem sich die Arbeit orientiert. Erst nach der

Entscheidung über Thema und Anliegen fällt die Entscheidung über die Methode.
- Bei der Arbeit an ihrem Anliegen ist der Coachee ein Thema, eine Frage wichtig geworden, bei dem ihre Person im Mittelpunkt steht. Sie hat die Bereitschaft, sich mit dieser Frage und mit sich selbst auseinanderzusetzen und sich zu öffnen.
- Im Laufe der Zusammenarbeit hat sich schon eine Basis des Vertrauens und eine Qualität des Kontakts zwischen Coach und Coachee entwickelt (z. B. in der Beratung von sachlichen, organisatorischen oder strategischen Fragen aus dem Arbeitsfeld der Coachee). Ich habe Zugang zur Coachee gefunden, das heißt, meine Person und meine Arbeitsweise haben dem kritischen Blick ihrer Wächterfiguren und inneren Kritikerinnen standgehalten.
- Ich konnte ein erstes Bild von der Persönlichkeit der Coachee gewinnen, von ihrer Ausprägung, ihren Wünschen und Motiven, ihrer Denkweise, und ich konnte mich vielleicht schon mit ihr darüber austauschen. Ich habe einen Eindruck von ihrer Stabilität, einen guten Kontakt zu ihrem Oberhaupt und erste Eindrücke von ihrem Inneren Team.

Dann kann die Arbeit mit dem Konzept des Inneren Teams beginnen! Der Schritt nach innen ist dabei nie Selbstzweck! Er ergänzt und vertieft das Coaching der Themen aus dem äußeren Kontext der Coachee. Bei der Beratungsarbeit mit dem Inneren Team, das sei noch einmal betont, geht es um die Erweiterung der Selbstkenntnis der Coachee, um die Weiterentwicklung ihrer Selbststeuerung und ihrer Selbstsicherheit sowie um die »Ermöglichung und Steigerung von Wahlfreiheit im Denken und Handeln« (Peichl, 2019, S. 13). Meine Aufgabe als Coach ist es also, die Coachee dabei zu unterstützen, sich ihre äußeren und inneren Handlungsgrenzen klarzumachen und bewusst Schritte darüber hinaus zu unternehmen, mit denen sie ihre Entscheidungsfreiheit und ihre persönliche Autonomie stärkt. »Freie Entscheidung geschieht innerhalb bedingender innerer und äußerer Grenzen. Erweiterung dieser Grenzen ist möglich« (Cohn, 1975, S. 120).

4.1 Der Beginn – wir bringen die Coachees in Kontakt mit dem Modell

Herr U. hat seinen Chef, eine obere Führungskraft, in seinem Sabbatjahr vertreten. Jetzt, gegen Ende dieses Jahres, möchte er sich darauf vorbereiten, ihm die Verantwortung wieder zu übergeben. Herr U. ist mit seinem Chef schon lange Jahre befreundet. Einerseits ist er froh, wieder in seine ursprüngliche Aufgabe zurückzukehren. Andererseits hat er in diesem Jahr vieles nach seinen eigenen Vorstellungen gelenkt und geprägt und sorgt sich nun, dass sein Freund alle Änderungen wieder zurückdrehen könnte. Bei seiner Beschreibung der Situation wird deutlich: Eigentlich ist er seinem Freund böse und sehr enttäuscht von ihm: Er hat sich die ganze Zeit nie gemeldet, keinerlei Interesse an ihm und seiner Lage gezeigt! Ist er überhaupt noch sein Freund? Und die Amtsführung seines Freundes, so findet Herr U. nach diesem Jahr tiefer Einblicke in dessen Aufgabe, kann bestimmt nicht so bleiben, wie sie war, und er zeigt dabei eine strenge, beinahe ein wenig arrogante Haltung.

Die Vielzahl der Stimmen, die sich bei der Situationsbeschreibung des Klienten melden, und das komplexe Verhältnis zwischen seinen verschiedenen Rollen (Stellvertreter, Freund, Untergebener, Kritiker ...) machen ihm deutlich, wie kompliziert seine äußere und seine innere Lage ist. Der Einstieg in die Beratungsarbeit mit dem Konzept des Inneren Teams könnte ihm helfen, seine verschiedenen Gefühle zu klären und zu ordnen, bevor er den Prozess der Übergabe in den Fokus nimmt.

Diese Situation sieht wie ein klassischer Fall für die Arbeit mit dem Konzept des Inneren Teams aus. Aber auch wenn alle Voraussetzungen gegeben sind, betrachte ich den Einstieg in die Arbeit mit dem Inneren Team immer als einen Versuch, und ebenso ist dieser immer eine neben anderen methodischen Optionen, um an einem Thema zu arbeiten, bei dem die Lage einer Person im Vordergrund steht. Es gibt Klientinnen und Klienten, die keinen Zugang zu ihren inneren Anteilen finden oder die es schwer haben, sich überhaupt auf die Vorstellung von inneren Teilpersönlichkeiten einzulassen. Andere finden leicht ihren Zugang, manchmal entwickeln sie sogar eine richtige Affinität zu diesem Konzept und seiner Symbolik. Sie können es später oft als Modell und Methode für ihre Arbeit an sich selbst und mit anderen übernehmen und entwickeln darüber hinaus Ideen, wofür sie es persönlich und in ihrer Berufsrolle nutzen wollen.

Meistens entsteht die Idee zum Einstieg ins Innere Team im Beratungsgespräch in enger Verbindung mit der Klärung des Anliegens. Zum Beispiel hat sich eine Klientin auf meinen Vorschlag hin dafür entschieden, sich erst einmal mit ihrem *eigenen Anteil* an einem Konflikt zu befassen, den sie eingebracht hat. Ich spüre, dass sie zunächst zögert – es gibt offenbar eine Seite in ihr, die sich dagegen sperrt, und ich spiegle ihr diese Wahrnehmung. Nun kommt dieser Anteil zu Wort, ich höre seine Bedenken und nehme sie an. Schon bin ich, noch unabgestimmt und intransparent, in der Kommunikation mit einem ihrer inneren Anteile. Und vielleicht gewinne ich ja die Bereitschaft dieses Anteils, mir zu sagen, wie er den Konflikt sieht und was er davon hält. Dazu könnte sich »aus dem Off« eine andere Stimme melden, sie erhebt Widerspruch, denn sie sieht die Geschichte in einem ganz anderen Licht. Jetzt sind mit dem Oberhaupt schon drei Akteure präsent. Im Zuhören fällt meine Entscheidung, eine Vertiefung mit der Symbolik des Inneren Teams vorzuschlagen. Ich wende mich mit meinem Vorschlag bewusst an das Oberhaupt der Coachee, etwa so:

»Ich habe den Eindruck, dass es da ganz unterschiedliche Gefühle und Sichtweisen in Ihnen gibt: Eine Seite, so scheint mir, will sich mit der Sache gar nicht erst befassen – ›völlig überbewertet und eigentlich längst erledigt‹, habe ich gehört. Und eine andere scheint sich wirklich Sorgen zu machen! Wie wenn sie Schlimmes befürchten würde, wenn man einfach so darüber hinweggeht ... – was meinen Sie?«

Das Oberhaupt wird darauf eine weitere Position formulieren und ich kann danach die Idee einbringen, gemeinsam zu schauen, ob sich noch andere Stimmen melden, die etwas dazu zu sagen haben. Ich erkläre, dass wir damit zusammen in die Arbeit mit dem Konzept des Inneren Teams einsteigen, und mache deutlich, was das bedeutet. Nach dem Einverständnis des Oberhaupts können sich schon weitere Beteiligte gemeldet haben, die sich betroffen fühlen. Und damit sind wir mitten in der Erhebung des Inneren Teams.

Es ist möglich, dass unsere Arbeit mit dem Inneren Team dann bereits beendet ist: Mehr wollte die Coachee nicht erfahren, und sie lässt das Oberhaupt erklären, dass sie die Situation jetzt klarer sieht. Sie will zur Sache zurückkehren und meine Meinung dazu hören, was denn ihre nächsten Schritte sein könnten. Wir sind wieder im Außen angelangt und können im normalen Beratungsmodus weiterarbeiten. Wenn es sich allerdings um einen gravierenden Konflikt handelt, der widersprüchliche Gefühle bei der Coachee ausgelöst hat, wenn es also brennt und sich vielleicht sogar ein innerer Konflikt oder eine Polarität gezeigt hat, dann beginnt die Arbeit mit dem Inneren Team jetzt erst richtig. Womöglich kam ja der Vorschlag, »zur Sache zurückzukehren«, gar nicht vom Oberhaupt, sondern von einer cleveren inneren Managerin, die zum Schutz eines verletzlichen Teils oder zur Ablenkung von einer Übeltäterin eine Flucht nach vorn inszeniert und sich in die Rolle des Oberhaupts begeben hat. Anzeichen dafür ist immer, wenn eine Intervention oder Äußerung tendenziös oder interessengelenkt wirkt. Allerdings ist das oft nicht ganz leicht zu erkennen.

Auch wenn wir zu Beginn mit einer klaren Idee in den Kontakt mit dem Inneren Team gehen, kann sich im Prozess der Erkundung etwas ganz anderes und völlig Unerwartetes entwickeln. Als Coach muss ich darauf vorbereitet sein, zusammen mit der Klientin oder dem Klienten bzw. dem Oberhaupt immer wieder Entscheidungen zu treffen: Arbeiten wir gleich mit der ersten inneren Person, die sich zu Beginn ins Spiel gebracht hat? Kümmern wir uns um die Polarität zwischen zwei oder mehreren Anteilen oder Parteien? Oder machen wir uns zuerst ein Bild von der ganzen Gruppe der Akteure, die sich zu einem Thema oder einem Konflikt gemeldet haben, und untersuchen dann die Psychodynamik des gesamten Teams? Und was bedeutet es, wenn sich plötzlich noch eine Nachzüglerin meldet? Sollten wir dabei in neue Themenbereiche gelangen, dann müssen wir vielleicht auch eine Erweiterung unseres Rahmenkontrakts erwägen.

Systemisch gedacht spricht vieles dafür, sich zunächst ein erstes Bild von der gesamten Situation zu machen und sich erst später, nach Rücksprache mit der Klientin, für weitere Interventionen zu entscheiden. Die Bühne ist also eröffnet und die inneren Anteile, die sich zu Wort melden, können wie Schauspielerinnen und Schauspieler im Theater bei jedem Akt, zu jedem Thema in einer anderen Konstellation und mit einer spezifischen Betroffenheit, einem spezifischen Standpunkt auftreten und sich ins Spiel bringen. Jederzeit rechne ich damit, dass sich unerwartet weitere Anteile melden und mitmischen wollen.

Bei meinen Entscheidungen zur Gestaltung der einzelnen Teilschritte des Erkundungsprozesses lasse ich mich gerne von den Eindrücken und der Intuition der Klientin leiten (Pacing). Ich achte aber darauf, dass ich beim Austausch mit ihr wirklich im Gespräch mit ihrem Oberhaupt bin und nicht mit einer anderen starken Figur aus dem Team, die ihre eigene Agenda verfolgt und womöglich die Position des Oberhaupts gekapert hat. Gleichzeitig folge ich in meinem Vorgehen immer einer klaren Struktur.

Jochen Peichl (2019, S. 12) hat die verschiedenen Therapieansätze der Teilearbeit miteinander verglichen und in der Vorgehensweise der Psychotherapeutinnen und Psychotherapeuten bei der Arbeit mit dem Konzept eine weitgehende Übereinstimmung gefunden. Auf dieser Basis stellt Peichl idealtypische Interventionsschritte vor:
1. Die Identifikation eines oder mehrerer Anteile im psychischen Innenraum
2. Die Externalisierung: Benennung, Symbolisierung, Personifikation durch den Klienten
3. Die Interaktion mit dem Anteil: Wahrnehmung, Befragung, Begegnung
4. Das Reframing: Würdigung der positiven Absicht
5. Die Arbeit im System: Förderung der Interaktion zwischen den Teilen
6. Die Integration: Corporate Identity, Synergie
7. Der Wechsel auf die Metaebene: Reflexion auf der bewussten Ebene

Diese Schritte gelten nach meiner Erfahrung grundsätzlich auch für das Vorgehen in Beratung und Coaching, sie sind aber häufig durch Phasen der Reflexion unterbrochen und haben oft eine etwas andere Ausprägung. Denn die

Teilearbeit steht ja in der Beratung immer im Kontext eines übergreifenden Beratungsanliegens. Das Anliegen wurde im Stundenkontrakt zwischen Coachee und Coach schon vereinbart, und zwar häufig *bevor* eine methodische Entscheidung für die Teilearbeit getroffen wird. Das Anliegen oder Ziel kann eine Vielzahl von Facetten aus unterschiedlichen Themenbereichen im Kontext der Coachee umfassen. Bei der Arbeit mit dem Inneren Team greifen Coach und Coachee eine von ihnen heraus, die vor allem die Person, die innere Lage und die Gefühle der Klientin betrifft, und sie vertiefen sie. Die Teilearbeit ist deswegen im Coaching immer darauf angelegt, einem übergreifenden Ziel oder Anliegen zu dienen. Dieses Ziel leitet und begleitet stets die Arbeit mit dem Inneren Team, wie ich gleich zeigen werde, und es beeinflusst ihre Richtung und ihre Prioritäten.

4.2 Respektvolle Annäherung – wie der Zugang des Coachs zum Team gelingt

Richard Schwartz vergleicht den Einstieg in die Arbeit mit dem Inneren Team mit dem ersten Besuch bei einer fremden Person und ihrer Familie. Auch wenn sie nicht alle sichtbar sind: Die Mitglieder sind neugierig und schauen oder hören zu. Und sie sind in einem Entscheidungsprozess, wie die Beraterin oder der Coach einzuschätzen ist und ob sie oder er Vertrauen verdient. Es können also immer auch kritische Wächter präsent sein, die ihre Schutzaufgabe wahrnehmen und spontan in Aktion treten. Veränderungsresistente Teile können den Prozess jederzeit blockieren, wenn sie eine Entwicklung auf sich zukommen sehen, die ihnen bedrohlich erscheint.

Die Familienmetapher von Schwartz legt also nahe, dass ich mich als Coach beim Einstieg von Respekt und Zurückhaltung leiten lasse und nicht mit der Tür ins Haus falle. Mein Ziel ist es ja, vom Fremden zu einem Freund des Hauses zu werden, der breite Akzeptanz und Unterstützung genießt, und das braucht seine Zeit. Dagmar Kumbiers Bild des Theaters macht deutlich: Unsere Rolle als Beratende muss klar, transparent und erwünscht sein, bevor wir mitspielen können, damit nicht alles durcheinandergerät. Außerdem ist es sicher keine gute Idee, sofort die brisanten Themen auf die Bühne zu bringen oder gleich das ganze Stück umschreiben zu wollen.

Die Teammitglieder tauchen also spontan beim Coaching-Gespräch auf, und wenn sie ins Geschehen eingreifen, sind sie oft durch eine veränderte Körperhaltung der Coachee, durch eine andere Stimmlage oder Stimmung zu erkennen. Sie positionieren sich über eine markante Äußerung zum eingebrachten Thema oder formulieren einen emotional unterlegten Schlüsselsatz. Für den Coach bedeutet das: Aha, jetzt kommt etwas Neues, Wichtiges! Ich mache mir Notizen: Eine Aussage, ein Eindruck, ein charakteristisches Merkmal der inneren Figur, dazu ergibt sich oft eine erste Idee der Bezeichnung ihrer Eigenart. Weitere Stimmen kommen hinzu und so entsteht Schritt für Schritt ein vorläufiges Bild vom aktuell involvierten Inneren Team und vom Charakter seiner einzelnen Mitglieder. Habe ich einige davon schriftlich festgehalten, dann kann ich mit meiner Coachee in den Austausch darüber gehen. Ich spiegle, was ich wahrgenommen habe, frage nach ihrer Einschätzung. Wir identifizieren und notieren auf diese Weise charakteristische Äußerungen und Positionen zum Thema und finden einen Namen, der etwas über die innere Person aussagt, die dahintersteht. Am Ende gilt stets die Formulierung der Coachee. Immer wieder stelle ich die Frage: »Und wer meldet sich sonst noch?« Nachzügler werden natürlich auch später noch angenommen.

Ich dokumentiere und visualisiere mit den Mitteln, mit denen ich üblicherweise beim Coaching arbeite: ein Papier auf dem Tisch oder am Flipchart, farbige Stifte, sehr gerne auch Moderationskarten. Sie haben den Vorteil, dass sie sich später bewegen und positionieren lassen, wenn es zum Beispiel um die Identifikation von Konstellationen und Bündnissen geht. Ich liebe diesen ersten Teil des Prozesses besonders, weil er so spannend, vielseitig und überraschend ist. Auch für die Coachee ist diese Art der Selbsterfahrung oft ein Highlight, aber manchmal erlebt eine Klientin diese Begegnung mit dem Inneren Team auch als Konfrontation, die nicht immer leicht auszubalancieren ist.

Herr A., Ende vierzig und Facharzt für Anästhesie, ist seit gut einem Jahr Leiter der Stabsstelle für Qualitäts- und Risikomanagement in einem großen süddeutschen Klinikum. Mit diesem Berufswechsel nach langjähriger Tätigkeit als Anästhesist hat er den Sprung in ein Tätigkeitsfeld gewagt, das ihn schon immer brennend interessiert hat. In seiner vorigen Anstellung in einer ostdeutschen Uniklinik hatte er sich neben seinen Aufgaben im OP intensiv um konsequente Hygienemaßnahmen und entsprechende sichere Prozesse in seinem Tätigkeitsbereich gekümmert und sich dabei Schritt für Schritt in dieses Thema eingearbeitet.

Herr A. ist mit seinen Mitarbeiterinnen und Mitarbeitern direkt dem Ärztlichen Direktor zugeordnet. Sein erstes Jahr in der neuen Position sei nicht einfach gewesen. Er habe, so meint er, erst »aufbauen und einen neuen Geist in dieses Haus bringen müssen«. Die Anfangsphase des Coachings war am Ziel orientiert, dass Herr A. im fachlichen Umfeld und in den betroffenen Fachbereichen des Klinikums ein Netzwerk aufbauen und entsprechende Strukturen und Prozesse im Haus etablieren kann. Hier ist noch viel zu tun und Herr A. muss weiter Überzeugungsarbeit leisten mit dem Ziel, dass die Leitenden der medizinischen Fachbereiche Qualitätsmanagement als Führungsaufgabe betrachten und dem QM die notwendige Priorität einräumen. Die Aufgabe sei »total spannend, aber uferlos!«.

Mit dem Wechsel in der ärztlichen Leitung kommt nun ein neuer Direktor an die Spitze des Hauses, der mit Autorität auftritt, sehr anspruchsvoll und fordernd ist und dazu als ein ausgewiesener Fachmann im Bereich Qualitäts- und Risikomanagement gilt. Es wird schnell deutlich, dass Herr A. mit diesem Wechsel für sich selbst und seine Position einige Befürchtungen verbindet: »Von solchen Leuten kriegt man schnell noch das eine oder andere Päckchen dazu. Da werde ich mich wohl kaum abgrenzen können!?« Und: »Ich bin noch ganz am Anfang und muss aufpassen, dass ich nicht absaufe!« Neben den nicht weniger fordernden, anspruchsvollen und antreibenden Seiten, die ich von Herrn A. bereits kenne, fallen mir nun neue innere Spieler ins Auge, die durch die veränderte Situation offenbar in Unruhe und Sorge versetzt werden.

Als ich ihm meine Wahrnehmungen schildere, formuliert er sehr klar seine Gefühle und Befürchtungen: »Kann ich meinen Status als Partner auf Augenhöhe halten, den ich mir beim jetzigen Chef erarbeiten konnte? Werde ich den Erwartungen des neuen Direktors genügen und seinen fachlichen und persönlichen Respekt gewinnen können?« Und: »Er wird sich daran gewöhnen müssen, dass ich auch mal Nein sage und meine fachliche Position verteidige!« Herr A. macht sich

also schon viele Gedanken und ist vor allem neugierig darauf, die Hintergründe seiner besorgten Unruhe mithilfe einer Aufstellung seines Inneren Teams zu untersuchen. Sein Thema heißt: »Mein inneres Empfangskomitee für den Neuen kennenlernen und gut aufstellen«.

Wertschätzende Konfrontation, Feedback und der Anstoß zur Selbstreflexion eröffnen den Zugang zur Arbeit an Persönlichkeitsthemen und damit zur Arbeit mit dem Inneren Team. Denn Coachees bringen – bei aller Bereitschaft und Offenheit – immer prekäre Themen und Schwachpunkte mit, die sie gerne verbergen und vermeiden möchten – vor dem Coach und oft auch vor sich selbst. Diese Themen begleiten sie häufig schon über längere Zeit, binden ihre Energie und können sie in ihrer Authentizität und in der souveränen, selbstbewussten Realisierung ihrer Rollen mehr oder minder stark einschränken.

Ist eine Coachee dann mit der Arbeitsweise vertraut, kann sie mich bei einem neuen Thema Schritt für Schritt in ihr Team einführen. Sie stellt mir die einzelnen Mitglieder vor, die sich zeigen und festgehalten werden sollen (Kumbier, 2013, S. 106). Diese systematische Erhebung des Inneren Teams wird dann immer als Erstes geschehen, sobald Coachee und Coach das Thema festgelegt und sich entschieden haben, mit dem Konzept zu arbeiten. Als Coach kann ich dabei mit Karten visualisieren oder wir orientieren uns an der Bildersprache, die Friedemann Schulz von Thun (1998) entwickelt hat (mehr dazu unter 5.1).

Die Namen der inneren Anteile und ihre typische Äußerung zum Thema bilden die Kernbestandteile von Visualisierung und Dokumentation bei der Arbeit mit dem Inneren Team. Dazu gehören oft noch Sätze zu den Gefühlslagen oder Eigenschaften eines Teammitglieds. Bei meinem Stil der Begleitung hat der Name eine besondere Bedeutung: Er ist für mich das stärkste Element bei der Markierung der Identität des Anteils. Ein Name bezeichnet etwas und er löst immer etwas aus, setzt etwas in Bewegung. Deswegen schlage ich meinen Coachees gerne vor, sich nicht auf einen Begriff zu beschränken (»die Kritikerin«), sondern, wie ich dann sage, einen »Indianer- oder Fantasienamen« zu wählen, der sehr individuell ist und oft mehr auslöst, zum Beispiel »die Ermahnerin, die gehört werden will«, »der zurückhaltende Zweifler«, »die aufsässige Jugendliche« oder auch »Nemo«.

Der Name muss nicht immer eine Bezeichnung der Funktion oder der Rolle im System des Inneren Teams darstellen – vielleicht ist er ja eine Ankündigung oder ein Auftrag? Oder ein Geheimnis, das entschlüsselt werden will? Wenn der Name des inneren Akteurs passt, kann das an einer körperlichen Reaktion der Klientin deutlich werden. Eugen Gendlin nennt diese Reaktion »body shift« (Gendlin, 1981, S. 97). Der Körper der Coachee reagiert spontan, als wenn er sagen würde: »Genau! Passt!« Oder er rührt sich eben nicht, denn der richtige Name ist noch nicht gefunden.

Der Name eines Anteils kann sich natürlich verändern, einerseits im Sinne einer Annäherung oder einer Präzisierung: Die innere Person zeigt sich erst allmählich. Andererseits aber auch dann, wenn der Anteil selbst sich oder seine Rolle im Prozess wandelt und eine neue Aufgabe im Inneren Team übernimmt. Aus einem »Geheimdienstchef« wurde in einem meiner Coaching-Prozesse schon ein »fürsorglicher Begleiter im Übergang«, aus einer »Zweiflerin, Bedenkensammlerin« die »Beauftragte zur Wahrung der Werte«.

Zusammengefasst stellt sich das Setting zu Beginn so dar: Der Coach ist im Dialog mit der Coachee und entdeckt in ihren Äußerungen, ihrer Stimmlage oder ihrer wechselnden Körperhaltung unterschiedliche »Seiten«, die sich zum angeschnittenen Thema melden (Identifikation). Er spricht die Coachee darauf an und spiegelt ihr seine Wahrnehmung. Jetzt treffen beide die Entscheidung, am Anliegen der Coachee mit dem Konzept des Inneren Teams zu arbeiten. Dann formulieren sie die Beratungsfrage oder das Thema der Coachee. Immer darauf bezogen zeigen sich jetzt weitere innere Anteile (Externalisierung). Der Coach erkundet zusammen mit der Coachee, wer alles präsent ist und die Bühne des Geschehens betreten hat, und sie visualisieren die Namen und die Kernaussagen der Akteurinnen und Akteure. Weitere Anteile können sich noch im Hintergrund, »in den Kulissen« oder »in den Katakomben« der Lebensbühne verbergen, um sich womöglich erst später ins Geschehen einzuschalten.

Aus der Erhebung kann sich dann ein Dialog mit einer oder mehreren der inneren Teilpersönlichkeiten entwickeln (Interaktion), in dem diese ihre Einstellung zum angesprochenen Thema zeigen und sich mit ihrem Gewicht und ihrer Strategie ins Spiel bringen. Auf diese Weise entsteht allmählich ein Bild der aktuellen inneren Konstellation. Die Arbeit mit dem Inneren Team hat begonnen, auf der Bühne läuft der erste Akt, spielt jetzt die erste Szene.

4.3 Der Dialog: Interventionsschritte bei der Arbeit mit einzelnen Teilen

Oft geht es zuerst um eine Kontaktaufnahme der Coachee mit einem oder mehreren inneren Anteilen mit dem Ziel, die Situation zum angesprochenen Thema zu erkunden. Das Oberhaupt der Coachee fungiert dabei als die »Hausherrin« oder Teamchefin: Ich als Coach bin Gast, ich stehe symbolisch gesprochen vor ihrer inneren Bühne, während die Coachee dort das Gespräch mit einem ihrer Anteile aufnimmt.

Von dort aus kann ich Fragen oder Themen vorschlagen und Anstöße für den Dialog geben. Ich ermutige die Coachee, in eine offene, neugierige Haltung zu gehen und dem Teil einfach ihre Fragen zu stellen, seine Gefühlslage und seine Position zu erkunden. Vielleicht interessiert es sie, warum ein Teil so dominant auftritt, so heftig reagiert oder warum er im Gegenteil so vorsichtig auftritt. Als Coach verfolge ich den Dialog und mache Vorschläge, was die Klientin den Anteil fragen oder ihm sagen könnte. Etwa so:

Können Sie mir den Anteil beschreiben? Was ist er für eine Person?
Können Sie dem Teil innerlich signalisieren, dass Sie ihn näher kennenlernen möchten? Wie findet er das?
Ist es für ihn okay, wenn ich dabei bin und zuhöre?
Welche Einstellung hat er denn zu dem Thema, das wir gerade verhandeln?
Was will dieser Anteil von Ihnen? Was wünscht oder erhofft er sich?
Was befürchtet oder vermeidet er?
Wofür setzt er sich ein? Was sind seine Gründe?
Was können Sie an ihm respektieren, was sogar anerkennen oder würdigen?
Möchten Sie ihm das sagen?
Was stört oder irritiert Sie an ihm?
Wäre er denn bereit, mit mir als Ihrem Coach direkt zu sprechen?

Weil viele Äußerungen im inneren Dialog zwischen der Coachee und ihrem Anteil für mich als Coach nicht hörbar sind, lasse ich mich immer wieder auf den Stand bringen und mir den Verlauf erklären. Ebenso frage ich nach, wie es der Coachee damit geht, was der Dialog bei ihr auslöst und was sie als Nächstes ins Gespräch bringen will. Dann folgt unsere resümierende Reflexion.

In einem nächsten methodischen Schritt können wir dann die Plätze tauschen. Wenn der betroffene Anteil die Zustimmung gibt, kann jetzt ich als Coach auf die Bühne treten und direkt und ohne Vermittlung durch den Coachee mit ihm ins Gespräch kommen (die genauen methodischen Schritte dabei sind unter 5.2 beschrieben).

Zunächst unterstütze ich die Coachee dabei, diesen Anteil in sich präsent werden zu lassen, als dieser zu denken, zu fühlen und zu sprechen. Oft hilft es, einen Ort im Raum zu bestimmen, an dem der innere Akteur präsent ist, zum Beispiel einen Stuhl, auf den die Coachee dann wechselt. Auf diese Weise denkt und spürt sie sich also in einen ihrer inneren Anteile hinein, sie wird zu diesem Anteil. Ist dieser Schritt geglückt, gehe ich in den Kontakt mit ihr und spreche sie als eigenständige innere Person respektvoll und wertschätzend an. Die Coachee bleibt für die Dauer unseres Dialogs als diese innere Person präsent. Dabei bin ich in der Regel zunächst mit nur einem Anteil im Gespräch.

Nach der Beendigung des Dialogs kehren Coachee und Coach auf ihren Platz zurück, beide nehmen Abstand zum Geschehen. Der Zugang ist geschafft, ein erster Schritt der Beratungsarbeit mit dem Inneren Team ist gelungen. Nun folgt ein Austausch über das Erlebte. – Im Kapitel 5 werden diese Schritte und die Möglichkeiten ihrer methodischen Gestaltung ausführlich beschrieben.

Am Ende jeder Interaktionsphase stehen immer eine Reflexion und eine Auswertung des Erlebten durch das Oberhaupt und den Coach. Sie tauschen sich über ihre Wahrnehmung des Erlebten und über seine Bedeutung aus, halten wichtige Erfahrungen und Ergebnisse fest und überlegen die nächsten Schritte im Coaching und in der Arbeits- und Lebenswelt der Coachee.

Zu diesem Austausch passt auch Peichls vierter Interventionsschritt, das *Reframing* (vgl. 4.1, S. 82): Wenn sich Anteile im Dialog zum Beispiel aggressiv gezeigt oder sich auf andere Weise als eine Zumutung erwiesen haben, reagieren Coachees oft irritiert. Sie betrachten diese als Fremdkörper, empfinden eine Abneigung gegen sie und entwickeln den Wunsch, sie ins Abseits zu stellen, abzustrafen oder am liebsten gleich ganz loszuwerden. Oft geht es nun darum, mit dem Klienten oder der Klientin an dieser Ablehnung wie an einem persönlichen Vorurteil zu arbeiten:

Welche Erfahrungen haben Sie mit dieser Seite Ihrer Person schon gemacht? Wie ging es Ihnen dabei und wie bewerten Sie das?
Welchen Nutzen, welche positiven Seiten könnte diese Seite denn für Sie haben?
Wie erklären Sie sich das irritierende Verhalten dieses inneren Akteurs? Welche Rolle spielt er im Team? Und wie könnte sich diese Rolle verändern? Haben Sie schon eine Idee oder einen Wunsch?

Folgende Grundeinstellung ist mir wichtig: Jede innere Person, so destruktiv oder störend sie sich auch zunächst zeigen mag, hat eine grundsätzlich positive Intention, ihr Fühlen und Handeln hat immer einen schlüssigen, nachvollziehbaren Hintergrund, auch wenn sich dieser nicht gleich entschlüsselt! Diese Botschaft erleichtert es mir und der Coachee, die innere Person erst einmal so anzunehmen, wie sie ist, und sie nicht abzuwerten. Danach können wir darüber nachdenken, wie wir mit ihr arbeiten könnten und wie sich ihr Platz und ihre Funktion im Inneren Team verändern und konstruktiver gestalten lassen könnte. Vielleicht will die Coachee sie ja ansprechen, sie kennen- und verstehen lernen und mit ihr über einen neuen Einsatz im Team verhandeln. Oder sie schickt den Coach mit einem Erkundungs- und Verhandlungsauftrag in eine nächste Gesprächsrunde. Der Prozess könnte sich also als eine innere Teamentwicklung fortsetzen, wenn die Klientin dies möchte.

Eines werden Coachee und Coach dabei im Auge behalten: Was immer geschieht, das Innere Team der Coachee ist bei jedem Schritt präsent. Was im Dialog oder Trialog mit einzelnen Anteilen geschieht, hat stets Wirkungen auf das gesamte System und kann dort zu Reaktionen und zu Handlungen führen, die es wahrzunehmen und auch aufzugreifen gilt. Dies zeigt auch das folgende Fallbeispiel.

Frau G. hat in ihrer wissenschaftlichen Karriere als Sozialwissenschaftlerin zwar nicht den Status einer Professorin erreicht, konnte sich aber als promovierte Akademische Rätin an einer süddeutschen Hochschule eine sichere und allseits anerkannte Position erarbeiten. Ihre Leidenschaft findet sie dabei eher in der Lehre als in der Forschung, dennoch ist sie immer wieder mit wissenschaftlichen Beiträgen in den einschlägigen Fachzeitschriften präsent. Nun neigt sich ihre berufliche Tätigkeit dem Ende zu. Frau G. möchte mit dem Coaching Begonnenes beenden, ihre Zeit an der Hochschule gut abschließen und klare Perspektiven für die Zeit danach entwickeln.

In der Beratung spielt neben anderen Fragen ein Buchprojekt eine wichtige Rolle. Frau G. schreibt an einem Thema, das ihr schon lange sehr am Herzen liegt. Die konsequente Arbeit daran hat sie in der Vergangenheit immer wieder zurückgestellt. Nun möchte sie das Projekt unbedingt zum Erfolg bringen: als ein Spätwerk, mit dem sie ihre Kompetenz und ihr Potenzial noch einmal zeigen möchte. In den letzten Wochen konnte sie endlich konsequent am Ball bleiben und hat sich mit einem ausführlichen Exposé an den Verlag gewandt, bei dem sie früher schon veröffentlicht hat. Irritiert und enttäuscht kommt sie mit der Botschaft ins Coaching, dass ein neuer Lektor, den sie noch nicht kennt, das Projekt abgelehnt hat. Seither kann sie keine Zeile mehr schreiben, was sie sehr beunruhigt. Denn, so sagt sie, sie möchte sich durch diese Nachricht nicht den Schneid abkaufen lassen! »Was ist eigentlich los mit mir? Warum lasse ich mich durch diese Absage so sehr entmutigen?« Mit diesen Fragen geht Frau G. in die Erhebung ihres Inneren Teams.

Zuerst meldet sich *die, die dranbleibt und sich nicht entmutigen lässt*. »So einfach gebe ich nicht auf! Es gibt auch noch andere Verlage, die mein Thema interessieren wird.« Als wir dem Begriff »aufgeben« folgen, stoßen wir auf eine Figur, die Frau G. ironisch *die Frührentnerin* nennt. Es ist ein Anteil, der etwas aus der Zeit gefallen scheint und der nicht nur zu dieser Frage die Haltung vertritt, dass sie das alles in ihrem Alter eigentlich nicht mehr zu interessieren braucht. »Wieso jetzt noch ein Buch schreiben – die wissenschaftliche Karriere geht doch zu Ende! Da hätte man früher beginnen müssen. Das muss man sich doch nicht mehr zumuten!«

Jetzt mischt sich vehement eine weitere Stimme ein, der Frau G. den Namen *die anspruchsvolle Vollenderin* gibt. Es wird spürbar, wie wichtig und bedeutsam dieses Buch für das berufliche Lebenswerk der Coachee ist und dass es für sie kritisch wäre, sollte dies nicht gelingen: »Ich habe mir dieses Buch schon so lange vorgenommen! Es ist Teil meiner beruflichen Identität! Ich will es zu Ende bringen – ein Scheitern könnte ich mir nur schwer verzeihen!«

Frau G. wirkt jetzt sehr berührt und auch ein wenig angeschlagen auf mich. Als ich sie darauf anspreche, komme ich in Kontakt mit einer weiteren inneren Person, einer *Verletzten und von sich selbst Enttäuschten*. Ihr hängt der nicht erreichte Lehrstuhl noch sehr nach und es ist zu spüren, wie sehr sie diese Absage des Verlags doch getroffen hat. »It's the same old story«, formuliert sie und signalisiert Traurigkeit und Resignation: »Solch eine Niederlage erlebe ich nicht zum ersten Mal, das habe ich schon öfter erfahren in meinem Leben!« – Für einen ersten Dialog mit einem der Anteile entscheidet sich Frau G. aber nicht für die *Verletzte und Enttäuschte*. Sie möchte sich zuerst *der anspruchsvollen Vollenderin* zuwenden. In ihr sieht sie die Leitfigur ihres Coaching-Prozesses, die für sie jetzt im Mittelpunkt steht.

Um mit *der Vollenderin* ins Gespräch zu kommen, gibt Frau G. dieser inneren Person den Platz auf einem Stuhl ihr gegenüber. Ich setze mich neben sie. Was ist ihr Anliegen? *Die Vollenderin* macht deutlich, dass es ihr um die »Vollendung« der beruflichen Lebensphase geht und darüber hinaus darum, ihrem Leben insgesamt einen guten, würdigen Abschluss zu geben. Diesem Ziel hat sich *die Vollenderin* verschrieben. Ich stelle die Frage, welche beruflichen Erfolge sie denn sieht und was für sie dagegen noch offen ist. *Die Vollenderin* zieht eigentlich eine positive berufliche Bilanz. Aber dass Frau G. keinen Ruf als Professorin erhalten hat, ist auch für sie ein Misserfolg. Dem Buchprojekt gibt sie den Sinn, dazu ein Gegengewicht zu schaffen, das ausgleichen und heilen könnte. Dies macht es so eminent wichtig für *die Vollenderin*. Sie sieht sich von *der, die dranbleibt* unterstützt und gestärkt, erlebt aber *die Frührentnerin* und *die Verletzte und von sich selbst Enttäuschte* als ihre Gegenspielerinnen.

Ich frage Frau G., was sie ihrer *Vollenderin* denn jetzt vermitteln will. Sie dankt ihr dafür, dass sie ihre Ziele so stark und hartnäckig verfolge. Vor allem sei ihr wichtig, dass sie das Ziel eines persönlich sinnvollen, erfüllten Lebens auch über das Buchprojekt hinaus im Auge habe. Sie stehe dabei als *Oberhaupt* voll hinter ihr! Sie versichert *der Vollenderin*, dass sie stets Gehör und Unterstützung bei ihr habe. Damit beendet Frau G. diesen ersten Dialog. In der Reflexion entsteht der Plan, zunächst ein oder zwei weitere Einzeldialoge zu führen und sich auch an *die Verletzte und von sich Enttäuschte* zu wagen. Dann möchte sie einen Blick auf die gesamte Teamkonstellation werfen, um in eine Interaktion zwischen den Anteilen zu gehen. Bis dahin will Frau G. versuchen, wieder mit dem Schreiben anzufangen.

Die Erkundung der Position und der Haltung einzelner innerer Anteile im Einzelgespräch ist ein wichtiger erster Schritt, der immer auch Auswirkungen auf das ganze innere System hat. Sie stellt immer eine für das gesamte Team bedeutsame Intervention dar. Die eingebrachte Konfliktsituation im Inneren Team der Coachee kann dadurch zunächst einmal gelöst sein. Fühlt die Coachee sich danach innerlich klar und handlungsfähig? Hat sie den Eindruck, jetzt eine »gute innere Aufstellung« gefunden zu haben, die sie grundsätzlich stärkt und leitet?

Wenn die Coachee dies zum Ausdruck bringt, wechselt die Beratungsarbeit aus dem Innenbereich ihrer Persönlichkeit wieder zurück in die äußere Situation: Coachee und Coach sind wieder im praktischen Handlungsbereich des Coaching-Prozesses angekommen und können dort in der gewohnten Art und Weise weiterarbeiten: Was bedeutet die erreichte Veränderung jetzt für die Coachee (Reflexion)? Welche Ziele sind ihr jetzt im angesprochenen beruflichen Kontext wichtig und welchen Zustand wünscht sie sich (Projektion)? Mit welchen Schritten könnte sie jetzt weitergehen und was wäre dabei im Auge zu behalten (Strategie und Planung)? An diesen Fragen arbeiten Coachee und Coach nun gemeinsam weiter.

4.4 Die Arbeit mit dem Team: Interaktion zwischen den Teilen

Wenn der innere Prozess jedoch noch nicht abgeschlossen ist, wenn also deutliche Spannungen und Unklarheiten übrig bleiben, ist dies ein Signal für den Coach, im Innenbereich zu bleiben und mit der Coachee die Situation des Inneren Teams als Gesamtes genauer zu untersuchen. Wo stehen die beteiligten Anteile jetzt? Wer ist noch dazugekommen? Welche Koalitionen und welche Oppositionen haben sich nach der Dialogphase ergeben? Aus der Erhebung und Visualisierung des Teams (Wer ist beteiligt?) entschlüsseln Coachee und Coach jetzt gemeinsam die Konstellation der Beziehungen (Wer steht wie im Verhältnis zu wem?). Auf diese Weise kann das Innere Team als lebendiges, dynamisches System für beide transparent und erlebbar werden. Es gilt, das innere Geschehen sichtbar zu machen, es zu verstehen, es in eine Balance zu bringen und zielorientiert weiterzuentwickeln.

Damit gerät das noch statische Bild der Erhebung in Bewegung, der Beratungsprozess gewinnt an Energie und kommt in Fahrt! Um in diesem dynamischen Prozess die Übersicht zu bewahren, können Coach und Coachee geeignete Medien nutzen (Moderationskarten, Inszenario-Figuren, Stühle oder andere Gegenstände; vgl. Kap. 5). Dabei wird auch das Oberhaupt im Verhältnis zu seinen inneren Anteilen einbezogen, als Teil eines dynamischen Systems, auf das Coachee und Coach jetzt gemeinsam »von außen« schauen können. (Im Format des Kollegialen Coachings können Mitglieder eines Beratungsteams stellvertretend in die Rolle von inneren Akteuren des Coachees schlüpfen und sich von ihm im Raum positionieren lassen.)

Meistens beginnt die Arbeit an der Aufstellung des Inneren Teams mit einer Zeit der gespannten Stille und Konzentration. Ich bitte die Coachee, die beteiligten Anteile und das Oberhaupt in eine räumliche Ordnung zu bringen. Die Coachee kann jetzt unbeeinflusst ihre Aufstellung des Teams gestalten und erklärt mir diese im Anschluss. Erst dann bringe ich mich ein, zunächst nur durch Fragen und durch vorsichtige erste Eindrücke. Dann betrachten wir die Szene zusammen aus unterschiedlichen Perspektiven. Ich frage die Klientin nach ihren Wahrnehmungen und bringe dazu meine eigenen Eindrücke ins Spiel. Dieser Prozess läuft nicht nach einem bestimmten Schema ab, sondern geschieht von beiden Seiten völlig intuitiv und assoziativ. So eröffnet das Teilemodell einen kreativen Spielraum für beide durch den Veränderungen im Denken, Fühlen und Handeln der Coachee eingeleitet werden können.

Das Oberhaupt der Coachee als innere Beobachterin (Peichl, 2010) kommt damit auf doppelte Art ins Spiel: Im distanzierten Blick auf das ganze Team macht es sich seine innere Situation bewusst und kann erste Ideen zur Veränderung der Konstellation und ihrer Dynamik entwickeln. Gleichzeitig wird das Oberhaupt in der Aufstellung als die Leitungsfigur des Veränderungsprozesses transparent: Es stellt sich hinein und greift ein! Es prägt und verändert mit seinem Einfluss das innere System und stärkt damit seine Position.

Nach dem Dialog mit *der Vollenderin* führt Frau G. ein zweites Gespräch mit *der Fachfrau, der Professionellen,* die sich inzwischen noch ins Spiel gebracht hat. Diese ist der Auffassung, man solle die Absage des Verlags nicht so hochhängen oder gar persönlich nehmen. Der Lektor mache ja nur seinen Job! Sie solle dessen Feedback ernst nehmen und sich an eine Überarbeitung des Textes machen, wenn ihr das Projekt so wichtig sei! Wenn es an Qualität gewinne, würde es früher oder später auch veröffentlicht. Das hört Frau G. gerne, aber es hilft ihr nicht so recht weiter. Doch an einen weiteren Dialog, und zwar mit *der Verletzten, die von sich selbst enttäuscht ist,* traut sie sich jetzt noch nicht heran. Lieber will sie sich zunächst über eine Aufstellung des Teams ein Bild vom gesamten System zum Thema Buchprojekt machen.

Die Aufstellung zeigt das *Oberhaupt* an der Seite von *der, die dranbleibt und sich nicht entmutigen lässt* und *der Vollenderin*. In der Mitte findet sich *die Professionelle*. Sie könne die Lage zwar gerne kommentieren, sagt sie dem *Oberhaupt*, sie warte aber auf eine klare Entscheidung, wo es langgehe, bevor sie sich weiter engagieren wolle.

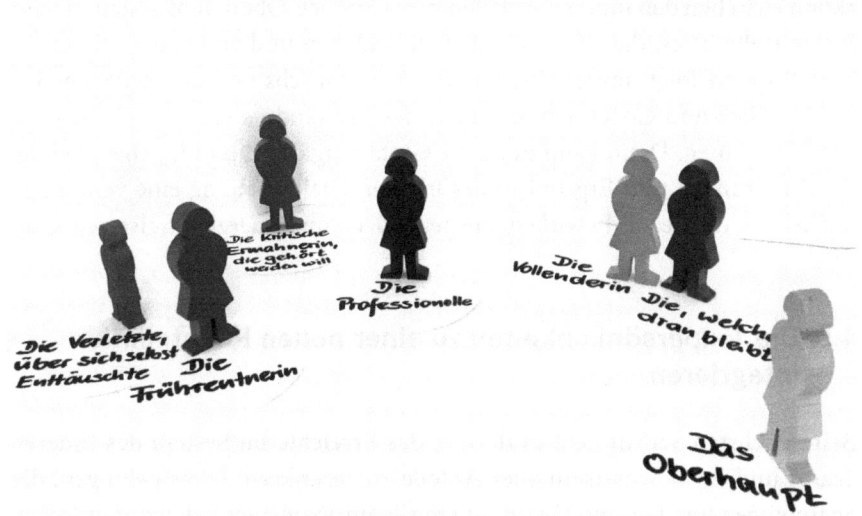

Auf der anderen Seite stehen gegenüber dem *Oberhaupt die Frührentnerin* und, von ihr verdeckt, *die Verletzte und von sich selbst Enttäuschte*. Sie hat sich vom Geschehen abgewandt und ganz am Rand positioniert. Auf meine Frage, was denn wohl mit *der Verletzten* los sei, höre ich den Satz: »Es ist ja wohl klar, dass der Erfolg der ganzen Geschichte noch keineswegs sicher ist! Weitere Enttäuschungen und Verletzungen werden die Situation nicht besser machen!« Es stellt sich heraus, dass hier nicht das *Oberhaupt* spricht, sondern eine Akteurin, die neu auf den Plan getreten ist: *die kritische Ermahnerin, die gehört werden will*. Frau G. stellt sie in den Hintergrund der Aufstellung, nicht weit von *der Verletzten*. Es gibt keine weiteren »Nachzügler«, Frau G.s Inneres Team zum Thema »Ablehnung des Buchprojekts« ist offenbar komplett.

Jetzt kann die Interaktion zwischen den inneren Anteilen beginnen. Der Austausch konzentriert sich zunächst auf die Frage, was die Beteiligten tun könnten, um dem offenbar hohen Risiko für *die Verletzte, Enttäuschte* Rechnung zu tragen. Abgesehen von *der Frührentnerin* sprechen sich alle Teile klar dafür aus, das Buchprojekt mit Energie weiterzuverfolgen. Sie machen sich Gedanken, wie das gelingen könnte. Die Lage hat sich spürbar entspannt. *Die Verletzte, Enttäuschte* fühlt sich durch das Verständnis und den Schutz des Teams gestärkt und ermutigt. Die Situation des Inneren Teams hat sich durch den Austausch zwischen den Anteilen deutlich verändert!

Wenn immer dies möglich ist, schaue ich als Coach darauf, dass die Interaktion zwischen den inneren Anteilen vom Coachee-Oberhaupt gesteuert wird. Meine Rolle ist es, die Klientin dabei zu begleiten und zu beraten. Einer solchen Sequenz folgt immer eine Phase des Austauschs und der Reflexion, bei der Coachee und Coach ein gemeinsames Verständnis vom Geschehen entwickeln können. Dann kann es an die Gestaltung der Zukunft gehen, bei der die Erfahrungen und Ergebnisse des inneren Dialogs häufig eine veränderte Aufstellung des Teams bewirken, die neue Ideen und Energien freisetzen kann.

4.5 Die Teilpersönlichkeiten zu einer neuen Konstellation integrieren

Beim nächsten Schritt geht es darum, das Erreichte im System des Inneren Teams und im Bewusstsein aller Anteile zu verankern. Ist es gelungen, die Spannungen und Gegensätze im Inneren Team abzubauen oder zumindest zu mildern? Lassen sich die Energien der inneren Akteurinnen und Akteure bündeln? Erscheint ein Zusammenwirken mit Blick auf das eingebrachte Thema jetzt realistisch oder gibt es noch Baustellen? Und schließlich: Kann sich das Innere Team schon auf eine neue Aufstellung zur Lösung der Situation verständigen?

Hier ist die Visualisierung wieder eine entscheidende Unterstützung für den Prozess. Die Coachee entwirft eine neue Szene, sie bringt ihre inneren Anteile intuitiv in eine neue Aufstellung. Ihr Bild zeigt nicht selten weitere Veränderungen, die beim Visualisieren der Szene spontan entstanden sind, ohne dass ihr das bewusst wurde. Wir schauen also: Wie sieht die Aufstellung des Inneren Teams, die neue Konstellation der Anteile nach dem inneren Interaktionsprozess jetzt aus? Was zeigt sie Coach und Coachee zum eingebrachten Thema und was bedeutet sie darüber hinaus auch grundsätzlich? Der Blick auf die neue Szene löst bei den Klientinnen und Klienten oft ein Gefühl der Erleichterung, der Befreiung aus – sie empfinden es als ermutigend, einen wichtigen Schritt weitergekommen zu sein.

Nicht selten werden beim Blick auf die veränderte Szene alte Muster und Themen sichtbar, die der Coachee vielleicht schon früher begegnet sind. Es lohnt sich, diese nicht nur in der bearbeiteten Situation, sondern grundsätzlich anzusehen und auf diese Weise die Handlungsfreiheit der Coachee zu erweitern. Damit ist der innere Prozess der Veränderung erst einmal abgeschlossen, Coach und Coachee kehren zur Reflexion des Prozesses und zur Entwicklung von praktischen Handlungsoptionen auf die pragmatische Ebene zurück.

Die zweite Aufstellung, für die sich Frau G. Zeit genommen hat, zeigt gegenüber der ersten eine deutliche Veränderung der Situation: Die Beteiligten sind enger zusammengerückt und haben sich gemeinsam auf ein Ziel ausgerichtet. Lediglich *die Frührentnerin* scheint sich abgewandt und das Interesse am Thema verloren zu haben. *Die Professionelle* ist jetzt an die Spitze der Bewegung zu finden. Offenbar hat sie einen Auftrag erhalten. Sie wird von *der, die dranbleibt,* von *der Vollenderin* und von *der kritischen Ermahnerin* verstärkt und begleitet. *Die Verletzte und von sich selbst Enttäuschte* zieht mit, sie hat jetzt offenbar einen sicheren Platz im Team gefunden und scheint von der Rückendeckung durch das *Oberhaupt* zu profitieren. Sie hat das gesamte Team im Blick und bildet den Abschluss. Es ist kaum ein Zufall, dass das *Oberhaupt* seinen Platz unmittelbar bei *der Verletzten* gewählt hat. Diese könnte ein Thema mit sich tragen, das in der Zukunft besondere Aufmerksamkeit und Fürsorge braucht.

Frau G. zieht ein erstes Fazit: Ihre Arbeit am Buchprojekt und an seiner Veröffentlichung könne jetzt mit neuer Energie weitergehen, sie habe wieder Lust, neu dranzugehen, und auch sonst, so sei ihr klar geworden, gäbe es im Blick auf ihre Zukunft im Coaching noch einiges zu besprechen! Als Coach habe ich nach diesem Prozess ein gutes Gefühl. Bezogen auf die Situation *der Verletzten* und ihre Einbindung bin ich zunächst beruhigt, will aber mit Frau G. klären, ob sie das Thema bei ihrer Therapeutin ansprechen möchte.

4.6 Innere Prozesse reflektieren, zur Umsetzung bringen und abschließen

Wenn Coachee und Coach alle Schritte bis hierher gemeinsam durchlaufen haben, liegen sicherlich zwei oder mehr Coaching-Sequenzen hinter ihnen. Nun ist es an der Zeit, dass entsprechend dem Stufenmodell von Peichl beide einen Wechsel in die Metaebene unternehmen, um Erlebtes und Erreichtes zu reflektieren, zu bewerten und fest zu verankern. Dies ist ein wichtiger, unverzichtbarer Schritt.

Vielleicht ist das auch der Moment, einen Blick auf die Zusammenarbeit von Coachee und Coach zu werfen, um die Qualität ihrer Arbeitsbeziehung zu sichern und ihr Arbeitsbündnis zu aktualisieren. Coach und Klientin nehmen sich dafür Zeit und tauschen sich darüber aus, wie sie ihre Zusammenarbeit und die Qualität ihres Kontaktes in diesem Prozess erlebt haben und welche Schlüsse sie daraus für das weitere Coaching ziehen wollen. Danach ist es an der Zeit, die Verbindung zwischen der inneren und der äußeren Welt der Coachee herzustellen und den erlebten Prozess auf der Handlungsebene fruchtbar werden zu lassen.

Damit führt der Weg wieder zurück zum Ausgangspunkt, zum ursprünglichen Beratungsanliegen der Coachee. Was hat sich durch den Beratungsprozess mit Blick auf ihre Fragen und ihre Arbeitssituation verändert und wie hat sich die innere Haltung der Coachee zum Thema und zu ihrer Problemstellung entwickelt? Was hat sie im Verlauf des Prozesses über sich selbst erfahren und für sich gelernt?

Hier stehen also wieder die Rollen und die Berufsaufgaben der Coachee im Mittelpunkt: Es geht an die Umsetzung. Was bedeutet die Erfahrung der Coachee für ihr Verhalten in ihrem Arbeitsfeld? Welche Konsequenzen hat sie zum Beispiel für ihren Führungsstil oder für ihr strategisches Vorgehen im beruflichen Kontext im Auge? Wie will sie sich künftig aufstellen und ausrichten? Wenn alles gut läuft, fühlt sich die Coachee jetzt ermutigt, die gewonnene innere Geschlossenheit und die gute Leitung ihres Oberhaupts in erfolgreiches Handeln in ihrer Berufsrolle umzusetzen. Dafür wird sie die richtigen inneren Akteure mitnehmen und sie gut abgestimmt in ihrem Arbeitsfeld zum Einsatz bringen.

Frau G. hat die Arbeit an ihrem Manuskript wieder aufgenommen. Sie ist entschlossen, sich nach der Absage des neuen Lektors noch nicht geschlagen zu geben. In einem guten Moment will sie ihn am Telefon überzeugen, im Verlag ein persönliches Gespräch über die künftige Zusammenarbeit mit ihr zu führen. Dafür hat sie eine Strategie entwickelt: Sie möchte ihre bisherige Lektorin, die im Verlag das Themenfeld gewechselt hat, als Dritte für dieses Gespräch gewinnen, um zusammen »eine gute Übergabe zu organisieren«. Dabei will sie ihr überarbeitetes Buchprojekt noch einmal ins Gespräch bringen. *Die Professionelle* und *die, die dranbleibt* werden ebenfalls dabei sein und sie als ihre Verbündeten unterstützen.

Oft taucht jetzt auch die Frage auf, wie sich die Coachees mit ihren persönlichen Erfahrungen in ihrem beruflichen Umfeld erklären und vermitteln und wen sie ins Vertrauen ziehen wollen, um die Verankerung und Umsetzung veränderter Verhaltensmuster zu unterstützen. Varga von Kibéd und Sparrer haben für die Integration von Organisationsaufstellungen in die Kontexte ihrer Klientinnen und Klienten eine Reihe von Themen und Fragen formuliert, die aus meiner Sicht auch als Beispiele für die Beratung mit dem Inneren Team hilfreich sind (2003, S. 62 ff.).

Mit der Beratung und Planung der praktischen Umsetzung ist die Arbeit am eingebrachten Thema nun abgeschlossen. Die Ermutigung, die die Klientin dabei erfahren hat, ihre erweiterte Selbstkenntnis und die Veränderungen durch die Beratungsarbeit mit dem Inneren Team stehen ihr jetzt zur Verfügung. Wenn sich im laufenden Coaching-Prozess neue Persönlichkeitsthemen stellen, können Coach und Klientin gut daran anknüpfen.

4.7 Der Wechsel zwischen außen und innen als dynamischer Prozess der Integration

Schauen wir noch einmal auf den Prozess der Arbeit mit dem Inneren Team und seine verschiedenen Varianten: Der Prozess beginnt in der Regel mit der Erhebung und Visualisierung des Inneren Teams zu einer Situation, zu einem Thema oder zu einer Frage. Als nächster Schritt kann ein Dialog oder Trialog des Oberhaupts oder des Coachs mit einem oder mehreren inneren Anteilen folgen. Vielleicht führt der Weg danach weiter zur gemeinsamen Analyse der inneren Teamkonstellation und ihrer Dynamiken, bei der die Erhebung ergänzt (Nachzügler) und die Beziehung zwischen den Akteurinnen und Akteuren visualisiert werden kann.

Schließlich kann noch der Schritt zur Gestaltung des Austausches zwischen den inneren Anteilen folgen mit dem Ziel, die Situation zu klären, Konflikte zu mildern oder aufzulösen und zu einer Entscheidung oder zu einer inneren Neuausrichtung zu kommen. Als nächster Schritt folgt die Visualisierung bzw. Aufstellung der neuen inneren Konstellation durch die Coachee, wobei sich noch weitere Veränderungen zeigen können. Damit ist der Prozess der Arbeit mit dem Inneren Team in der Regel abgeschlossen.

Manchmal, vor allem wenn im Prozess weitere wichtige »innere Baustellen« deutlich geworden sind, entscheiden sich Coachee und Coach dafür, eine innere Teamentwicklung zu beginnen und mehr Zeit für die Themen und Problemstellungen der Klientin zu verwenden. Das bedeutet dann, dass sie die Prioritäten verändern und die Coaching-Themen aus dem äußeren, beruflichen Kontext für eine Zeit zurückstellen, um später zu ihnen zurückzukehren.

Am Fall von Frau G. ist beispielhaft deutlich geworden, wie eine Beratung mit dem Konzept des Inneren Teams ablaufen kann und woran wir uns als Coachs orientieren können. Natürlich habe ich mit diesem Beispiel nur eine von vielen denkbaren Varianten und Verläufen im Coaching dargestellt. Denn jeder Fall und jeder Klient, jede Klientin entwickeln aus sich selbst heraus ihre eigene Dynamik und ihren eigenen Charakter.

Im folgenden Kapitel möchte ich einige der Spielregeln lebendig werden lassen, mit denen wir als Coachinnen und Coachs solche Beratungsprozesse methodisch gestalten und strukturieren können. Sie zeigen auch, wie sich die Lebendigkeit und die Wirksamkeit unserer Arbeit durch geeignete Medien und Verfahren unterstützen lassen. Wir gehen dabei noch einmal zurück zum Beginn: zur Erhebung des Inneren Teams.

5 Die kreative Vielfalt der Methoden und Medien

Die Beratungsarbeit mit dem Inneren Team wird einfacher, anschaulicher und wirkungsvoller, wenn wir sie als Coachinnen und Berater durch Visualisierung und mit geeigneten Medien und Verfahren unterstützen und durch Symbole verstärken. Die inneren Anteile können sich in ihrer Eigenart und in ihrer ganzen Lebendigkeit zeigen und weiterentwickeln, wenn wir sie sichtbar machen, sie auf die Bühne bringen und mit ihnen ins Gespräch kommen.

Im vorigen Kapitel wurde deutlich, wie wichtig und hilfreich eine gute Struktur für die Beratungsarbeit ist. Sie ist ein sicherer Rahmen, an dem ich mich als Coach bei der Begleitung meiner Klientinnen und Klienten orientieren kann. Eine klare Struktur ermöglicht es mir, im Beratungsprozess den spontanen Impulsen und Bewegungen der Coachees Raum zu geben und ihnen zu folgen.

Die Medien und Methoden, die ich dabei vorschlage und als Coach nutze, erleichtern es den Coachees, sich ein Bild von ihrem Inneren Team zu machen und ihm in einem lebendigen Prozess zu begegnen, denn damit begegnen sie auch sich selbst. Die Klienten können ihre Gedanken und Wahrnehmungen besser zum Ausdruck bringen und ihren eigenen Entwicklungsprozess bewusst und planvoll inszenieren. Sie werden zu Regisseuren ihrer eigenen Entwicklung.

Coachee und Coach nehmen den Prozess der Erkundung ernst, sie lassen sich auf ein Spiel, ein Abenteuer ein, das Mut braucht und volle Konzentration erfordert – und das voller Überraschungen steckt. Die Methoden, mit denen wir arbeiten, eröffnen vielerlei kreative Varianten und ermöglichen beiden Seiten lebendiges Lernen, das gut abgesichert ist. Jeder Coachee und jeder Coach entwickelt dabei seine eigenen Vorlieben und Begabungen, an denen sich die Auswahl der Methoden und Instrumente orientiert.

Zuerst möchte ich zeigen, wie die Kontaktaufnahme zum Inneren Team und speziell zum Oberhaupt gelingen kann. Dann geht es um die Gestaltung der Beziehung und der Gespräche mit den inneren Anteilen und um Methoden und Hinweise, die den Umgang mit herausfordernden Situationen bei der Beratungsarbeit erleichtern. Zum Schluss folgen einige Anregungen für die innere Teamentwicklung.

5.1 Erhebung und Visualisierung des Inneren Teams

Die erste Begegnung mit dem Inneren Team ist im Coaching meistens keine von langer Hand geplante, sondern sie ergibt sich bei der Bearbeitung eines Themas, meistens im Verlauf der Situationsbeschreibung des Coachees und im Prozess des »Aktiven Zuhörens« (Rogers, 1987). Über das Spiegeln der unterschiedlichen »Seelen in der Brust« des Coachees, der unterschiedlichen Stimmen, die ich bei ihm wahrnehme, mache ich ihn auf das innere Geschehen aufmerksam. Der Ausruf »Zwei Seelen wohnen, ach! in meiner Brust« aus Goethes »Faust« und der Gedanke einer Multiplizität der menschlichen Identität führen dann schnell zu der Idee des Inneren Teams und zur Frage, welche inneren Anteile sich zu einem Thema melden.

Jeder Klient hat dabei seine eigene Art des Zugangs zu den Figuren seiner Innenwelt und jeder macht sich auf seine Art eine Vorstellung von ihnen. Manche können die inneren Anteile in verschiedenen Zonen ihres Körpers entdecken, anderen erleichtert es den Kontakt, wenn sie die Akteurinnen und Akteure gedanklich im Raum auftauchen lassen oder vielleicht sogar auf Stühlen positionieren. Manchen hilft die Vorstellung einer inneren Bühne, auf der sich das innere Ensemble zeigt. Nicht selten können Coachees, wenn sie die Augen schließen, ihre Anteile fast wie in einem Film imaginieren.

Vielen Klientinnen und Klienten gelingt die Kontaktaufnahme zu ihren inneren Anteilen spontan und leicht. Anderen hilft eine Übung, eine kurze »Reise der Selbstwahrnehmung« durch ihren Körper, die ihnen den Zugang zu ihrer Innenwelt erleichtert und sie in eine Art leichter Trance versetzt. Sie können sich die inneren Anteile oft bildlich vorstellen und mit ihnen in Kontakt kommen.

Reise der Selbstwahrnehmung
Ich bitte den Klienten, sich entspannt und mit den Füßen auf dem Boden auf seinen Stuhl zu setzen und eine Zeit lang darauf zu achten, wie sein Atem langsam kommt und geht. Dann richte ich seine Aufmerksamkeit auf seine Füße und achtsam die Beine hinauf, weiter entlang über Gesäß und Rücken in die Schultern und von dort bis in die Fingerspitzen. Dann führt der Weg zurück über Ellbogen und Nacken bis zum Kopf. Anschließend fordere ich ihn auf, seine inneren Anteile auf seine Art zu finden und wahrzunehmen. Ist ihm das gelungen, kann er Kontakt mit ihnen aufnehmen und sie mir beschreiben.

Jay Earley nennt die Themen und Problemstellungen, mit denen sich die Rat suchende Person in der aktuellen Situation auseinandersetzt, die »Wegweiser« zu den inneren Anteilen (Earley, 2014 S. 76 f.): Mit welchen Körperempfindungen und Verhaltensweisen ist die Situation oder das Problem für den Coachee verbunden? Welche Gedanken begleiten das Thema und welche Wünsche entstehen dabei? Dies alles sieht Earley als Lebensäußerungen des Inneren Teams, denen es zu folgen gilt, um die betroffenen inneren Anteile zu finden und sie kennenzulernen.

Mir selbst ist der enge Bezug zwischen der *aktuellen* Situation, mit der sich ein Klient im Coaching beschäftigt, und der Erhebung seines Inneren Teams sehr wichtig. Deswegen gestalte ich die Erhebung des Inneren Teams immer themenzentriert. Ich nehme mir die Zeit, um mit dem Coachee zusammen seine Situation anzusehen und mit ihm zu klären, was sein *Thema* oder seine *Frage* ist, die sich in dieser Situation stellt. Dieser wichtige Klärungsschritt zu Beginn der Arbeit braucht eine hohe Aufmerksamkeit. Manchmal fällt dem Klienten sein Thema richtig zu: Es ist da und es passt für ihn! Wenn nicht, braucht es einen Prozess der Klärung. Wenn ich mich in seine Situation einfühle, kann ich den Klienten mit Ideen oder Vorschlägen zur Formulierung unterstützen, bis sein Thema oder seine Frage klar geworden ist und für ihn stimmt. In jedem Fall halte ich das Thema für beide sichtbar fest. Die Arbeit mit dem Inneren Team ist also themenzentriert im Sinne der »Themenzentrierten Interaktion« (Löhmer u. Standhardt, 1992, S. 78): Am Beginn steht meine Frage nach dem Thema des Klienten, dann arbeiten wir mit Bezug zu diesem Thema zusammen an der Erhebung des Inneren Teams. Und selbstverständlich wird sich das Thema im Prozess der Beratung noch wandeln, konkretisieren oder sogar völlig verändern.

Ist das Thema gefunden, frage ich den Coachee nach den inneren Anteilen, die sich dazu und zur angesprochenen Situation melden. Immer eine komplette Bestandsaufnahme des Teams zu erreichen ist weder notwendig noch sinnvoll. Im Moment des ersten Kennenlernens der einzelnen inneren Akteure helfe ich durch einige Fragen, die es dem Coachee erleichtern, mir jeden in seiner Eigenart und – ganz wichtig! – in seiner aktuellen Gefühlslage zu beschreiben. Dann erkundige ich mich beim Coachee nach der Haltung des Anteils zum formulierten Thema: »Was sagt er dazu? Und welches Motiv steckt vielleicht dahinter?« und nach dem Namen, den der Coachee ihm geben möchte: »Welcher Name würde denn für den Anteil passen? Wie könnten Sie ihn beschreiben?« Wenn nötig versuche ich mit Formulierungsvarianten zu helfen. Manchmal braucht es eine Weile der aufmerksamen Suche, bis der Name der inneren Figur für den Coachee passt.

Meistens beschränkt sich die Zahl der gefundenen Anteile auf um die sieben Akteure, ich vermeide es aber, die Coachees auf eine Zahl einzuschränken. Bei einer großen Anzahl rege ich am Ende der Erhebung an, zwischen wichtigen und weniger wichtigen Anteilen zu differenzieren. Dann bitte ich den Klienten, der Sammlung der inneren Teammitglieder bewusst sein Oberhaupt hinzuzufügen.

Die visuelle Dokumentation der Erhebung ist meine Aufgabe als Coach. Meine bevorzugte Art ist die Arbeit mit Moderationskarten mit verschiedene Farben und Formen: eine für den Namen des Anteils, eine für seine Kernaussage zum Thema und manchmal noch eine für die aktuelle Befindlichkeit. Die Karten breite ich dann vor dem Coachee aus, damit er sie vor Augen hat. Mit dieser Variante bin ich mobil: Sie ist für alle Settings im Coaching geeignet, auch wenn kein Flipchart zur Verfügung steht, und sie lässt sich leicht handhaben. Auch innere Nachzügler haben jederzeit noch Platz. Im späteren Verlauf ermöglicht sie mir eine Gruppierung der Anteile im Raum (auf dem Tisch, auf dem Fußboden), mit der ihre Beziehungen zueinander deutlich werden können (Koalition, Opposition, Nähe, Entfernung, zentrale Position, Randposition ...). Diese Form der Visualisierung ist auch dann gut geeignet, wenn ich mit dem Coachee keine volle Erhebung zur Situation erstelle, sondern früh in den Kontakt und den Dialog mit einzelnen Anteilen gehe.

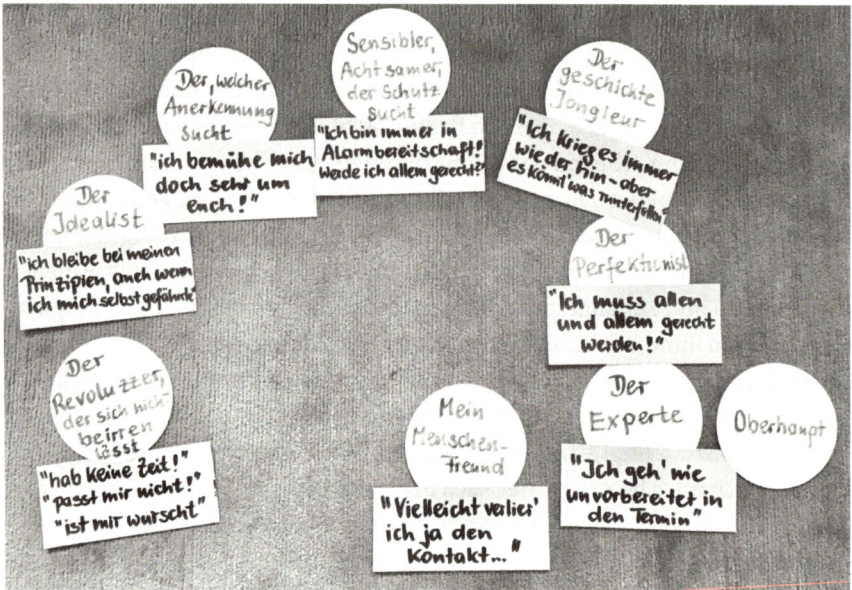

Die Schule von Friedemann Schulz von Thun hat für die Erhebung des Inneren Teams eine Kultur der Visualisierung der inneren Akteurinnen und Akteure als stilisierte Porträts auf einem Flipchart entwickelt, bei der sich diese bildlich im Inneren ihrer Leitungsfigur, des Oberhaupts, zusammenfinden. Sie werden dabei über ihre Gestalt, ihre Mimik, eine typische Äußerung und ihren Namen charakterisiert und lassen sich damit identifizieren und unterscheiden. So wird das Innere Team sichtbar und begreifbar, und der Coach oder Therapeut kann mit ihm arbeiten. Dagmar Kumbier greift diese Kultur der Visualisierung auf und nutzt sie wie Schulz von Thun beim Prozess der Identifizierung der inneren Teilpersönlichkeiten, die sich zu einem bestimmten Thema oder Problem zeigen.

Obwohl meine zeichnerischen Fähigkeiten nicht sehr ausgeprägt sind, arbeite ich in meinen Beratungsräumen gerne ebenfalls mit dieser Form der Erhebung. Wenn ein Coachee das Konzept des Inneren Teams kennt und vielleicht sogar schon mit seinen Stammspielern vertraut ist, bitte ich den Coachee dann auch oft darum, den Stift selbst in die Hand zu nehmen, das Team auf dem Flipchart zu visualisieren und sich ohne Anspruch auf gestalterische Schönheit sein eigenes Bild zu machen. Wir stehen dabei beide am Flipchart und bleiben auf Augenhöhe im Gespräch. So macht sich der Coachee die Methode der Visualisierung für sich selbst verfügbar, falls er sie später ohne seinen Coach bei einem anderen Thema nutzen möchte.

Über diese Form der Erhebung hinaus haben Luise Reddemann (2001, S. 81 f.) und Dagmar Kumbier mit der Theaterbühne ein spannendes, vielgestaltiges Symbol für das dynamische innere Geschehen eingeführt. Kumbier (2016) hat dieses Symbol als Darstellungsweise für ihre Methode der Aufstellungsarbeit mit Gruppen weiterentwickelt. Die inneren Anteile zeigen sich mit ihrer Individualität auf der Bühne und können sowohl miteinander wie auch mit der Außenwelt in Kontakt treten. Bei dieser Methode können die Klientinnen und Klienten ihre Teammitglieder mithilfe von Stellvertretern aus der Gruppe so positionieren, wie sie bezogen auf das jeweils aktuelle Beratungsthema zueinander und zur Welt stehen: Sichtbar, aktiv und nach außen gewendet sind sie ganz vorn an der Kante der Bühne positioniert. Eher abwartend, beobachtend und stärker introvertiert positionieren sie sich weiter im Hintergrund der offenen Bühne. Vielleicht sind sie aber auch hinter den Kulissen verborgen, womöglich schon spürbar, aber (noch) nicht voll präsent und beteiligt. Coach und Coachee stehen dann vor der Bühne und haben einen freien Blick auf das aktivierte Inneren Team oder sie entscheiden sich, die Bühne zu betreten.

Wie aber können wir im Einzelcoaching mit diesem starken Symbol der Theaterbühne arbeiten, obwohl uns keine Stellvertreter zur Verfügung stehen? Ich mache bei der Umsetzung dieser Idee gute Erfahrungen mit Inszenario-Figuren (König, 2001), das sind Holzfiguren unterschiedlicher Größe und Farbe, weiblich und männlich, mit denen der Coachee die aktuelle Situation seines Inneren Teams auf die Bühne bringen und als Szene aufstellen kann.

Die Figuren sind in Kombination mit Bauklötzen und beliebigen weiteren Requisiten bewährte Hilfsmittel beim Führungscoaching oder bei der Teamberatung, wenn es etwa darum geht, eine Konfliktsituation darzustellen und zu

analysieren. Sie lassen sich bestens für die Arbeit mit dem Inneren Team mobilisieren. Wie schon deutlich wurde, bitte ich den Coachee nach der Erhebung gerne, mit ihrer Hilfe seine innere Situation in Szene zu setzen. Diese Methode der Aufstellung erlaubt einen guten Überblick über die Gesamtsituation des Inneren Teams. Coachees mit ersten Erfahrungen damit können den Beratungsprozess auch direkt mit einer Aufstellung starten und gewinnen so einen schnellen Zugang zu ihrer inneren Situation. Alternativ lässt sich ein Überblick auch mit Farbstiften und Papier darstellen, die dann ein sehr individuelles »Bild zum Mitnehmen« ergeben können. Der Vorteil der Figuren ist allerdings ihre Flexibilität: Die Aufstellung lässt sich korrigieren, bis »alles stimmt«, und im weiteren Verlauf kann der Coachee die Szene weiterentwickeln. Mit einem Smartphone lassen sich alle Stadien einer Aufstellung schnell und ohne Aufwand festhalten.

Auch die Verwendung von Tier- und Symbolfiguren für die Aufstellung ist eine interessante Alternative. Diese Figuren lenken den Blick stärker auf die Charakteristik und die Gefühlslage der inneren Personen und sie lösen nach meiner Erfahrung beim Coachee stärkere Emotionen aus, als das mit den Holzfiguren der Fall ist. Eine Komplikation kann darin liegen, dass wir mit den Symbolen oft klischeehafte Bedeutungen verbinden (ein bockiger Bock, eine tückische Schlange), die eine Bewertung der Anteile mittransportieren und den differenzierten Blick auf die innere Person und ihre Eigenschaften überstrahlen können. Das Image des Mediums kann die Wahrnehmung und die Einschätzung der inneren Situation durch Coachee und Coach beeinflussen.

Während der Coach eine Erhebung des Teams im Gespräch mit dem Coachee durch Fragen und Anstöße unterstützen kann und darf, soll nach meiner Auffassung die Methode einer Visualisierung mit Stiften oder einer Aufstellungsarbeit mit Figuren und Symbolen durch den Klienten völlig ohne äußere Beeinflussung in konzentrierter Stille geschehen. Der Coachee hat das weiße Blatt oder den Raum der Bühne und das nötige Material zur Gestaltung der Aufstellung vor sich und macht sich in seinem eigenen Tempo und auf seine eigene Art ans Werk. Zwar bin ich als Beobachter präsent und nehme wahr, was geschieht, ich unterbreche aber seinen inneren Prozess in keiner Weise durch Fragen, Kommentare oder Anstöße. Ich versuche Wichtiges zu registrieren und notiere erste Hypothesen, die dabei entstehen, stelle sie aber zunächst »auf Stand-by«. Der Coach kommt also erst nach Abschluss des Gestaltungsprozesses wieder aktiv ins Spiel.

Besonders faszinierend an der zeichnerischen Gestaltung und an der Aufstellung der inneren Teamsituation ist für mich, dass dabei nur scheinbar ein völlig bewusster, kognitiver Prozess im Gang ist. Jedes Mal wird bei der Auswertung deutlich, dass immer auch das Unbewusste des Coachees seine Hand im Spiel hatte und ihm wertvolle Hinweise anbietet. Darin liegt natürlich auch die Verführung einer Deutung für den Coach. Nach meiner Überzeugung liegt die Deutungshoheit des Geschehens und der vollendeten Aufstellung aber immer beim Coachee. Dabei können jedoch die Eindrücke, Wahrnehmungen und Anstöße des Coachs eine wichtige Unterstützung sein.

Nun ist die Zeichnung fertig bzw. die Aufstellung abgeschlossen, die einzelnen Anteile sind mit ihrem Namen, ihrem Standort und ihrer Ausrichtung auf der Bühne gekennzeichnet und der Coachee hat mir und sich selbst die inneren Teilpersönlichkeiten schon ein wenig beschrieben.

Jetzt ist Raum für einen völlig ergebnisoffenen Dialog zwischen Coachee und Coach, in dem beide den Schatz, der in diesem Prozess entstanden ist, gemeinsam heben. Mit folgenden methodischen Schritten strukturiere ich diesen Dialog:

1. Die Beschreibung des Coachees: Zuerst bitte ich den Coachee, mir seine Aufstellung zu erklären. Dabei erklärt er diese gleichzeitig auch sich selbst. Er betrachtet sein Inneres Team damit aus der distanzierten Position des Oberhaupts. Vieles von dem, was im Prozess entstanden ist, wird ihm erst jetzt bewusst, er gibt dem seinen Sinn und stellt es in einen Zusammenhang. Dabei gehe ich als aktiv Zuhörender mit, stelle Verständnisfragen und erste Fragen zur Bedeutung von Details der Aufstellung (Wie haben Sie das gemeint? Wie verstehen Sie diese Position oder Konstellation? Welche Atmosphäre nehmen Sie wahr?), ohne jedoch schon in die Bearbeitung einzusteigen.
2. Die Resonanz des Coachs: Mit dem Hinweis, dass es sich um meine subjektive Wahrnehmung handelt, kann ich jetzt auf eigene Eindrücke zum Prozess der Aufstellung und zur Aufstellung selbst hinweisen: Was hat die Aufstellungen bei mir als Coach ausgelöst? Worauf bin ich aufmerksam geworden? Welche Gedanken mache ich mir dazu? Der Coachee kann meine Beiträge aufgreifen, ihnen Bedeutung beimessen oder auch nicht.
3. Der dynamische Dialog: Jetzt verlassen der Coachee und ich den Platz vor der Bühne und umrunden die Aufstellung, um sie aus der Entfernung und von allen Seiten her in Augenschein zu nehmen. Vielleicht sammeln wir sogar erste Eindrücke aus der Perspektive der einen oder anderen Figur, ohne diese Beobachtungen dabei zu vertiefen. Dadurch entstehen oft noch wichtige Informationen und Erkenntnisse. Nach einer ersten Fotodokumentation ist es Zeit für eine Fokussierung.
4. Die Fokussierung der Erkenntnisse und Ergebnisse: Was ist dem Coachee klar geworden, vor allem auch mit Blick auf sein Beratungsanliegen? Vielleicht hat sich das Anliegen im Prozess verändert? Wo regt sich seine Neugier, was würde er gerne weiterverfolgen und welche Anteile sind dabei vor allem involviert? Es ist wichtig, den Erkenntnisprozess des Coachees zunächst nicht zu beeinflussen. Dann aber bringe ich mich als Coach mit meiner Sichtweise ein, formuliere – auch als Differenz zum Selbstbild des Coachees – meine eigenen Eindrücke und Hypothesen und tausche mich

mit ihm darüber aus. Was ist wohl die Kernfrage, das Schlüsselthema, um das es nach dem Analyseprozess geht? Welche Fragen könnten lohnend sein, um sie im Blick zu behalten und zu verfolgen?

5. Die Integration in den übergreifenden Coaching-Prozess: Dabei geht es um Überlegungen und Vorschläge, ob und auf welche Weise die Arbeit mit dem Inneren Team fortgesetzt werden soll. Dem Schlüsselthema des Coachees folgend werde ich als Coach und daher Spezialist für das methodische Vorgehen nun die Führung übernehmen. Denn jetzt eröffnen sich abhängig vom spezifischen Verlauf des Beratungsprozesses verschiedene Optionen der Fortsetzung und Vertiefung. Hier einige der klassischen Möglichkeiten:

- Coach und Coachee beenden jetzt den Prozess, denn das Anliegen ist geklärt und der Coachee weiß, welche Folgerungen er daraus ziehen und welche Schritte er jetzt unternehmen will.
- Sie denken darüber nach, wie die gewonnenen Erfahrungen und Erkenntnisse im Arbeitsfeld des Coachees zur Wirkung kommen können, und überlegen, mit welcher Strategie und welchen inneren Akteuren dies bewerkstelligt werden könnte.
- Sie nehmen eine wichtige »Baustelle« des Inneren Teams, die bei der Arbeit deutlich wurde, in den Blick und gehen mit einem oder mehreren der inneren Anteile in einen Dialog.
- Oder der Coachee verändert, unterstützt durch den Coach, die aktuelle Aufstellung und entwickelt eine neue, auf die Zukunft gerichtete Aufstellung.

Herr W. ist Diplom-Psychologe und arbeitet als Psychotherapeut in einer privaten Klinik in der Abteilung für Kinder- und Jugendpsychiatrie. Dort leitet er seit zwei Jahren eine Gruppe von sieben Therapeutinnen und Therapeuten, die sowohl mit stationären wie mit ambulanten Patientinnen und Patienten arbeiten. Neben der therapeutischen Tätigkeit mit eigenen Klienten hat Herr W. als Führungskraft die Aufgabe, bei einer stets dünnen Personaldecke Dienstpläne und Stellvertretungen zu organisieren, dabei für Kontinuität in der Klient-Therapeut-Beziehung zu sorgen und seine Mitarbeiterinnen und Mitarbeiter wo nötig zu beraten. Dies geschieht allerdings auch in einer regelmäßigen Fallsupervision. Seine Chefin ist Ärztin für Psychiatrie, sie leitet die Abteilung für Kinder- und Jugendpsychiatrie, zu der noch weitere Gruppen mit jeweils eigenen fachlichen Schwerpunkten gehören.

Herr W. hat vor drei Monaten ein Führungscoaching begonnen mit dem Ziel, fachliche und Führungstätigkeit besser unter einen Hut zu bringen, sich für seine Führungsaufgaben zu qualifizieren und Unterstützung für schwierige Führungssituationen zu erhalten. Bisher hat er im Coaching an der Lösung einzelner zwischenmenschlicher und organisatorischer Probleme im Zusammenwirken mit seinen Mitarbeiterinnen und Mitarbeitern gearbeitet, die er einbrachte.

Diesmal treffe ich Herrn W. unmittelbar nach der wöchentlichen Dienstbesprechung seines Teams mit der Chefin. Er erscheint zum Coaching wütend und geladen, wie ich ihn bisher noch nicht erlebt habe. Kaum hat er Platz genommen, da zieht er schon vom Leder: Die Besprechungen seien ein richtiger Dressurakt, wöchentlich müsse er mit seinem Team zum Rapport antanzen und jedes Mal begännen sie mit dem Protokoll von der Vorwoche, um peinlich genau zu überprüfen, ob alle Vereinbarungen umgesetzt worden seien. Apropos Vereinbarungen: Das seien schlicht kleinkarierte Vorgaben der Chefin. Sie hätte keinerlei Interesse an der Fachlichkeit, sie interessiere sich auch nicht für die Leute, letztlich gehe es ihr doch nur ums Geld: mit möglichst geringem Personaleinsatz möglichst viel Kohle für die Klinik herauszuholen.

Ich bemerke zwischendurch, da habe sich wohl einiges angestaut. Dieser Satz ist für Herrn W. aber nur ein Ansporn, um noch aggressiver über seine Chefin herzuziehen. Er habe keine Lust mehr, dieses sinnlose Theater mitzuspielen! Jetzt mischt sich in seine Art, die mir wütend und rebellisch erscheint, noch ein anderer, fatalistisch klingender Ton: Seine ganzen Bemühungen und sein ganzer Einsatz würden ja sowieso nichts bringen! Was er da unternehme, sei ja alles vergebliche Liebesmühe.

Auf mein vorsichtiges »Ui, das klingt ja gar nicht gut« kriege auch ich noch einen Seitenhieb ab: »Sie könnten mir doch als Coach jetzt mal sagen, was ich tun soll!« Er glaube nicht daran, dass der ganze Coaching-Zauber dafür was bringe. Es ist deutlich: Herr W. ist in Fahrt und nicht so leicht aus seiner rebellisch-fatalistischen Spur zu bringen.

Wie ist die Lage und was geschieht im Inneren Team, wenn solche Sätze zu hören sind und niemand am Steuer zu sitzen scheint? Das Cockpit, der Sitz der bewussten Steuerung und des Selbstgefühls der Person, ist dann von einem inneren Akteur besetzt, der Schwierigkeiten hat und Schwierigkeiten macht. Dieser Anteil, der die Person mit seinem jeweils aktuellen Gefühlszustand überflutet, steuert sie unwillkürlich mit seinen automatisierten Handlungsmustern. Dies kann, wie im eben beschriebenen Fall, ein hilflos-aggressiver Akteur sein, der in diesem Moment nicht mehr über seine Probleme hinaussieht. Einer, der die von seiner Vorgesetzten angestachelte rebellische Wut nicht bremsen kann, sondern sie sogar auf eine andere Person überträgt, die ihm gerade unterkommt, zum Beispiel seinen Coach. Das kann ebenso eine innere Akteurin sein, die sich schon längere Zeit, vielleicht sogar zusammen mit anderen Anteilen, in einer als ausweglos erlebten Situation befindet und sich als Opfer fühlt. Gesteuert von dieser Akteurin wird die Person dazu neigen, sich selbst immer wieder als Opfer wahrzunehmen und sich in ihr altes Muster des Rückzugs zu flüchten.

In der Symbolik des Inneren Teams formuliert bedeutet das: Nicht das Oberhaupt, sondern eine andere Instanz hat das Gesetz des Handelns an sich gerissen. Sie dominiert jetzt mit stereotypem, hoch emotionalisiertem Verhalten das Handeln der Person und ist bis auf Weiteres nicht erreichbar. Das Oberhaupt, die innere Leitungs- und Steuerungsinstanz, hat ihren Platz im Zentrum des Bewusstseins verloren. Es ist vom Steuer auf den Beifahrersitz verdrängt worden. Dort hat es keinen Zugriff mehr auf Bremse und Lenkung, und es versucht, sich den Platz auf dem Fahrersitz zurückzuerobern. Dies gelingt dem Oberhaupt manchmal nur mit größter Mühe. Noch schwieriger ist die Lage, wenn die Steuerungsposition schon seit längerer Zeit von einem oder mehreren problematischen inneren Anteilen besetzt ist, die das Fühlen und Verhalten der Person bestimmen und die ihre Position bisher erfolgreich verteidigt haben. Es bedeutet dann einige Mühe, das Oberhaupt wieder in seiner angestammten Position zu installieren (vielleicht sogar verbunden mit psychotherapeutischen Interventionen; siehe Earley, 2014, S. 99 f.). Denn wenn es um eine dominant wirkende, traumatische Erfahrung aus der Vergangenheit gehen sollte, die jetzt bewältigt werden muss, gehört dies nicht zu den Aufgaben und Kompetenzen einer Coachin oder eines Coachs.

Zum Glück treffe ich in meiner Arbeit sehr selten auf derart tiefgreifend verstellte innere Situationen. Aber auch in Fällen wie dem von Herrn W., der sich aktuell nicht beruhigen kann und unverrückbar immer wieder seine stereotype Argumentation vorbringt, habe ich als Coach kaum eine Chance, ihn mit Argumenten zu erreichen. Er ist auf Autopilot geschaltet, mit sich selbst beschäftigt und kann jetzt schlicht nichts aufnehmen. Dennoch gibt es einige Erfolg versprechende Möglichkeiten der Intervention im Coaching.

Die erste Möglichkeit ist der Versuch, einfach nicht mehr zu kommunizieren, geduldig und freundlich dazusitzen, nichts zu sagen und abzuwarten, was passiert. Oft wird dem Coachee dann bewusst, in welcher Situation er sich befindet, und es gelingt seinem Oberhaupt, sich aus eigener Kraft wieder zurückzukämpfen. Dann kann ich den Kontakt mit ihm wieder aufnehmen und wir können weiterarbeiten.

Wenn der Coachee sich nicht selbst befreien kann und die Fehlbesetzung fortbesteht, helfe ich ihm vielleicht erfolgreich damit, dass ich nach einer Zeit der Stille sein Oberhaupt anspreche – von Oberhaupt zu Oberhaupt. Ich unterstelle einfach, dass sein Oberhaupt irgendwo in Hörweite zu finden ist und mir antwortet. Oft gelingt dies, und auch dann ist klar, dass wir weiterarbeiten können. Aber das Oberhaupt braucht eine Rückenstärkung, und damit sind wir auf eine wichtige Baustelle im Bereich der Selbstleitung gestoßen.

Wenn mir der Zugang zum Oberhaupt mit diesen Mitteln nicht gelingt, ist es einen Versuch wert, einen gegensätzlichen Anteil des Inneren Teams anzusprechen. Auf diese Weise mobilisiere ich eine innere Kraft, die den im Moment dominanten Anteil ausbalancieren kann, wenigstens zum Teil. Das funktioniert natürlich leichter, wenn ich den Coachee schon länger kenne. Damit eröffne ich seinem Oberhaupt die Chance, sich wieder ins Spiel zu bringen. Im Fall von Herrn W. hätte das so laufen können: Ich kenne Herrn W. als jemanden, der sich nicht so leicht unterkriegen lässt, er hat eine Seite, die am Ball bleibt und nicht so schnell aufgibt. Mit ein wenig Glück kann ich diese Seite von ihm ansprechen und das Gespräch auf folgende Art fortsetzen:

»Wie ich Sie kenne, haben Sie sicher schon einiges versucht, um mit dieser schwierigen Situation zurechtzukommen, Herr W.« Stille. Ich höre als Antwort: »Ja, das stimmt. Aber sehr erfolgreich war ich damit bei meiner Chefin nicht.« Und schon bin ich im Gespräch mit einem Gegenspieler. Vielleicht wird dadurch die Dominanz der rebellischen Seite unterbrochen und dem Oberhaupt das Zurückgewinnen seiner angestammte Leitungsposition erleichtert. Später dann ist ein gemeinsamer Einstieg von Coachee und Coach in die Arbeit an der Problemlage »Selbststeuerung in herausfordernden Situationen« möglich, wenn Herr W. dies will.

Die Arbeit mit Herrn W. nimmt einen anderen Verlauf: Die »Strategie der Stille« hat Erfolg, plötzlich wird ihm die Peinlichkeit seines Auftritts bewusst. Er entschuldigt sich und bittet um Verständnis für seinen Ärger und seine Verzweiflung. Und natürlich hat er ein Interesse daran aufzuklären, was eigentlich in solchen Situationen mit ihm passiert. Er bringt seine Situation so auf den Punkt: »Eigentlich geht es für mich so wirklich nicht weiter. Was ich da tue und geschehen lasse, tut mir nicht gut, und wie wir arbeiten, ist auch fachlich nicht professionell. Aber irgendwie geht es immer wieder weiter, ich sehe derzeit keine Alternative, es gibt seit Langem kein klares Ziel. Ich kämpfe oder wurschtle mich halt durch.«

Zwei *Themen* stehen für Herrn W. jetzt im Raum. Erstens: Was passiert eigentlich mit mir und was kann ich tun, wenn mir ein solcher Ausbruch unterläuft? Und zweitens: Welche Möglichkeiten habe ich, haben wir (als Kolleginnen und Kollegen) zur Veränderung der Situation in der Klinik? Mit welchen realistischen Zielen? Herr W. wählt das erste Thema für die jetzt folgende Aufstellung aus.

Der Prozess der Bearbeitung beginnt mit einer Erhebung des Inneren Teams und geht gleich danach in eine Aufstellung mit Inszenario-Figuren über. Im Zentrum des Geschehens steht *der hilflos-wütende Rebell*. Er ist schier am Verzweifeln: »Diese Frau regt mich richtig auf! Das kann doch nicht wahr sein, so kann es doch nicht ewig weitergehen! Der müsste man das Handwerk legen!« Seine Lage wird blockiert und weiter eskaliert durch eine andere Figur, *die dunkle Kassandra,* die weiß: »Das ist alles vergebliche Liebesmühe, wie schon so oft! Alles, was jetzt nötig wäre, kannst du sowieso nicht!« In sehr einsamer Position steht *der Veränderer, der nicht aufgeben will:* »Nein, das darf *wirklich* nicht wahr sein!« Aber im Moment des Ausbruchs ist er kaltgestellt und bleibt still.

»Es ist zwar jeden Tag sehr viel zu tun, praktisch ohne Pause, aber ich will halt wie jeder andere hier im Haus meine Aufgaben erfüllen, im Sinne unserer jungen Patienten. Da ist man nie fertig!« Mit diesen Sätzen meldet sich *der Belastete, der es gut machen will,* er schaut wie ein braver Bub auf die Erwartungen der Chefin, die er erfüllen möchte. Er wünscht sich sehr, gelobt zu werden. Schließlich meldet sich noch ein anderer Anteil mit dem Satz: »Alles halb so wild. Wir Therapeuten machen zwar öfter Dinge, die wir nicht richtig können, aber das ist ja schon länger so, auch in anderen Teams!« Und: »Die Chefin ist ja eigentlich nicht unvernünftig, irgendwie läuft's insgesamt doch ganz gut.« Der *»Es ist doch nicht so schlimm«*-Anteil kommt Herrn W. bekannt vor. Dieser stets abwiegelnde, harmonisierende Geselle, so werde ihm jetzt klar, spiele immer den Retter. Aber er sei ja eigentlich Teil des Problems: »Der ist es nämlich«, so sagt Herr W., »der den wütenden Rebellen immer wieder auf die Palme bringt und ihm den Stecker zieht.«

Beim ersten Blick auf die Situation des Inneren Teams wird deutlich: Die beteiligten Akteure scheinen sich gegenseitig zu neutralisieren und in Schach zu halten. Das Entgleisen *des hilflos wütenden Rebellen* lässt sich aus dieser chronisch blockierten inneren Lage gut nachvollziehen. Und nun, nach diesem Blick aus der Distanz, meldet sich noch ein weiterer Anteil: *der anspruchsvolle Vertreter der Werte.* Er war vorher nicht auf der Bühne und meldet jetzt seine Ansprüche an: Es gehe darum, so fordert ehr eindringlich, seine Grundsätze nicht aus den Augen zu verlieren und sich immer neu für sie einzusetzen!

Wie kann es gelingen, diesen statischen Zustand in Bewegung zu bringen? Wen sollte man zuerst ansprechen und versuchen, seine Situation zu verändern? Herr W. wirkt jetzt deutlich zuversichtlicher. Er meint, dass sich durch das Auftreten *des Vertreters der Werte* die Gewichte im Team verschieben könnten. Zur Fortsetzung in der folgenden Coaching-Sequenz hat er zwei Ideen: »Zuerst gehen wir ran an den Herrn *Ist doch nicht so schlimm.* Anschließend versuchen wir, *den Veränderer, der nicht aufgibt* aus seiner einsamen Position zu holen. Und dann sehen wir weiter.« In der Aufstellung fehlt noch Herr W. als *Oberhaupt.* Er positioniert es und scheint entschlossen, jetzt ins Geschehen einzugreifen: zuerst im Inneren Team und später vielleicht auch im Team der Therapeutinnen und Therapeuten.

Auch dieses Beispiel macht deutlich, dass über das reine Aufstellen des Inneren Teams schon einiges klar werden kann. Die Aufstellung entfaltet in aller Regel bereits für sich allein eine Veränderungswirkung und gibt Coachee und Coach Anstöße, interessante Hypothesen zu entwickeln und zu diskutieren. Häufig sind darüber hinaus aber noch weitere Interventionen notwendig, um an die Probleme des Teams zu gelangen und damit an eine vertiefende Arbeit mit einzelnen inneren Akteuren, wie ich sie im Folgenden beschreiben werde.

5.2 Möglichkeiten der Zusammenarbeit mit den inneren Anteilen

Wie im vorgestellten Fall steht nach einer Erhebung oder nach einer Aufstellung des Inneren Teams oft die Arbeit mit einzelnen seiner Vertreterinnen oder Vertretern an, um die Ursachen für ein äußeres Problem oder einen Konflikt im Inneren Team zu finden und zu bearbeiten oder um einen schwierigen Anteil anzusprechen und ihn für eine Veränderung zu gewinnen.

Zur Vorbereitung auf diesen Schritt bitte ich meine Klienten und Klientinnen gerne darum, mir zur Beschreibung der Anteile *eine kleine Geschichte über sie zu erzählen* (Was ist das für ein Anteil und was wissen Sie über ihn? Was hat er schon erlebt?). Manchmal ist dies der Beginn einer längeren Erzählung, mit der sich die Coachees ihr Inneres Team erschließen und immer wieder neue Anteile oder Abschnitte hinzufügen können, um sie in ein »Geschichtenbuch« einzutragen.

Für die vertiefende Arbeit mit einzelnen inneren Anteilen habe ich bereits zwei Techniken erwähnt: Entweder nimmt der Coachee, meistens begleitet und moderiert vom Coach, das *Gespräch mit einem oder mehreren seiner inneren Anteile* auf. Oder der Coach wird eingeladen, im Auftrag des Coachees in einen Dialog mit seinen Anteilen zu gehen. Dazu braucht er die Zustimmung der Anteile, die er ansprechen möchte. Damit *betritt der Coach die innere Bühne des Coachees* und gewinnt den direkten Zugang zu seinem Inneren Team. Beide Techniken des Dialogs ermöglichen auf unterschiedliche Art innere Veränderungsprozesse.

Eine dritte Möglichkeit ist ein schriftlicher Austausch im Inneren Team. Damit meine ich die Idee, nach der Erhebung den Kontakt des Coachees zu seinen inneren Anteilen nach der Coaching-Sitzung durch Methoden des kreativen Schreibens zu vertiefen. Diese Form der Kommunikation kann es dem Coachee erleichtern, mit seinen inneren Anteilen vertraut zu werden. Er entscheidet zunächst, welche Anteile ihn jetzt besonders interessieren oder beschäftigen. Dann versetzt er sich in einen von ihnen hinein und erhält den Auftrag, etwas für sich zu notieren oder einen Brief an das Oberhaupt oder an einen anderen Anteil zu schreiben, in dem er sich zu seinen Gedanken, Gefühlen und Wünschen äußert. Jetzt hat der Anteil die Möglichkeit, »sich alles von der Seele zu schreiben«. Natürlich kann der Coachee seinem Anteil auch antworten oder er holt *Statements* von verschiedenen Mitgliedern des Inneren Teams ein und kann sich mit seinem Coach darüber beraten. Eine solche schriftliche Vorbereitung schafft für die beiden genannten Dialogtechniken eine gute inhaltliche Basis. Außerdem hilft sie den inneren Anteilen, klar zu werden und auf den Punkt zu kommen. Auf diese Weise können sie ihre Gefühle beschreibend zum Ausdruck bringen, statt sie auszuagieren.

Die Identifikation des Coachees mit seinen inneren Anteilen beim Schreiben wird erleichtert, wenn er sich für jeden von ihnen einen anderen Platz sucht oder sich zumindest auf einen anderen Stuhl setzt. Nach einem ersten Versuch lassen sich solche *Statements* auch zu Hause als Vorbereitung einzelner Coaching-Sequenzen mit dem Inneren Team erarbeiten und einsetzen. Natürlich passt diese Art der schriftlichen Kommunikation nicht in gleicher Weise für jede und jeden Coachee.

5.2.1 Techniken des inneren Gesprächs

Bevor ich als Coach nach der Erhebung oder Aufstellung in die vertiefende Beratungsarbeit mit einzelnen inneren Anteilen einsteige, schlage ich meinen Coachees manchmal vor, zur Vorbereitung spielerisch einen ersten lebendigen Kontakt zu ihrer Innenwelt aufzunehmen. Ich bitte sie, sich einfach eine Situation ins Bewusstsein zu rufen, die sie noch beschäftigt: Welche inneren Anteile tauchen dazu auf? Jetzt können sie ihrer Neugier folgen, einen empathischen Dialog mit einem beliebigen inneren Anteil aufnehmen, seine Ausprägung und seine Rolle erkunden. Dieses erste Ausprobieren wird durch einen zweiten Stuhl für den ausgewählten inneren Anteil erleichtert: Der Coachee als Oberhaupt wechselt von seinem Stuhl auf den zweiten, versetzt sich dabei in den ausgewählten Anteil hinein und beginnt im Hin- und Herwechseln ein lockeres Gespräch. Der Kontakt mit dem Inneren Team gewinnt für den Coachee dadurch an Leichtigkeit und Anschaulichkeit, die Kommunikation mit den Akteurinnen und Akteuren wird authentischer – man lernt sich schon ein wenig kennen!

Nach dieser Vorübung kehren wir zum Beratungsthema zurück und der Coachee kann mit einem der inneren Anteile ins Selbstgespräch gehen. Er lässt diesen in seiner inneren Vorstellung auftauchen, spricht ihn an und versucht, einen Eindruck von ihm und seiner Einstellung zu gewinnen. Um den Kontakt mit zwei oder mehreren inneren Anteilen zu halten, schlage ich dem Coachee oft vor, ihre Standorte, ihre Positionen im Raum zu bestimmen und sie mit einer Moderationskarte zu markieren. Die Bewegung des Coachees zu den einzelnen Positionen gestaltet den Austauschprozess dynamischer: Sie lässt das Symbol der Theaterbühne im Beratungsraum entstehen, und das erleichtert es dem Coachee, zwischen den einzelnen Akteuren zu wechseln. Um bei dieser Form des inneren Gesprächs nicht ausgeschlossen zu sein, bitte ich den Coachee im Verlauf immer wieder darum, mir zu beschreiben, was geschieht und welche Botschaften er von seinen inneren Anteilen erhält. Ob sich dabei ein längeres Gespräch entwickelt, ist von Person zu Person und oft auch von Situation zu Situation sehr unterschiedlich. In der Regel darf ich als Berater auch Vorschläge machen, worüber sich der Coachee und sein innerer Anteil austauschen könnten. Auch eine Aufstellung mit Inszenario-Figuren und anderen Requisiten, wie ich sie beschrieben habe, ist eine gute Voraussetzung für Selbstgespräche.

Die Schritte des methodischen Vorgehens bestimme ich in der Regel in der aktuellen Situation zusammen mit dem Klienten. Schulz von Thun hat für die Bearbeitung innerer Konflikte ein Vorgehensmodell in fünf Phasen beschrieben, das als gutes Beispiel dienen kann (Schulz von Thun, 1998, S. 148 ff.): Zunächst identifiziert der Klient die Kontrahenten (1). Dann folgt die Selbstoffenbarung der Gegenspieler (2) – welche Positionen nehmen sie ein und was haben sie zu sagen? Darauf folgt die Dialogphase (3) – die Gesprächspartner setzen sich auseinander und geraten in Streit. Irgendwie und irgendwann kommen die Kontrahenten sich näher – in einer Phase der Versöhnung (4) können sie »einander als wichtige und vollwertige Ergänzungspartner anerkennen« (Schulz von Thun, 1998, S. 151). In einer Teamkonferenz unter Leitung des Oberhaupts (5) werden abschließend Vereinbarungen getroffen: Die Ergebnisse des inneren Dialogs werden ins Team und auf den Weg gebracht (vgl. auch Rohr, 2016, S. 26).

Diese Form der Kommunikation kann auf längere Sicht durchaus auch mühsam sein, denn sie zwingt den Coachee dazu, gleichzeitig sein Selbstgespräch zu führen, zu moderieren und dabei im Kontakt mit dem Coach zu bleiben, um ihn über die Entwicklung des Gesprächs auf dem Laufenden zu halten. Dennoch ist sie unentbehrlich, denn wir betrachten die inneren Anteile ja wie schon beschrieben als eigenständige Personen mit eigenem Charakter. Für meine begleitende Präsenz als Coach brauche ich dabei neben dem Einverständnis des Coachee-Oberhaupts immer auch die Zustimmung der betroffenen Anteile und ihre Bereitschaft, mit mir und mit dem Coachee zu arbeiten. Diese Zustimmung bitte ich den Coachee bei ihnen einzuholen. Darüber hinaus gibt es viele weitere Formen des Austauschs mit den inneren Anteilen.

Für sein Konzept der Gestalttherapie hat Fritz Perls (1974) die Methode des »leeren Stuhls« als Dialogtechnik entwickelt. Der Klient führt ein imaginäres Gespräch mit einer abwesenden Person: Er wechselt zwischen seinem eigenen und einem leeren Stuhl, identifiziert sich dabei mit dieser Person und spricht aus dieser Identifikation. Die zweite Form stellt eine Selbstbegegnung des Klienten dar: Er lässt zwei Seiten der eigenen Persönlichkeit in einen Austausch miteinander treten. Die Position beider Seiten ist durch zwei leere Stühle symbolisiert, zwischen denen der Klient hin- und herwechselt und auf diese Weise ein Selbstgespräch führt. Der äußere Wechsel der Sitzgelegenheit ist bei dieser Technik deswegen hilfreich, weil er den *inneren* Wechsel des Klienten von der einen zur anderen Seite seiner Persönlichkeit deutlich macht und unterstützt (Staemmler, 1995, S. 39 f.). Die Stühle symbolisieren seine inneren Seiten, sie machen es dem Klienten leichter, sich in seinem Selbstgespräch mit diesen Seiten zu identifizieren.

Staemmler bringt die Idee ein, Perls' Methode des leeren Stuhls auch szenisch umzusetzen, den Klienten also zu bitten, intuitiv die Position der Stühle im Raum zu bestimmen und dann das Befinden des inneren Anteils auch mit seiner Körperhaltung zum Ausdruck zu bringen. Damit führt er Elemente aus Jacob L. Morenos Psychodrama in die Arbeit mit dem leeren Stuhl ein. Mit ihren Dialogtechniken haben Perls und Staemmler methodische Vorlagen für die Arbeit mit dem Inneren Team im Coaching geschaffen, die sich dort gut umsetzen und weiterentwickeln lassen.

Bei meiner Arbeit mit der Technik des leeren Stuhls orientiere ich mich an einer bestimmten methodischen Schrittfolge, von der ich im Beratungsprozess nur selten abgehe:
1. Am Beginn steht die *Auswahl der inneren Anteile* oder des inneren Anteils, mit dem es ins Gespräch zu kommen gilt. Coachee und Coach sammeln die

Informationen über ihn, die sie schon haben, und rufen sich, wenn nötig, die Rolle ins Gedächtnis, die er im Kontext des Beratungsthemas hat.
2. Nun klären Coachee und Coach das *Ziel des Gesprächs* (z. B. den Anteil kennenlernen, für eine Aufgabe gewinnen, einen kritischen Punkt ansprechen …) und stellen Überlegungen an, wie es erreicht werden könnte.
3. Anschließend kann der Coachee die *Positionen der Stühle im Raum bestimmen:* die seines eigenen Stuhls (als Oberhaupt) und die des leeren Stuhls für den inneren Anteil oder die inneren Anteile, mit denen er sprechen möchte (Festlegung des Settings, das auch aus mehreren Stühlen für verschiedene Anteile bestehen kann). Der Coach zieht sich auf eine beobachtende Position zurück.
4. Jetzt entwickelt der Coachee in sich die Vorstellung, dass auf dem gegenüberstehenden leeren Stuhl ein ausgewählter innerer Anteil Platz nimmt. *Der Coachee spricht den inneren Anteil an,* begrüßt ihn und sagt oder fragt, was er ihm sagen oder ihn fragen will. Wenn es nur darum geht, etwas auszusprechen oder eine Botschaft zu vermitteln (Monolog), ist das Gespräch damit beendet.

5. *Der Coachee wechselt auf den Stuhl des Anteils,* der jetzt in einen Dialog einsteigt. Er nimmt sich Zeit, er setzt sich bewusst auf den Stuhl und kommt bei diesem Anteil an, fühlt sich dort ein. Erst dann sucht und äußert er seine Erwiderung. (Dieses bewusste Ankommen geschieht immer, wenn sich der Coachee zum ersten Mal auf einen Stuhl bzw. an den Platz eines inneren Anteils setzt.)
6. Jetzt kann der Dialog weitergehen und damit *der Wechsel des Coachees zwischen den Stühlen* des Oberhaupts und des inneren Anteils oder auch zwischen denen unterschiedlicher Anteile. Dabei ist der Coachee selbst der

Regisseur des Dialogs. Der Coach folgt ihm und kann ihn mit seinen Ideen oder Anstößen unterstützen (ich bleibe dabei grundsätzlich immer sehr defensiv, folge der Richtung und der Intuition des Coachees und mache dem Oberhaupt zwischendurch einen Formulierungsvorschlag – ich gehe nicht in die Rolle des Regisseurs).

7. Der Dialog endet immer mit dem *Abschlussstatement des Oberhaupts,* einer Äußerung des Coachees in seiner Position als Oberhaupt (abschließende Botschaft, abschließender Dank), mit der er die beteiligten Akteure aus dem Gespräch verabschiedet. Dabei geht es oft darum, etwas noch einmal auf den Punkt zu bringen oder festzulegen. Mit diesem Schritt signalisiert das Oberhaupt seine leitende Rolle.
8. *Coachee und Coach wechseln in eine »Metaposition«* – sie schauen mit Abstand auf das Geschehen, tauschen ihre Wahrnehmungen und Eindrücke aus und halten die wichtigsten Ergebnisse fest. Wenn Vereinbarungen mit inneren Anteilen entstanden sind oder sie dabei sind, ihre Rolle zu verändern, stellen Coach und Coachee Überlegungen an, welche Begleitung und welches Controlling dieser Prozess durch das Oberhaupt braucht. Dann bestimmen sie die nächsten Schritte oder schließen den Prozess ab.

Herr W. hat entschieden, dass er zuerst mit dem Anteil sprechen will, der »das alles nicht so schlimm« findet. Diesem gibt er jetzt den Namen *Der Harmonisierer, Verharmloser.* Er hat vor, sich erst einmal um Verständnis für dessen Haltung zu bemühen, um ihm später dann »ins Gewissen zu reden«, wie er sagt. Als er ihm auf dem Stuhl gegenübersitzt, spricht er ihn an und es kommt ein erster Austausch mit dem Oberhaupt und diesem Anteil zustande:

HERR W. (W): Hallo, ich glaube, es ist gut, dass wir endlich einmal wieder miteinander ins Gespräch kommen. Ist das okay für dich? Können wir anfangen? (Das Oberhaupt wechselt auf den Stuhl des *Harmonisierers, Verharmlosers* und richtet sich darauf ein.)

DER HARMONISIERER, VERHARMLOSER (H/V): Von mir aus, aber mit dem Namen, den du mir da gegeben hast, bin ich nicht einverstanden! Der klingt ja völlig negativ und abwertend! (Wechsel auf den Stuhl des Oberhaupts.)

W: Okay, das kann ich verstehen. Aber können wir das mit dem Namen erst mal vertagen auf den Schluss des Gesprächs?

H/V: Können wir machen. Aber worum geht's überhaupt? Mit irgendwas unzufrieden?

W: Sagen wir mal so: Wenn ich dich so höre, habe ich den Eindruck, dass du versuchst, die Spannungen, die es da immer wieder gibt, zum Beispiel mit der Chefin, irgendwie abzumildern, zu schauen, dass es da zu keiner Konfrontation kommt …

h/v: Das stimmt schon, da hätte ja auch niemand was davon. Die Chefin kommt ja selber immer schon angespannt in die Meetings, und ich hab ein Problem mit der eisigen Stimmung, die da immer wieder herrscht! Da geht's mir ganz schlecht.

w: Tja, wenn du dir das jetzt mal anschaust, wie erfolgreich bist denn du damit, die Stimmung zu verbessern?

h/v: Viel hilft es ja nicht, aber wenn ich nicht immer wieder eingreifen würde, wäre es noch viel schlimmer! Und ich habe die Angst, dass wir es uns mit ihr irgendwie versauen. Ich war richtig froh, dass dieser Ausbruch das letzte Mal erst kam, als sie schon wieder draußen war. Ich bin richtig erschrocken – wenn die das mitgekriegt hätte …

w: Und wenn die das mitgekriegt hätte – was wäre dann wohl passiert? Was meinst du?

h/v: Ich weiß nicht so recht – ein Showdown vielleicht! Auf jeden Fall die Beziehung ziemlich versaut, befürchte ich. Mit der Rolle als Teamleiter müssen wir sowieso immer den Kopf hinhalten. Die andern Therapeuten halten sich ja immer genauso raus – irgendwie ziemlich verfahren, die Geschichte. Deswegen müssen wir schauen, dass es nicht noch schlimmer wird. Das geht ziemlich an die Nieren!

w: Und du findest es eine gute Idee, das auf Dauer auszuhalten?

h/v: Nicht wirklich, wenn ich ehrlich bin – hast du eine bessere Idee?

w: Weißt du, ich will das nicht mehr so weitermachen! Wir müssen herausfinden, was geht, um die Situation zu verändern. Zuerst unter uns, im Team, und dann natürlich auch mit den anderen, mit den Therapeuten und Therapeutinnen. Ohne die wird nichts laufen! Wärst du bereit, mitzumachen?

h/v: Wieso ich? Eigentlich bin ich kein Kämpfer …

Jetzt zögert Herr W. und schaut auf mich als Coach. Ich sage ihm, dass er jetzt bloß nicht aufgeben soll! Dass er alle braucht, wenn er eine Veränderung erreichen will, und was er vom *Harmonisierer/Verharmloser* jetzt fordern könnte … – und er bleibt dran:

w: Ohne dich wird's nicht gehen! Wir brauchen alle! Und ich habe da schon eine Bitte, etwas, das du gleich tun kannst!

h/v: Wie, ich alleine?

w Eigentlich sollst du ab sofort was *lassen!* Ich wünsche mir, dass du diese Sätze lässt, mit denen du die Situation immer wieder beschönigst und verharmlost. Ehrlich, die sind richtig kontraproduktiv! Könntest du die zurückhalten und lieber gar nichts sagen? Traust du dir das zu? Eigentlich weißt du ja, dass die nicht stimmen …

(Es folgen die Fortsetzung und der Abschluss des Gesprächs.)

Auf diese Weise gelingt es Herrn W., mit dem *Harmonisierer/Verharmloser* einen Anfang zu machen, um eine Wendung in seinem Inneren Team herbeizuführen.

Dann spricht Herr W. mit *dem Veränderer, der nicht aufgeben will,* um diesen mit seiner Energie in die Mitte des Teams zu holen. Danach hat sich die Situation im Team deutlich verändert. Durch die Gespräche sei *der hilflos-wütende Rebell* ruhiger und gelassener geworden. Er sei zwar weiterhin rebellisch drauf, aber er fühle sich jetzt nicht mehr hilflos. Es bahnt sich eine neue innere Konstellation an, in der die starken Figuren näher zusammengefunden haben. Eine zweite Aufstellung des Teams macht deutlich, dass es vorangeht, und sie zeigt Ansatzpunkte für weitere Gespräche, die später folgen sollen.

In solchen Dialogen zwischen dem Coachee und einem inneren Anteil kann es immer wieder eine typische Störung geben: Ein innerer Akteur, dem der Verlauf des Gesprächs oder die ganze Geschichte nicht passt, drängt den Anteil, der gerade im Gespräch mit dem Coachee ist, unversehens auf die Seite und nimmt seine Position ein. Er übernimmt dessen Part im Dialog und versucht, den Dingen eine andere Wendung zu geben. Oft ist eine solche Rochade am Wechsel der Tonart oder der Körperhaltung des Coachees erkennbar, wenn er auf dem Stuhl eines Anteils sitzt. Ein entschlossener Akteur kann sogar versuchen, sich auf den Stuhl eines ungeübten, schwachen Oberhaupts zu setzen. Wenn der Coach darauf aufmerksam wird, kann er den Coachee ansprechen, damit er den »falschen« Akteur freundlich und klar auffordert, beiseitezutreten und Platz zu machen für den ursprünglichen Gesprächspartner. Damit hat der Coachee in der Regel Erfolg. Das Oberhaupt stärkt damit seine Position im Team und kann seine Rolle als Regisseur des Veränderungsprozesses behaupten.

Zum Schluss eines Selbstgesprächs nehmen Coachee und Coach Distanz zum Setting und reflektieren das Erlebte und seine Wirkung. Sie geben ihm seine Bedeutung für den laufenden Beratungsprozess, bevor dieser für diesmal abgeschlossen oder auf eine andere Weise fortgeführt wird.

5.2.2 Der Coach im Dialog mit inneren Anteilen des Coachees

Bei diesem Verfahren gehe ich als Coach selbst als Gesprächspartner in den Dialog mit Anteilen des Coachees. Diese Dialogtechnik geht über die eben beschriebene Methode des Selbstgesprächs hinaus: Der Coachee lädt den Coach ein, auf seine Bühne zu kommen und auf das Geschehen und die Dynamik des Inneren Teams einzuwirken. Er selbst vertritt die Anteile, die mit dem Coach ins Gespräch gehen. Diese Vorgehensweise eröffnet dem Beratungsprozess besondere Chancen: Während der Coachee bzw. sein Oberhaupt als Teil der inneren Teamdynamik und der inneren Kräfteverhältnisse in seinem Handeln stets eingeschränkt ist, kann der Coach über die dadurch gesetzte Grenze und damit über die »Komfortzone« des Coachees hinausgehen.

Als Coach bin ich unabhängiger, ich kann Schritte wagen, Themen ansprechen und Interventionsmöglichkeiten anwenden, die sich der Coachee selbst nicht zutraut oder zumuten will. So kann ich zum Beispiel eine offene Kommunikation im Team schaffen, Hindernisse beseitigen oder einen Weg für das Oberhaupt des Coachees bahnen und dabei meine Erfahrung in der Kommunikation und im Verhandeln im Interesse des Coachees zur Wirkung bringen. Wenn ich dabei das Vertrauen und den Auftrag des Coachees habe, kann ich jetzt das Vertrauen der angesprochenen inneren Anteile gewinnen. Voraussetzung dafür ist, ihnen allen im Beratungsprozess unvoreingenommen, fair und wertschätzend zu begegnen. Wenn mir das gelingt, kann ich mit meinen Interventionen Erfolg haben – oder eben auch nicht! Gleichzeitig achte ich darauf, dass ich das Oberhaupt des Coachees bei meiner Arbeit an seinen inneren Themen nicht verdränge oder dominiere. Es ist essenziell, dass die Klientin oder der Klient stets die Regie in den Auseinandersetzungs- und Entwicklungsprozessen behält, dass ich also immer in ihrem oder seinem Auftrag handle.

So hole ich mir vor der Arbeit mit den inneren Anteilen also immer den Auftrag und die Zustimmung des Coachees. Bei unserer Vorbesprechung werden – von wenigen Ausnahmen abgesehen – Ziele und Motive meiner Intervention transparent. Ich gehe dabei von der Vorstellung aus, dass das Oberhaupt und die betroffenen Teammitglieder spätestens im Moment meiner Kontaktaufnahme mit einem inneren Anteil präsent sind, das Geschehen begleiten und es genau beobachten. Um der Intervention eine Chance auf Erfolg zu geben, bitte ich das Oberhaupt zuvor, auch die Zustimmung des betroffenen Anteils einzuholen, wenn die Initiative für einen Kontakt mit dem Coach nicht sowieso von ihm ausgeht. Mit Zweifel, Vorbehalten und Misstrauen muss ich dabei durchaus rechnen, Nötigung oder Zwang werden die Angesprochenen aber verstimmen oder vertreiben.

Dies alles gilt natürlich besonders dann, wenn es um schwierige Anteile geht, die eine machtvolle Position im Team haben, die Situation dominieren oder den Coachee sogar bedrohen und verfolgen. Nicht ganz einfach ist das zuweilen bei verdeckten Akteuren, die bisher im Hintergrund blieben und dem Coachee nicht offen gegenübertreten wollten oder konnten. Mein Auftrag ist zunächst immer ein Erkundungsauftrag. Mein Ziel ist es, Kontakt zu dem betreffenden Anteil aufzunehmen, ihn mit seinen Einstellungen und Motiven kennenzulernen und Vertrauen für unser weiteres Zusammenwirken aufzubauen. Dann kann ich später womöglich in Verhandlungen mit ihm treten oder ihn für ein Vorhaben gewinnen, für das der Coachee seine Unterstützung braucht. Im Kontakt mit verletzten, womöglich traumatisierten Anteilen bin ich besonders zurückhaltend und vorsichtig.

Beim längeren Zusammenwirken mit den inneren Anteilen werden wir oft miteinander vertraut, wobei sich erstaunliche Veränderungen und Wandlungen ergeben können. Ich bin also immer auf Überraschungen gefasst. Besonders ein drücklich war für mich die Begegnung mit einem machtvollen inneren »Geheimdienstchef« im Inneren Team einer älteren Klientin, der seine Kräfte schwinden sah und sich sehr nach einer Entlastung sehnte. Nach und nach konnte er sich aus seiner Rolle als kritischer Beobachter befreien. Er spielte nicht länger den unheimlichen Undercoveragenten und wurde als eine Art Elder Statesman zu einem erfahrenen Begleiter im lebensphasenbedingten Übergangsprozess der Klientin.

Auch beim Dialog des Coachs mit einem inneren Anteil folgt der Prozess einer klaren Struktur:
1. Coachee und Coach identifizieren den inneren Akteur, der für einen Dialog mit dem Coach infrage kommt. Es können auch mehrere sein.
2. Sie bestimmen das Ziel der Intervention und wägen ab, ob eine Beauftragung des Coachs mit einem Dialog eine Option mit guten Chancen sein könnte. Der Coachee prüft sich selbst, ob er dem Coach den Auftrag erteilen will, der Coach prüft, ob er das für einen guten Weg hält.

3. Der Coachee holt die Zustimmung seines inneren Anteils ein. Wenn dieser zu einem Gespräch bereit ist, erteilt der Klient dem Coach den Auftrag und bestimmt in dem Setting den Platz bzw. den Stuhl der inneren Person im Raum.
4. Der Coachee verlässt seinen Stuhl und setzt sich auf den Platz seines inneren Anteils. Er stellt sich vor, jetzt dieser Anteil zu sein, und nimmt dessen Haltung ein: Der Coachee wird zu dieser inneren Person. Der Dialog kann beginnen.

5. Der Coach nimmt Kontakt mit dem ausgewählten Anteil auf, lässt sich dessen Bereitschaft zum Gespräch noch einmal bestätigen und bedankt sich dafür. Dann schneidet er das vereinbarte Thema an und beginnt mit seiner Erkundung bzw. seinem Auftrag. Er geht in einen offenen Prozess und ist im Rahmen seines Auftrags frei in der Gestaltung des Dialogs.
6. Am Ende bedankt und verabschiedet er sich und bittet den Coachee, wieder seinen ursprünglichen Platz als Oberhaupt einzunehmen. Der Stuhl des Anteils wird zur Seite gestellt.
7. Coach und Coachee reflektieren das Erlebte, lassen es ins Coaching einfließen bzw. beenden den Beratungsprozess.

Wenn sich nach einem Dialog zwischen einem inneren Anteil und dem Coachee die Rolle der inneren Person grundsätzlich verändert, braucht diese einen neuen Auftrag. Dieser wird ausgehandelt, formuliert und ausgesprochen, der alte Auftrag wenn nötig zuvor aufgehoben. Coachee und Coach überlegen anschließend, welches Training und welches Controlling notwendig sind, damit die Veränderung sich beim inneren Anteil einprägen kann und Bestand hat.

Frau R., eine junge Lehrerin mit den Fächern Deutsch und Englisch an einem Gymnasium, unterrichtet seit einem halben Jahr eine fünfte Klasse, mit der sie sehr gut zurechtkommt. In ihrer fachlichen und erzieherischen Arbeit hat sie die volle Anerkennung und Unterstützung ihrer strengen, genauen Schulleiterin. Was ihre Selbstorganisation betrifft, fürchtet sie allerdings deren kritischen Blick. Immer wieder versäumt oder überzieht Frau R. Termine, lässt Eltern lange warten oder hat immer genau die Unterlagen zu Hause liegen lassen, die sie jetzt dringend brauchen würde. Ihr Arbeitsplatz im Lehrerzimmer spiegelt das alltägliche Chaos, das Frau R. nicht in den Griff bekommt.

Als die kritischen Rückfragen und Rückmeldungen ihrer Chefin in immer dichterer Folge kommen, bringt Frau R. das Thema in die Supervision ein. Sie müsse jetzt langsam nicht nur die Kinder, sondern auch schon sich selbst beaufsichtigen, hatte ihre Chefin signalisiert. Frau R. fürchtet, ernstlich »in Ungnade zu fallen«, wie sie es ausdrückt. Ihr Thema heißt: »Was müsste geschehen, damit ich in der Schule dauerhaft aus der Schusslinie komme?«

Neben einer *trotzig Schimpfenden,* die aus der Adoleszenz zu stammen scheint und die Chefin anpflaumt, treffen wir schnell auf *die Schusslige, der dauernd was danebenläuft.* Die sei nicht zu verändern, so beharrt Frau R, mit der hätte sie sich schon ihr ganzes Leben lang vergeblich herumgeschlagen. Dieser Anteil würde immer nur Verständnis und Vergebung suchen, sich aber keinen Schritt verbessern. Rückendeckung erhält *die Schusslige* von einer verschleiernden, ablenkenden und rationalisierenden Akteurin, hinter der sich *die Schusslige* versteckt, Frau R. nennt sie selbstkritisch *die Gesundbeterin.* Diese will sie als Erste ins Gespräch mit dem Coach bringen, denn sie sei raffiniert und ihr falle immer etwas zur Entlastung *der Schussligen* ein. Immer wieder entzöge sie sich Frau R.s Einfluss. *Die Gesundbeterin* stimmt dem Gespräch zu und setzt sich bereitwillig auf einen Stuhl dem Coach gegenüber. Der Stuhl von Frau R. bleibt in seiner Position, er symbolisiert die Präsenz des *Oberhaupts.*

Der Dialog:
COACH (C): Ihr Oberhaupt hat mich gebeten, ins Gespräch mit Ihnen zu gehen. Frau R. ist offenbar bei ihrer Chefin in die Schusslinie geraten. Es geht um ihre Genauigkeit und Verlässlichkeit. Hier würde sie gerne ein Stück vorankommen, so habe ich verstanden, um ihre Position in der Schule nicht zu gefährden. Sie meint, Sie würden dabei eine wichtige Rolle spielen.
GESUNDBETERIN (G): Wichtige Rolle, na ja, so dramatisch sehe ich die Lage nicht. Die Schulleiterin ist ja so eine Obergenaue. Wenn die den Blick auf einen wirft, da wird man ja erst richtig nervös! Kein Wunder, dass da mal was danebengeht.
C: Aber ein Problem ist das schon, oder?

G: Ich muss zugeben, dass sich das in letzter Zeit etwas gehäuft hat, ist ja verständlich am Ende des Schuljahrs, die ganzen Korrekturen, noch letzte mündliche Noten, Zeugnisdaten zusammenstellen, da muss jeder eigentlich schon Verständnis dafür haben.
C: Aber jetzt macht sie sich offenbar richtig Sorgen!
G: Eigentlich müsste man sie jetzt eher unterstützen, als sie in Bedrängnis zu bringen. Das finde ich nicht fair von ihrer Schulleiterin!
C: Sie scheinen ja die Aufgabe zu haben, Frau R. vor ungerechtfertigten Angriffen zu schützen, sie vielleicht auch zu beruhigen?
G: Das ist sicher nicht falsch. In gewissem Sinn ist man ja heute den Vorgesetzten ausgeliefert, sogar in der Schule, wo eigentlich jeder seine pädagogische Freiheit haben müsste. Überall Stress und zunehmende Gängelung und Kontrolle, auch bei uns in der Schule! Das kann doch nicht wahr sein!
C: Und haben Sie den Eindruck, Sie können Frau R. unterstützen?
G: Schon, irgendwie. Ich kann sie ja immer wieder beruhigen.
C: Aber gerade scheinen Sie mit dieser Strategie nicht mehr weiterzukommen. Ihre Chefin, so sagt Frau R., werde immer ungeduldiger und ungnädiger. Sie solle sich endlich besser organisieren! Viel könne sie sich jetzt nicht mehr leisten, meint sie. Wie könnten Sie ihr denn da helfen?
G: Tja … da fällt mir jetzt auf die Schnelle nichts ein. Jetzt kommen ja erst mal die Ferien …
C: Ich habe da eine Vermutung, über die ich gerne mit Ihnen sprechen würde, darf ich Ihnen die mitteilen?
G: Schon, wenn Sie meinen …
C: Sehen Sie, Sie wollen Ihrem Oberhaupt bei diesem Problem der Schusseligkeit helfen, wollen verhindern, dass es in echte Schwierigkeiten kommt. Meine Überlegung ist aber, dass Sie trotz Ihres guten Willens eher das Gegenteil bewirken. Ich habe den Eindruck, dass Sie dazu neigen, die zugespitzte Lage zu beschönigen und Frau R. eher darin bestärken, es weiter so laufen zu lassen. Ich meine, das hilft ihr in dieser Situation nicht, im Gegenteil, das ist sogar gefährlich! Sehen Sie, sie nennt Sie ja schon die »Gesundbeterin«!
G: Hmh. Glauben Sie wirklich? Jetzt weiß ich auch nicht mehr, was ich tun soll … Jetzt bin ich wirklich ratlos. Es wird schon nicht so schlimm sein …
C: Es wird schon nicht so schlimm sein?
[…]

Bis hierher ist in diesem Fall noch nichts Entscheidendes erreicht. Es ist dem Coach immerhin gelungen, der *Gesundbeterin* ihre problematische Rolle zu verdeutlichen, sie für den Moment zu irritieren und aus ihrer eingefahrenen Spur zu bringen.

Damit hat er eine erste, wichtige Voraussetzung für den Prozess der Veränderung geschaffen, ohne bei seiner Konfrontation aus der Wertschätzung zu gehen und die *Gesundbeterin* zu verlieren. Offenbar scheint sie den Auftrag zu haben, als Wächterin die *Schusslige* zu schützen. Für einen wirklichen Wandel braucht es aber noch weitere Schritte. Ist die *Schusslige* vielleicht besser erreichbar und beeinflussbar, wenn sich die *Gesundbeterin* nicht mehr ständig vor sie stellt und alles vernebelt? Dazu entsteht eine weitere Idee: Ließe sich vielleicht die Leitungsfähigkeit der *guten, konsequenten Pädagogin,* die in Frau R. steckt, für die Führung ihres Inneren Teams und für eine verbesserte Selbstorganisation mobilisieren? Dieser Anteil hält sich bisher noch völlig im Hintergrund.

Wenn eine Rollenveränderung gelungen ist (vielleicht will sich die Gesundbeterin nach einem weiteren Dialog bei der Problematik der Schussligen zurückhalten und sich aus dem Spiel nehmen), dann braucht es in der Regel eine Zeit der Einübung in die neue Rolle, in der das Oberhaupt den betreffenden Anteil im Auge behält, seine Fortschritte unterstützt und überprüft und dabei beobachtet, welche Wirkungen die Veränderung auf andere Teammitglieder hat.

Auch bei meinem Dialog mit inneren Anteilen des Coachees kann ich anstelle der festgelegten Positionen der Stühle »die Bühne eröffnen« und den Coachee bitten, sie für meine Begegnung mit den angesprochenen inneren Anteilen einzurichten. Welcher der Anteile steht oder sitzt wo (der Ort wird markiert)? Wer ist sonst noch im Raum? Für die Positionierung des Oberhaupts kann vor der Bühne ein Beobachterstuhl aufgestellt werden. Wenn jetzt ein Dialog beginnt, kann der Coachee sein Inneres Team in Szene setzen: Er inszeniert und spielt sich selbst, indem er im Wechsel die Positionen und die Haltungen unterschiedlicher Anteile einnimmt und mit mir als Gast auf der inneren Bühne in einen Austausch tritt. Wenn sich der Coachee als einer seiner inneren Spieler auf der Bühne bewegt, geht er den Schritt vom Reden zum Handeln: Kleine psychodramatische Szenen können entstehen und ihre Dynamik entfalten. Damit werden für darin geübte Coachs Psychodramatechniken wie Doppeln, Spiegeln oder Rollentausch einsetzbar (Rosenbaum u. Kroneck, 2007, S. 78). Die mit den inneren Anteilen vereinbarten Rollenveränderungen können praktisch erprobt und eingeübt werden. In der Verbindung des Inneren Teams mit Morenos Psychodrama liegt nach meinem Eindruck viel Potenzial zur Gestaltung von persönlichen Entwicklungs- und Veränderungsprozessen, das noch lange nicht erschlossen ist.

Es ist deutlich, dass sich durch den Dialog mit einzelnen inneren Anteilen immer auch die Gesamtkonstellation im Team verändert. Dadurch eröffnen sich weitere Möglichkeiten, aus denen Coachee und Coach eine Strategie für die Lösung des Problems und die nachhaltige Veränderung des Inneren Teams entwickeln können. Welche Verbindungen und Abhängigkeiten sind bei der Aufstellung und beim Dialog sichtbar geworden? Welcher nächste Schritt bietet sich an? Wo können Coachee und Coach im Inneren Team Rat und Unterstützung für das angestrebte Ziel finden? Wie also könnte ein *systemischer Prozess der Veränderung* im Sinne einer Teamentwicklung gestaltet werden?

Wichtig beim Dialog mit den inneren Anteilen ist immer, auf das bestehende System, auf die etablierten Verbindungen und Abhängigkeiten zu achten: Wer stärkt oder beschützt wen? Wer steht in Abhängigkeit zu wem? Beschützerinnen und Wächterfiguren leiden oft an ihrer Situation und an ihrer Rolle, die sie häufig als einen selbstverständlichen Auftrag verstehen. Dieser besteht meist seit langer Zeit und hat seinen Sinn, mit dem er verbunden war, eventuell inzwischen verloren. Die *gute Absicht,* die die Beschützerfigur leitet, wird schon lange verfehlt. Aber die Beschützerin oder Wächterin sieht keinen Weg, ihre Rolle aus eigener Kraft zu verlassen, dem Zwang des alten Auftrags zu entgehen und ihren Weg in die Gegenwart zu finden. Im Fall von Frau R. handelt es sich vielleicht um die Teamrolle der »ungeschickten Verteidigerin«, wie sie Angelika Rohwetter beschreibt (2015, S. 26). Sie hat aber auch Ähnlichkeiten mit Jochen Peichls »innerem Angreifer« (2014, S. 108), der seine Aufgabe darin sieht, auf ablenkende, aggressive Art die Person vor dem Risiko der Veränderung zu bewahren.

Auch wenn ich als Coach mit einem Ziel, vielleicht sogar mit einer Strategie in solche Dialoge gehe, muss ich stets offen sein für das, was passiert. Innere Personen leben in ihrer eigenen Welt. Sie suchen Aufmerksamkeit und Verständnis. Ihre Rollen und ihre ursprünglichen Aufträge sind im Hier und Heute oft widersprüchlich und paradox in ihrer Wirkung. Selbst wenn sie manchmal völlig sinnlos und kontraproduktiv geworden sind, wünschen sich die Beschützerinnen und Wächterfiguren, dass der Coach und das Oberhaupt die erbrachten Anstrengungen und das erlebte Leiden sehen und anerkennen und sie zunächst so annehmen, wie sie sind. Dann erst werden sie sich für eine Veränderung öffnen. Wenn sie auf eine konstruktive, wertschätzende Art mit ihren Wirkungen konfrontiert werden, wenn Coachee und Coach ihnen neue Möglichkeiten eröffnen und ihnen ihre alte Zwangsaufgabe abnehmen, entwickeln sie die Bereitschaft, eine neue, sinnvolle Rolle für sich auszuhandeln.

Dieser Prozess braucht Zeit und das Oberhaupt des Coachees hat immer die Führung. Als Coach unterstütze ich den Klienten als sein Beauftragter, ich bin als Dolmetscher, als »ehrlicher Makler« oder als Schlichter im Team unterwegs. Ich kann meine Wahrnehmungen, Hypothesen, Vermutungen und Befürchtungen gegenüber den inneren Anteilen offen zur Sprache bringen. Dabei muss ich jedoch die Realität des Coachees akzeptieren: seine äußeren Möglichkeiten und Grenzen und diejenigen, die im System seines Inneren Teams liegen. Wie bereits zitiert: »Freie Entscheidung geschieht innerhalb bedingender innerer und äußerer Grenzen. Erweiterung dieser Grenzen ist möglich« (Cohn, 1975, S. 120). Abwertung, Druck und Tricks in der Arbeit mit Wächterfiguren sind kontraproduktiv, sie kosten den Coach seinen Ruf und sein Einfluss beim Inneren Team schwindet.

5.2.3 Trainingssituationen: Der Coach als Sparringspartner

Wenn der Coachee in der Konfrontation mit seinen inneren Anteilen *selbst* etwas wagen und zum Ergebnis bringen kann, ist das meistens besser, als wenn es der Coach für ihn versucht. Vor diesem Schritt stehen oft Ermutigung und Training. Dazu kann ich als Coach eine Methode vorschlagen, die ich persönlich nicht häufig wähle: Ich folge einer Idee von Susanne Hedlund (2011) und wage den Schritt in ein *Rollenspiel* mit meinem Klienten – dazu muss ich natürlich mit der Methode des Rollenspiels vertraut sein. Es geht dabei um ein Probehandeln. Als Coach kann ich den Part eines inneren Anteils übernehmen, den ich gut kenne. Ich *spiele* diesen Anteil und werde damit zum Sparringspartner des Coachee-Oberhaupts. Wichtig ist mir: Bei einem Rollenspiel handelt es sich *nicht* um eine authentische Begegnung des Coachees mit einem seiner inneren Anteile! Der Coach kann niemals einen Anteil des Coachees verkörpern, er kann nur versuchsweise vorspielen, welche Herausforderung der Anteil für den Coachee darstellen könnte. Damit stellt er dem Coachee eine Trainingsaufgabe, an der er seinen Mut erproben und seine Dialogwerkzeuge schärfen kann.

Nehmen wir an, Frau R. aus dem obigen Fallbeispiel hätte sich entschlossen, ihre *trotzig Schimpfende* als nächste Dialogpartnerin auszuwählen. Coach und Coachee haben beratschlagt, welche Botschaft es zu vermitteln gilt und welche Herangehensweise bei dieser Akteurin voraussichtlich Erfolg versprechen könnte: Was möchte die Coachee klären und erkunden? Womit möchte sie die Akteurin konfrontieren und welche veränderte Rolle, welche sinnvolle Aufgabe könnte für sie ein Angebot darstellen? Danach kann das Training beginnen, der Coach nimmt ihre Position ein, spielt ihre Rolle und steuert im Dialog den Grad der Anforderung an die Coachee. Anschließend erhält sie Feedback und versucht vielleicht, in einem weiteren Trainingsdurchgang das eine oder andere noch besser zu machen.

Zum Schluss arrangiert die Coachee das Setting für ihren Dialog mit *der trotzig Schimpfenden* und geht im Wechsel zwischen den Stühlen in das wirkliche, authentische Gespräch mit ihr. Natürlich läuft alles ganz anders als im Rollenspiel, aber das Training war ein Sprungbrett, um die Hürde zu überwinden, die wertschätzende Konfrontation zu wagen und einen ersten guten Austausch zu erreichen.

Bei solchen Rollenspielen können die Klientin und ich als ihr Coach die von ihr gezeigten Handlungsmuster und Handlungsgrenzen kennenlernen, um im weiteren Coaching daran zu arbeiten. Im Trainingsprozess wird die Klientin spielerisch herausgefordert, ermutigt und in ihre Ressourcen geführt. Hedlund (2011, S. 94) hat dazu eine Übungssequenz entwickelt und ausführlich beschrieben, wie der Klient zunächst die Rolle seines inneren Anteils übernimmt und sich in diesen einfühlt (hier ein Kritiker, Saboteur oder Antreiber). Die Therapeutin spielt zugleich beispielhaft die Rolle seines Oberhaupts. Später wechseln die Rollen: Die Therapeutin geht spielerisch in die Rolle des inneren Anteils und der Klient »imaginiert sein gesundes Ich« (2011, S. 95), er grenzt sich von den Zumutungen des inneren Akteurs ab und versucht, ihn von einer Verhaltensänderung zu überzeugen.

Solche vorbereitenden Rollenspiele sind sinnvolle und oft kurzweilige, humorvolle Ergänzungen der schon beschriebenen Dialogformen und sie betonen die spielerischen, leichten Elemente eines Beratungsprozesses mit dem Inneren Team. Mit der tatsächlichen Begegnung von Coach oder Coachee mit inneren Anteilen darf das Rollentraining aber keinesfalls verwechselt werden.

5.3 Innere Spannungen und Polaritäten angehen

Als Polarität bezeichnen wir eine Situation im Inneren Team, in der sich zwei oder mehrere innere Anteile mit gegensätzlichen Interessen und Einstellungen gegenüberstehen. Sie stellen also zwei antagonistische Pole dar, sie halten jeweils unverrückbar an ihrer Position fest, und das oft schon seit längerer Zeit. Die Starrheit der einen Seite stabilisiert dabei die Unverrückbarkeit der anderen Seite. Geht es um wichtige, starke innere Spieler, nimmt die Person diese Situation als Ambivalenz, als stetige Unentschlossenheit wahr und erlebt sie als eine dauernde innere Spannung, die sie nicht auflösen kann: Wie ich es mache, ist es falsch! Dabei kann es sich um ein einzelnes wichtiges Thema handeln, aber möglicherweise ist die Polarität schon zu einer grundsätzlichen geworden: Beide Seiten finden immer neue Themen und Anlässe für ihr Gegeneinander, und das kostet Kraft und Nerven.

Das Oberhaupt, die Leitungs- und Steuerungsinstanz der Person, steht zu dieser Polarität in einer dritten Position: Es ist herausgefordert, eine Lösung zu finden oder eine Entscheidung zu treffen. Häufig aber ist es ebenso blockiert oder hat gar schon völlig resigniert. Oft steht der Rest des Inneren Teams vor dieser Polarität wie das sprichwörtliche Kaninchen vor der Schlange. Nichts geht mehr. Dann wird das Thema verschoben und taucht meist in Abständen immer wieder auf.

Frau B., eine alleinstehende, gut vierzigjährige Supervisandin, ist Leiterin der neurologischen Station eines städtischen Krankenhauses. Sie bringt ein persönliches Thema ein. Sie fühle sich seit Jahren von Konflikten in ihrer Herkunftsfamilie beeinträchtigt. Ihre Eltern seien schon immer heftig mit ihrem Onkel zerstritten, dem Bruder ihres Vaters, zu dem sie vor Jahren den Kontakt abgebrochen hätten. Sie selbst habe eine gute und sehr persönliche Beziehung zu ihrem inzwischen über 75-jährigen Onkel, der allein lebe und nicht mehr so recht gesund sei. Ohne dies »an die große Glocke zu hängen«, sei sie häufiger bei ihm zu Besuch als bei ihren Eltern und könne mit ihm wunderbare Gespräche führen. Sie sei dankbar dafür, wie gut sie sich von ihm verstanden fühle, und sie wisse, dass sie auch für ihn wichtig sei.

Jetzt habe er ihr angedeutet, dass er sie als seine Nachlassverwalterin (auch als seine Erbin?) auswählen und ihr eine Vorsorgevollmacht erteilen wolle. Seither lasse sie dieses Thema nicht mehr in Ruhe und beeinträchtige sie in ihrer Konzentrationsfähigkeit. Sie fühle sich unter einem Druck, ihren Eltern das gute Verhältnis zum Onkel endlich offenzulegen – dahinter stecke eine *loyale, familiär gebundene* innere Person. Frau B. fühlt sich aber auch ihrem Onkel verpflichtet, der viel für sie tue – hier meldet sich eine *fürsorgliche, faire* innere Figur. Gleichzeitig spürt Frau B. eine Angst, dass sie den mühevoll gewonnenen Frieden mit den Eltern gefährden könnte. Mit ihnen hat sie in der Vergangenheit manche Phasen der Konflikte und des Liebesentzugs erlebt. Genauso aber fürchtet eine *harmonie- und liebesbedürftige* Seite in ihr die Enttäuschung des Onkels, sollte sie sein Angebot ausschlagen. Eine *wütende* innere Person schließlich sucht ihr Heil offenbar im Ausbruch und in der Flucht: »Euer Scheißkonflikt geht mich überhaupt nichts an! Da lasse ich mich nicht wieder reinziehen!« Diese Form einer wütenden Regression ist Frau B. schon vertraut, sie kennt sie als eines ihrer alten Überlebensmuster, das sie eigentlich schon längst überwunden glaubte.

In solchen Konstellationen ist die Einberufung und Befragung einer Versammlung der betroffenen inneren Anteile einen Versuch wert, aber meistens erweist sie sich nicht als Erfolg versprechende Option. Denn es wirkt schnell so, als wenn ein Konflikt an die Öffentlichkeit getragen wird, und zu den bestehenden Problemen kommt noch das der Gesichtswahrung beider Seiten hinzu. Die betroffenen Anteile werden sich coram publico eher auf eine taktische, ihre Position verteidigende Argumentation verlegen. Auch der kollektive Druck eines Inneren Teams auf seine polarisierten Anteile wirkt in der Regel kontraproduktiv. Die Verantwortung für eine Auflösung der Blockade liegt nun bei den polarisierten Anteilen und dann beim Oberhaupt. Es ist jetzt gefordert und muss sich aus seiner Lähmung oder seiner Ambivalenz lösen und ins Handeln kommen.

Das Oberhaupt ist damit der erste Absprechpartner des Coachs, und es gelingt ihm vielleicht, mögliche Lösungswege aufzuzeigen und es davon zu überzeugen, in die Rolle einer Mediatorin oder einer Schlichterin zu gehen und eine allparteiliche Haltung zu den Beteiligten einzunehmen. Wie aber kann es dem Oberhaupt gelingen, das feindliche Klima so weit zu entspannen, dass die Protagonisten beginnen können, aufeinander zuzugehen? Die Situation am Beginn des Bearbeitungsprozesses ist wie bei einer Konfliktmediation oder bei einem Schlichtungsprozess: Es ist völlig offen, wie das Ganze ausgehen wird.

Ziel des Prozedere ist es, die polarisierten Teile in einen »True Dialogue« zu bringen (Earley, 2012, S. 61), in einen Austausch, bei dem die Beteiligten bereit sind, ihre taktische Kampfposition zu verlassen, Verständnis für die Lage des anderen Anteils oder der anderen Seite zu entwickeln und zu prüfen, was sie anbieten und tun können, um aus der Polarisierung heraus gemeinsam einen pragmatischen Weg zu finden. Die Rolle des Coachs ist es dabei, dem Oberhaupt den Rücken zu stärken und es zum konkreten Vorgehen im Lösungsprozess fachlich zu beraten. Expertise und Erfahrung bei der Konfliktberatung und Vermittlung sind dabei sehr hilfreich (z. B. Glasl, 2004, S. 313 ff.).

Der erste Schritt ist immer die Klärung des Feldes (vielleicht mithilfe einer Inszenario-Figuren-Aufstellung): Um welche Frage geht es? Wer vertritt die polarisierten Positionen im Inneren Team? Wie stellen sich die Anteile dazu, die sich in einer Erhebung gemeldet haben? Und welche Position hat das Oberhaupt selbst?

In einem zweiten Schritt verfolgt das Oberhaupt das Ziel, sich selbst und die nicht direkt betroffenen Teile auf eine allparteiliche Haltung zu verpflichten. Es bittet diese, beiseitezutreten (Veränderung der Aufstellung) und eine innere Haltung einzunehmen, die eine faire, realistische Lösung unterstützt. Statt Partei zu ergreifen, werden sie zusammen mit dem Oberhaupt zu Promotoren einer guten Lösung: für beide Seiten und für das Innere Team insgesamt.

Im dritten Schritt geht das Oberhaupt (oder von ihm beauftragt unter Umständen auch der Coach) wie oben beschrieben in das Selbstgespräch oder in den Dialog zuerst mit der einen, dann mit der anderen Seite. Wieder beginnt der Prozess mit dem Erkunden und Verstehen jeder Seite aus einer allparteilichen Haltung heraus. Zum Gelingen braucht er aber auch das Element einer konstruktiven, wertschätzenden Konfrontation, bei der die Folgen eines Nichtgelingens verdeutlicht werden, um den polarisierten Anteil aus einer taktischen in eine lösungsorientierte, kreative Haltung zu führen und sie dort zu verankern.

Dann ist der Weg frei für den vierten Schritt, den *True Dialogue,* bei dem die Anteile, moderiert vom Oberhaupt und begleitet vom Coach, in einem entsprechenden Setting aufeinander zugehen und einen gemeinsamen Ausweg aus der polarisierten Situation finden und sich auf diese Lösung verständigen können. Wenn die Positionen nicht von vornherein schon extrem verhärtet und die Beziehungen der Anteile zueinander noch intakt sind, kann auch auf die Einzeldialoge (dritter Schritt) verzichtet werden, um nach dem zweiten Schritt gleich in einen *True Dialogue* zu gehen.

In Kombination mit diesen Schritten lässt sich bei der Bearbeitung von Polarisierungen auch gut die Methode eines *schriftlichen Dialogs* einsetzen. Der Coach unterstützt den Coachee dabei, den Briefwechsel mit Fragen und Aufgaben anzuleiten und zu strukturieren, wobei der Coachee sich natürlich auch selbst in den Austausch einschalten kann. Nicht immer lassen sich Polaritäten auf diesen Wegen auflösen. Hinter den direkt Beteiligten könnten zum Beispiel auch verdeckte oder versteckte verletzliche Anteile stehen, die sich in einem Schutz- oder Loyalitätsverhältnis zu den polarisierten Teilen befinden und die verhindern können, dass es zu einer schnellen Auflösung der Polarität kommt.

Dann werden sich Coachee und Coach Gedanken darüber machen müssen, ob eine Einbeziehung dieser Anteile in den Lösungsprozess möglich ist oder aber wie es dem Inneren Team und seiner Leitungsinstanz gelingen kann, mit diesen Polaritäten zu leben.

5.4 Strategien zur Integration innerer Kritiker und Saboteure

Der innere Kritiker und seine Verwandten sind uns schon in Kapitel 3 begegnet. Jochen Peichl hat in seinem Ratgeber zu diesem Thema einen »Steckbrief des inneren Kritikers« erstellt: »Gesucht wird ein Kopfbewohner, der als der erbittertste Feind des Selbstmitgefühls gilt, der nie ein gutes Wort für uns übrig hat und uns auf Schritt und Tritt begleitet. Er kommentiert alles, was wir tun und sagen, und verhindert, dass wir Mitgefühl mit unseren Schwächen und Fehlern haben« (Peichl, 2014, S. 84). Auf diesen Steckbrief folgen eine ausführliche Beschreibung dieses »Kopfbewohners« und erste Hinweise dazu, was Betroffene besser nicht tun sollten und was für eine Veränderung hilfreich ist.

Im Coaching stoße ich häufig dann auf den inneren Kritiker, wenn der Coachee von Selbstzweifeln bestimmt ist, sich Vorwürfe macht und sich oft über jedes Maß hinaus selbst infrage stellt. Innere Kritikerinnen oder Kritiker haben im Team immer eine sehr dominante Position. Das Lebensgefühl der betroffenen Coachees wird von ihren Interventionen stark beeinflusst und geprägt. Die dauernde Kritik kann die ganze Person immer wieder völlig aus dem emotionalen Gleichgewicht bringen und sie beeinträchtigt dabei immer auch die Position und die Handlungsfähigkeit des Oberhaupts. Oft dauert es dann eine ganze Weile, bis sich die Person und ihr inneres System von Schreck und Entwertung erholt und ihr Gleichgewicht wiedergefunden haben. Worte der Ermutigung zeigen in dieser Situation kaum eine Wirkung und meine logischen Argumente, mit denen ich die Fähigkeiten und Stärken der Person ins Spiel bringe, kommen oft überhaupt nicht an: Als Coach bin ich erst einmal hilflos.

Was aber passiert im inneren System, wenn eine innere Kritikerin richtig loslegt oder ein Antreiber brutalen Druck macht? Es entsteht eine Situation, in der eine Reihe von Erfahrungen, Verletzungen und emotional bedrängenden Zuständen aus der Vergangenheit sich im Hier und Jetzt aktualisieren und das Selbstgefühl und die Selbstwahrnehmung des Coachees bestimmen. Ein »altes Spiel« taucht also wieder auf. Es hat seinen Sinn längst verloren und dennoch entfaltet es heute seine destruktive Wirkung. Jochen Peichl (2014) beschreibt dieses komplexe Phänomen genau, verständlich und sehr einfühlsam. Sein Ratgeber gibt dem Coach für die Arbeit mit inneren Kritikern und Saboteuren eine hervorragende Grundlage.

Bei diesem alten Spiel treffen wir die üblichen Beteiligten: den Kritiker als Täter, dazu ein meist kindlich gebliebener Anteil als Opfer und das Oberhaupt, das für die Rolle des Retters ausersehen ist – »[…] lassen Sie uns nie vergessen, dass hinter jedem inneren Kritiker im Verborgenen ein verletzter Kind-Anteil von uns zu vermuten ist, den der Kritiker als Wächter schützt« (Peichl, 2014, S. 70). Hinter dem belastenden, abwertenden Verhalten des Kritikers steckt also immer seine gute Absicht, einen Schutzauftrag aus der Vergangenheit zu erfüllen. In der Gegenwart verfehlt er aber mit seinen alten Mitteln und Strategien wie Bedrohung und Abwertung den Erfolg, sein Handeln wirkt daher kontraproduktiv. Als weitere innere Anteile können noch spezielle Helferinnen und Helfer dazukommen. Sie stammen ebenfalls aus alter Zeit, sind in guter Absicht unterwegs, können aber nicht Teil einer Lösung, einer Loslösung des Kritikers von seiner Aufgabe sein. In seinem Buch beschreibt Peichl diese verschiedenen »Protektoren«-Typen in ihrer spezifischen Ausprägung und in der Vergeblichkeit ihres Bemühens.

Eine Loslösung von diesen aktualisierten Erfahrungen und Gefühlen der Vergangenheit kann nur im Hier und Jetzt geschehen, durch eine erwachsene Instanz aus der Gegenwart. Schlüsselfigur ist dabei das »Erwachsenen-Selbst«, das Oberhaupt. Und genau dieses Oberhaupt hat bei der Wiederkehr der Verletzungen, die der innere Kritiker bewirkt, oft nicht seine stärkste Stunde. Es ist im Moment der Angriffe und der Entwertung durch den inneren Kritiker oft genauso geschwächt und beeinträchtigt wie die gesamte Person, es hat sich mit den verletzten Anteilen identifiziert und leidet mit ihnen. Das Oberhaupt ist dann in seiner erwachsenen, schützenden und leitenden Aufgabe im Team eine Zeit lang nicht handlungsfähig.

Frau M. ist langjährige Mitarbeiterin in der IT-Abteilung einer schwäbischen Kleinstadt. Bisher hatte sie einen festen Kundenkreis unter den Beschäftigten der Stadtverwaltung, und weil sie sich Zeit nimmt und gerne hilft, konnte sie ein gutes Verhältnis zu ihren Kunden aufbauen und ihr Vertrauen gewinnen. Aber die IT-Anforderungen der Stadt sind immer komplexer und anspruchsvoller geworden und die herkömmliche Art der Serviceleistung ist teuer und wenig effizient. Also wurde der IT-Service grundlegend neu aufgestellt und eine Hotline mit zentraler Nummer eingerichtet. Ihre vertrauten Kunden können Frau M. jetzt nicht mehr persönlich erreichen und sie hat am Telefon des »First-Level-Support« meist mit ganz unbekannten internen Kunden zu tun, die oft anspruchsvoll und ungeduldig auftreten. Frau M. fühlt sich seither nicht mehr wohl, sie formuliert Ängste und Zweifel, ob sie im neuen Servicesystem überhaupt wieder Fuß fassen kann. »Was kann ich tun, um meine alte Sicherheit wiederzugewinnen?«, so formuliert sie ihr Anliegen.

Mitten im Gespräch werde ich auf eine plötzliche Veränderung im Verhalten von Frau M. aufmerksam. Ihr Stil und die Atmosphäre im Raum wandeln sich, unvermittelt macht sich Frau M. selbst harte Vorwürfe. Sie sei altmodisch und aus der Zeit gefallen. Sie zählt auf, was sie alles im Umgang mit ihren Kunden falsch mache, und lässt an ihrer Arbeit kein gutes Haar. Offenbar hat sich eine höchst kritische Stimme in die Position des Oberhaupts manövriert und dieses zur Seite gedrängt. Diese versucht jetzt, mir ihre Brille aufzusetzen und mich für eine überaus abwertende Sicht von Frau M. einzunehmen. Frau M.s innere Leitungsinstanz, mit der ich am Beginn des Gesprächs zu tun hatte, hat sich zurückgezogen.

Ich mache meine Coachee auf die unterschiedlichen Stimmen aufmerksam, die ich wahrgenommen habe, und ich schlage ihr vor, den Beratungsprozess mit einer Untersuchung ihrer inneren Situation zu beginnen. Über eine Erhebung und eine Aufstellung ihres Inneren Teams mithilfe von Inszenario-Figuren wollen wir uns die Beziehungskonstellation ihres Teams im Telefonkontakt mit einem anspruchsvollen, unfreundlichen Kunden vor Augen führen. Was läuft in solchen Situationen in ihr ab und welche Rolle spielt dabei speziell die kritische Stimme, die sich in unserem Gespräch so deutlich eingemischt hat?

Eine *engagierte und zugewandte* innere Person hat zunächst den Platz am Telefon in der Begegnung mit dem Kunden. Es wird deutlich, dass sie ihre bemühte, beschwichtigende und etwas unterwürfige Haltung offenbar immer als eine Art Grundausstattung in die Kontaktaufnahme mitbringt. Wenn Frau M. nun auf kritische Nachfragen keine schnelle Antwort findet oder wenn sie mit ungeduldigen Angriffen konfrontiert wird, meldet sich eine *verletzliche Seite, die sich angegriffen fühlt*. Und jetzt gerät bei Frau M. emotional etwas »ins Rutschen«: Sie bekommt Angst, dass das ganze Gespräch mit dem Kunden schiefgehen könnte. Ihre *Selbstberuhigerin* (»Ich kann es doch und es läuft doch ganz gut ...«) wird zur Seite geschoben, denn diese Angst ist das Signal für das Eingreifen *der abwertenden Kritikerin*.

Diese fällt *der Engagierten und Zugewandten* in den Rücken, zieht die ganze Person in Zweifel und verursacht damit eine starke Verunsicherung und richtig schlechte Gefühle. Nun dominieren Selbstvorwürfe und Selbstzweifel die Situation im Inneren Team. *Die verletzliche Seite* ist in Gefahr, aus dem Gleichgewicht zu geraten, sie würde am liebsten davonlaufen! Es wird deutlich, dass Frau M. solche Prozesse immer wieder auf ähnliche Art erlebt, sobald sie sich am Telefon von ihr nicht vertrauten Personen verunsichern lässt. »Was hilft Ihnen denn dann?«, frage ich sie, und sie stellt mir ihre Retterin in Krisensituationen vor, *die Nothelferin*, die das Telefonat dann abrupt und wenig freundlich beendet. Das hilft Frau M. zwar aus der bedrängenden Lage, aber ihr fehlen dann oft noch fachliche und technische

Informationen, die zur Lösung des Problems notwendig wären. Es muss sich also dringend etwas ändern!

Obwohl sie sich noch betroffen und erschrocken fühlt, bedeutet die Entschlüsselung dieses Vorgangs für Frau M. zunächst einmal eine Erleichterung. Weil sie verstanden hat, was bei ihr passiert, fühlt sie sich nicht mehr so ausgeliefert. Ihre innere Leitungsinstanz meldet sich zurück. Sie nimmt sich vor, *die abwertende Kritikerin,* vor der sie einen Heidenrespekt hat, künftig besser in Schach zu halten. Sie fühle sich nach solchen Erlebnissen immer richtig klein und elend! Sie brauche jedes Mal einige Zeit, bis sie sich wieder davon erholt habe. *Die abwertende Kritikerin* ist ihr auch schon in anderen Zusammenhängen begegnet. »Was ist das für eine Stimme, die sich immer wieder so destruktiv und verletzend ins Spiel bringt? Was gibt ihr diese Macht über mich?«, fragt sie sich. Gleichzeitig ist sie auch auf die bemühte, übervorsichtige Haltung aufmerksam geworden, mit der sie ans Telefon geht. Die passe überhaupt nicht zu ihr! Zunächst aber will sie sich mit ihrer *abwertenden Kritikerin* auseinandersetzen. Auf die habe sie jetzt eine richtige Wut.

Um Verhandlungen mit einer inneren Kontrolleurin, Perfektionistin oder Antreiberin aufzunehmen, ist ein zeitlicher Abstand vom aktuellen emotionalen Geschehen hilfreich: Die Coachee steckt nicht mehr mitten in der emotionalen Betroffenheit, in der Regression und kann sich vom Mit-Leiden und von der Identifikation mit den verletzten Anteilen lösen. Wenn ihr eine »Dis-Identifikation« gelingt, wie Peichl diesen Prozess nennt, kann ihr Oberhaupt wieder in die Rolle einer unabhängigen Beobachterin zurückfinden und seine Leitungsaufgaben übernehmen. Dennoch kann die Coachee die Rückenstärkung, den methodischen Rat und die Begleitung durch den Coach brauchen, wenn sie in die Auseinandersetzung mit der Kritikerin geht und versucht, sie kennenzulernen und ihre Lage und ihren Auftrag zu verstehen.

Vor dem Beginn der direkten Verhandlungen empfehle ich Coachees immer noch zwei Schritte der Vorbereitung. Zuerst bitte ich die Klientin, nach innen auf die anderen aktiven Teammitglieder zu schauen und wahrzunehmen, welche Haltung und welche Impulse und Wünsche sie zu dem Gespräch haben. Diese nimmt sie auf und achtet gleichzeitig gut darauf, dass sie dabei ihre Autonomie und ihren unabhängigen Blick als Chefin des Teams bewahrt. Sieht sie sich noch starken Einflüssen aus dem Team ausgesetzt oder fühlt sie sich noch wütend oder ablehnend, dann kann sie die Anteile, die dahinterstehen, bitten, beiseitezutreten und ihr als Oberhaupt jetzt das Feld zu überlassen.

Anschließend gebe ich der Coachee den Anstoß zu prüfen, ob die betroffenen verletzten Anteile für die Zeit der Verhandlung Abstand und Schutz brauchen.

Wir wissen nie, wie aggressiv und verletzend eine Kritikerin oder ein Richter auftreten wird. Für diesen Fall ist es eine gute Idee, die verletzten inneren Teilpersönlichkeiten von der offenen Bühne weg an einen sicheren Ort zu bringen (zum »Wohlfühlort« vgl. S. 146 und bei Peichl, 2014, S. 131).

Jetzt kann die direkte Kontaktaufnahme des Coachee-Oberhaupts mit seiner inneren Kritikerin beginnen. Ziel ist wie immer zunächst eine Annäherung und Erkundung: Welchen Zweck verfolgt die kritische Figur mit ihrem Handeln? Was sind ihr Auftrag und ihre Absicht? Und welche Funktion erfüllt sie im inneren System? Wie geht es ihr derzeit damit? Was ist die gute Absicht, die sie leitet, und was oder wen schützt sie? Mit solchen Fragen beginnt das innerliche Selbstgespräch, das die Coachee mit ihrem Anteil führt. In dieses Gespräch kann sich der Coach begleitend und assistierend einschalten. Er sitzt neben ihr und hält den Kontakt zu ihr.

Der innere Kritiker ist trotz seiner Macht und trotz seiner oft zumutenden oder sogar gewaltsamen Methoden ein »kleines Kind, das die Maske des Kritikers trägt« (Peichl, 2014, S. 119). Es soll sich nicht angegriffen fühlen oder sogar Angst haben müssen, seine Funktion zu verlieren, sondern soll zuerst Verständnis und Annahme erfahren. Beide, Kritikerin und verletztes Kind, stammen also aus einer früheren, kindlichen Entwicklungszeit der Person. Und beide verdienen für die langen Mühen ihrer bisherigen Existenz Verständnis und Dank und brauchen Unterstützung auf ihrem Weg ins Hier und Jetzt.

Aber der inneren Kritikerin soll klar werden, dass die Beziehungen und Verhältnisse der Vergangenheit keinen Bestand haben können. Es ist Aufgabe der Chairperson, ihr ihre Verantwortung abzunehmen. Nach meiner Erfahrung nimmt eine Kritikerin dieses Angebot einfach auch deswegen an, weil es für sie oft mit einer Entlastung, einer Befreiung verbunden ist.

Selbst wenn eine Vereinbarung zur Veränderung nicht gleich im ersten Gespräch gelingen mag: Coachee und Coach bleiben hartnäckig bei dem Versuch, die Kritikerin aus dem Denken und Fühlen der Vergangenheit in die Gegenwart mitzunehmen. Jetzt kann das erwachsene, handlungsfähige Oberhaupt den Schutz der verletzlichen Anteile übernehmen. Die Kritikerin kann sich vom Oberhaupt leiten und von ihrer Aufgabe befreien lassen. Im Inneren Team des Hier und Jetzt findet sie mithilfe des Coachee-Oberhaupts eine neue, realistische Rolle, die zu ihren Stärken und Fähigkeiten passt.

Am Ende wird die Coachee das Ergebnis ihrer Verhandlungen und die neue Rolle der Ex-Kritikerin natürlich mit ihrem Inneren Team abstimmen. Als Aufgabe bleibt ihr, anstelle der Kritikerin den Schutz des verletzten kindlichen Anteils zu übernehmen und ihn zu stärken. Damit ist der Schritt in eine neue Entwicklungsphase des gesamten Teams getan.

Frau M. kann über die Herausforderung der Organisationsveränderungen in der IT ihre Kritikerin erreichen und sie davon überzeugen, mit neuen Aufgaben ans Telefon und in den Kontakt mit den Kunden zu gehen. Sie ist am Zug, wenn es darum geht, von den Kunden per Mail oder am Telefon alle relevanten Daten genau abzufragen, die für die Erledigung des Auftrags notwendig sind. Frau M. ist insgesamt couragierter und überzeugender geworden, auch bei der Umsetzung und Implementierung der neuen IT-Struktur.

Die Psychotherapeutin Susanne Hedlund beschreibt als methodische Alternative für die Transformation eines inneren Kritikers eine Folge von Trainingsübungen mithilfe von Stühlen. Zunächst setzt sich der Klient auf den Stuhl des Kritikers oder Antreibers und wird in dieser Rolle vom Therapeuten befragt. So lernen beide den Kritiker gut kennen. Dann folgt eine Trainingsaufgabe: Der Therapeut nimmt als Sparringspartner die Rolle und den Stuhl des Kritikers ein, und der Klient hat von seinem eigenen Stuhl aus die Aufgabe, dessen Zumutungen und Angriffen standzuhalten und »sich kraftvoll abzugrenzen« (Hedlund, 2011, S. 94). Er trainiert also seine Fähigkeiten zum Umgang mit dem Kritiker und entwickelt Mut und Methoden, ihm zu begegnen. In einer späteren Phase erst geht der Klient dann mit Unterstützung des Therapeuten von seinem »Ressourcenstuhl« aus (der seine Stärken symbolisiert) in die Konfrontation und die Verhandlung mit seinem inneren Kritiker (weitere methodische Varianten finden Sie unter s-hedlund.de). Wertvoll für den Umgang mit inneren Kritikern sind auch die methodischen Hinweise von Jay Earley. Er beschreibt, wie es gelingen kann, eine vertrauensvolle Beziehung zu einem Wächter oder Beschützer aufzubauen und dabei mit Schwierigkeiten und Widerständen fertig zu werden (Earley, 2014, S. 169).

Selbstverständlich sind im Coaching nicht alle Wächter- und Beschützerfiguren, auf die wir treffen, beeinflussbar und bereit, sich zu verändern. Sie können sich als geschickte und vorausschauende »Manager« für knifflige Situationen dem Einfluss von Coachee und Coach entziehen oder sie bringen als »Feuerbekämpfer«, wie Richard C. Schwartz (2008, S. 119 f.) die radikalen Spezialisten für die innere Krisenbekämpfung nennt, ein Maß an Entschlossenheit und Radikalität mit, das den Coach ausbremst und auf Distanz hält. Denn Wächter sind oft seit Jahren eng an ihren Auftrag gebunden. Sie sind erst dann bereit, ihren Schutzauftrag abzugeben, wenn sie sicher sein können, dass ihre verletzten Schützlinge geborgen werden und auf eine andere Art und Weise sicher versorgt sind, die sie überzeugt. Dies zu gewährleisten ist mit den Mitteln des Coachings nicht immer möglich.

5.5 Mit schwierigen Situationen und komplizierten Akteuren umgehen

Im Abschnitt 2.3 habe ich das Ensemble des Inneren Teams benannt und die »Typen« aufgezählt und beschrieben, denen wir als Coachs bei der Arbeit mit dem Inneren Team begegnen können. Nun folgen einige Hinweise für den Fall, dass Ihnen im Beratungsprozess besonders schwierige oder besonders verletzte und verletzliche Anteile begegnen.

Wenn ich in der Zusammenarbeit mit einem Coachee auf traumatisierte, verletzliche innere Anteile und ihre Wächter und Beschützer treffe, sind die Anzeichen dafür oft starke Gefühlsreaktionen, die von ihnen ausgehend den Klienten überfluten können. Dann bin ich auf ein besonders sensibles Thema oder einen wunden Punkt gestoßen. Sobald sich solche starken Gefühle nicht aus der aktuellen Situation erklären lassen, in der der Coachee steckt, spricht einiges dafür, dass verletzliche Anteile situativ von alten Ängsten überwältigt werden oder ihre Wächter ihren Schutzauftrag mit aller Macht zu erfüllen versuchen. Ein aktuelles Geschehen – ein Satz, ein Stichwort oder eine Situation – hat beim Coachee ein altes gefühlsbetontes Reaktionsmuster ausgelöst. Meistens ist ein solches Geschehen für mich überraschend, ich kann mir erst einmal nicht erklären, was da passiert ist. Auf jeden Fall ist das Innere Team meines Gegenübers in Aufruhr geraten. Es hat zu seinem Selbstschutz reagiert. Diese Reaktion des inneren Systems hat ihre Ursachen und ihren Sinn sehr häufig in Erfahrungen aus der Lebensgeschichte des Klienten. Was ist jetzt zu tun? Und was ist hilfreich, damit der Klient sich leichter aus den Gefühlslagen der Vergangenheit lösen und wieder in die Gegenwart und in seine innere Balance kommen kann?

Mit solchen Herausforderungen werde ich als Coach nicht sehr häufig konfrontiert. Dennoch sind mir für diesen Fall einige klare Handlungsmaximen wichtig, an denen ich mich orientieren kann. Zuerst geht es mir darum, die betroffene Person mit ihrem außergewöhnlichen Fühlen und Handeln möglichst so anzunehmen, wie sie sich jetzt verhält. Ich gehe davon aus, dass sie keine Handlungsalternative dazu hat.

Wenn ich Zeuge von starken gefühlsmäßigen Reaktionen werde, hinter denen ich verletzte oder traumatisierte innere Anteile vermute, bleibe ich zunächst einfach schweigend und mit einer unterstützenden Haltung im Kontakt. Der Coachee braucht jetzt Zeit, um seine Fassung wiederzugewinnen. Etwas später kann ich vielleicht respektvoll sagen, was ich wahrnehme, und den Coachee fragen, ob er mir etwas dazu erzählen möchte. Meistens können wir dann ins Gespräch darüber kommen und der Coachee kann sich weiter beruhigen. Manchmal höre ich von einer belastenden Erfahrung, die den Coachee in seine Lebensgeschichte zurückführt. Ein wichtiger Satz der Intervention zu dieser Situation heißt: »Das war schlimm, aber die gute Nachricht ist: Sie haben es überlebt!« Dieser Satz stammt zwar aus der Traumatherapie, aber er kann mir als Coach in Beratungssituationen helfen, mich und den Coachee von einer vertiefenden Erkundung oder Bearbeitung wegzuführen, die jetzt nicht meine Aufgabe ist.

Wenn ich im Fall von quasiautomatischen Wächterreaktionen selbst zur Zielscheibe von aggressiven Gefühlsäußerungen werde, ohne dass ich dazu einen Anlass gegeben hätte, dann sage ich mir, dass dies nicht mir persönlich gilt, sondern anderen Zusammenhängen geschuldet ist, die ich nicht kenne. Dennoch fühle ich mich dabei möglicherweise angegriffen, verletzt oder irritiert. Vielleicht ist ja ein wunder Punkt von mir getroffen und ich habe mit eigenen Gefühlen der Irritation, der Verletzung oder des Ärgers und der Wut zu kämpfen.

Zuerst gilt es für mich in solchen Situationen, meine eigenen spontanen Gefühle und Reaktionsmuster in den Griff zu bekommen und den ersten Schrecken möglichst schnell zu überwinden. Auf jeden Fall hilft es dem aus der Balance geratenen Coachee und ebenso mir selbst, nicht gleich zu agieren, sondern eine Zeit der Stille und des respektvollen Abstands verstreichen zu lassen, in der beide Inneren Teams sich fassen und neu sortieren können. Dies bedeutet auch einen Ausstieg aus der Thematik oder der Situation, die die Reaktion des Coachees ausgelöst hat. Auf jeden Fall gehe ich erst wieder in den Handlungsmodus, wenn ich sicher bin, meine innere Balance behauptet oder wiedergewonnen zu haben.

Oft ist der Coachee dann irritiert und versteht sich selbst nicht. Er ist sich vielleicht schon klar darüber geworden, dass da »etwas eskaliert ist«, und jetzt ist eine Distanz entstanden. Diese Situation ist für den Coachee oft unangenehm, vielleicht sogar peinlich und mit Scham verbunden. Wie kann ich ihn auf eine Art und Weise ansprechen, die keine Konfrontation für ihn bedeutet, die ihn als Person ernst nimmt und eine verständnisvolle Haltung zum Ausdruck bringt (obwohl ich ihn ja streng genommen nicht verstehe)? Ich möchte seinem Oberhaupt und seinem Inneren Team signalisieren, dass keine unmittelbare Bedrohung mehr besteht. Das wird seiner inneren Leitungsinstanz helfen, die Zügel wieder in die Hand zu nehmen, die mobilisierten Wächter zurückzuziehen und das Team zu beruhigen. Für mich ist es in solchen Situationen nicht einfach, »es richtig zu machen« und eine tragfähige Brücke zu bauen. Mein Stil ist es, jetzt eher authentisch als zu fürsorglich zu sein. Wenn ich erschrocken oder erstaunt bin, kann ich dem Coachee das sagen und danach vielleicht fragen, wie es ihm geht und – wenn das von meinem Gefühl her stimmt – was er jetzt braucht, was ihm wohltun könnte. Auf jeden Fall ist etwas geschehen, was geschehen durfte, und wir schauen, wie es gut weitergehen kann.

Sei es die Gefühlsreaktion eines verletzten Anteils oder eines wachgerufenen Wächters – am Ende geht es mir immer um diese Fragen: Sind wir wieder arbeitsfähig? Ist es möglich, wieder am Thema anzuknüpfen, oder sollten wir für heute einen Punkt setzen? Ich suche das Einvernehmen mit dem Coachee darüber, welche Schritte jetzt für beide passend und angemessen sind und was vielleicht noch zu klären ist. Manchmal hat der Coachee das Bedürfnis, sich weiter zu erklären, und diese Erklärung nehme ich dann auch freundlich an, ohne sie zu hinterfragen oder eine eigene hinzuzufügen. Erst einmal ist jetzt alles in Ordnung! Aus eigener Initiative unternehme ich nach solchen Situationen keine Schritte, um »aus dem Stand« zu analysieren, was da eigentlich los war im Inneren Team des Coachees. Wenn er sich das jetzt wünscht, nehme ich diesen Wunsch an, bitte aber darum, beiden Seiten Zeit zum Nachdenken zu lassen.

Nach dem Termin ist es mein Bedürfnis, den erlebten Prozess und mich selbst zu reflektieren, um eine Vorstellung davon zu entwickeln, was geschehen sein könnte: Was wurde beim Coachee und was bei mir ausgelöst? Wie sind die Anteile meines eigenen Inneren Teams denn in Konflikt mit denen des Coachees geraten und was kann ich daraus über mich selbst und über den Coachee lernen? Welche Erkenntnisse und welche weiterführenden Themen zeigen sich? Welche Schlüsse möchte ich daraus für die Fortsetzung des Beratungsprozesses ziehen? Vielleicht möchte ich das Erlebte auch mit meinem eigenen Coach oder Supervisor anschauen und fachlichen Rat dazu einholen.

Am Ende der Überlegungen stehen eine Einschätzung, welche Rolle die gefährdeten oder die gefährlichen inneren Anteile des Coachees im weiteren Beratungsprozess spielen könnten, und eine klare Entscheidung, ob und wie ich im Gespräch mit dem Coachee zu einer Klärung darüber kommen kann. Die Abgrenzung zwischen den Aufgaben und den professionellen Kompetenzen von Coach und Psychotherapeutin bei der Arbeit mit dem Inneren Team, wie ich sie unter 3.4 vorgenommen habe, geben mir dann eine gute Orientierung.

Nicht nur im Fall von Störungen und Konflikten im Verlauf des Beratungsprozesses erweist sich das Innere Team für mich als ein gutes Werkzeug, um die Beziehung zwischen Coachee und Coach zu reflektieren, den Coachee und mich selbst besser zu verstehen und meine eigenen Potenziale bei der Begleitung und Unterstützung des Klienten zur Wirkung zu bringen. Das Konzept des Inneren Teams hilft mir, klar darüber zu werden, wo ich mit Blick auf meine eigenen inneren Anteile besonders auf meine Selbststeuerung achten muss und welche Grenzen es bei mir selbst und bei meinem Coachee zu wahren gilt.

5.6 Helferfiguren mobilisieren und mit ihnen arbeiten

Wenn ich im Coaching in Kontakt mit dem Inneren Team eines Klienten komme, bedeutet dies immer die Begegnung mit den verschiedensten Ressourcen und Fähigkeiten einer Person, die diese bei sich kennenlernen, weiterentwickeln und gezielt für sich nutzen kann. Ich mache die Erfahrung, dass sich aber nicht alle hilfreichen Anteile von selbst melden und sich gerade dann einstellen, wenn ein Problem zu lösen oder eine Herausforderung zu bestehen ist. Nach meiner Erfahrung müssen sie oft erst gefunden und wollen angesprochen und konsultiert werden. Dagmar Kumbier beschreibt in ihrer Arbeit zum Inneren Team bei schweren Erkrankungen, wie wertvoll innere Helfer auch in Situationen der existenziellen Bedrohung sein können, wenn das Innere Team aus dem Gleichgewicht geraten ist, seine Ressourcen erschöpft sind und die bisherigen Mechanismen der Bewältigung versagen (Kumbier 2019, S. 49 ff.).

Auf eine ähnliche Weise können Helferfiguren das Oberhaupt auch bei anderen beruflichen und persönlichen Krisensituationen unterstützen. Sie können einen Namen und eine Gestalt haben wie andere innere Anteile (z. B. »der verlässliche Begleiter«, »die alte Weise« oder »der ruhige Riese«), sie können sich aber auch als Fabeltiere oder Märchenfiguren zeigen. Die klassischen Märchen wimmeln nur so von hilfreichen Wesen, die uns zum Teil schon aus Kindertagen vertraut sind. Sie bringen nicht nur in Situationen der Not Lebenserfahrung, Weisheit und eine stabilisierende Ruhe ins Team. Wenn sie im Coaching auftauchen, haben sie oft eine spezifische Affinität zum angesprochenen Thema und zur Person der Klientin oder des Coachees: Sie gehören zu ihr oder ihm. Einerseits können sie dann als Mitglieder des Inneren Teams aktiv werden und zu Aufgaben und Lösungen beitragen, andererseits stellen sie sich als Beraterinnen oder als Begleiter zur Verfügung, die die Coachees grundsätzlich jederzeit in Anspruch nehmen können.

Aber vorher muss der Coachee sie natürlich finden und sich mit ihnen bekannt machen. Ich gebe dazu nicht bei jeder Beratungssequenz mit dem Inneren Team den Anstoß, aber immer dann, wenn jemand Ermutigung und Unterstützung besonders braucht, sein Team in Aufruhr ist oder wenn guter Rat teuer ist. Dann sind die Helferfiguren besonders wichtig und wertvoll. Sie bleiben auch an der Seite des Coachees, wenn der Coach oder die Beraterin nicht mehr präsent und verfügbar ist. Sie stärken ihn mit seinen Fähigkeiten und in seiner Autonomie, und dies gilt besonders, wenn er mit ihnen Freundschaft schließt und den Kontakt zu ihnen auch in normalen Zeiten pflegt.

Die einfachste Form der Annäherung besteht darin, den Coachee nach seinen Helferfiguren zu fragen. Er stellt mir diejenigen vor, die ihm schon vertraut sind oder die spontan bei ihm auftauchen. Dann kann er in der schon beschriebenen Weise einen Dialog mit ihnen beginnen. Am besten bringt er nach dem Kennenlernen auch gleich ein Thema oder eine Frage ins Gespräch. Darüber hinaus gibt es weitere Optionen des Suchens und Findens innerer Helferinnen und Helfer. Zum Beispiel könnte der Coachee eine innere Helferfigur, die er gerne von Zeit zu Zeit in Anspruch nehmen würde, nach seinen Wünschen beschreiben: »So jemanden hätte ich jetzt gern an meiner Seite!« Vielleicht kann sie der Coachee dadurch auf einen der Stühle im Raum zaubern und sie lässt sich von ihm ansprechen.

Eine weitere Option stellt die geführte Fantasiereise dar. Eine Fantasiereise hat das Potenzial, den gewohnten Raum unseres Fühlens, Denkens und Handelns zu erweitern. »Die Welt der Imagination ist eine Welt von anderen Möglichkeiten, die wir auch haben. In ihr drückt sich die menschliche Sehnsucht nach dem ›ganz anderen‹ aus […] und auch unsere Möglichkeit, das ›ganz andere‹ zu erfahren und im Dialog damit auch zu gestalten« (Kast, 1995, S. 13). Als Imagination beschreibt Verena Kast also eine Art »innere Reise«, die über die äußere Form unserer Wahrnehmung und Selbstwahrnehmung hinaus in einen Bereich der inneren Selbstwahrnehmung führt und damit einen »Dialog zwischen dem Ich und dem Unbewussten« ermöglicht (Kast, 1995, S. 19). Mit einer solchen Fantasiereise können wir den Kontakt der Klientinnen und Klienten zu ihren inneren Helferfiguren eröffnen und sie dabei unterstützen, über diese inneren helfenden Wesen Zugang zu »einer Welt von anderen Möglichkeiten« (Kast) zu gewinnen. Dies ist nur möglich, wenn wir als Coachinnen und Berater aus unserer eigenen Erfahrung mit Imaginationen und mit der Methode ihrer Anleitung vertraut sind. Ich setze die Methode einer gelenkten Imagination gerne bei der Suche nach inneren Helferfiguren ein.

Jochen Peichl beschreibt, wie er seine Klienten mithilfe einer Imaginationsübung dabei unterstützt, ihre inneren Helfer zu finden und ihre Energien und Fähigkeiten für sich zu mobilisieren (Peichl, 2010, S. 86). Nach meiner Erfahrung ist dies ein höchst kreativer innerer Vorgang, bei dem es in Beratung und Coaching gelingen kann, Figuren aus dem Hintergrund des Inneren Teams ins Geschehen zu rufen oder neue, noch unbekannte aus dem Unbewussten des Klienten entstehen zu lassen. Neben Verena Kast (1995, S. 212) hat auch die Traumatherapeutin Luise Reddemann (2001) Imaginationsübungen entwickelt, die für das Finden von inneren Begleiterinnen und Begleitern im Coaching und in der personenzentrierten Beratung hilfreich sein können.

Die NLP-Beraterin Heidrun Vössing (2007) hat ein ganzes Instrumentarium zur Imaginationsarbeit im Coaching entwickelt, das sich zum Teil auf die Arbeit mit dem Inneren Team übertragen und nicht nur zur Mobilisierung von inneren Helfern und Begleitern anwenden lässt. Ist in der Fantasie des Coachees seine innere Bühne erst einmal entstanden und fest im Bewusstsein etabliert, dann lassen sich nach meiner Erfahrung mithilfe von Imaginationstechniken dort ganze Szenen aufführen. Wenn der Coachee die innere Bühne mit entsprechenden Utensilien eingerichtet hat, kann er die inneren Spieler zu seinem Thema auftreten und miteinander in Kontakt treten lassen.

Manche Menschen haben gar keinen, andere einen ganz leichten Zugang zur Imagination. Damit innere Bilder beim Coachee entstehen und fließen können, bereite ich die geführte Imagination immer mit einer angeleiteten Übung zur Entspannung vor. Wenn also der Coachee zur Imagination bereit ist, bitte ich ihn, eine entspannte Sitzposition einzunehmen, die Füße auf den Boden zu stellen und die Augen zu schließen. Dann beginne ich mit einer Hinführung, wie ich sie auf Seite 102 schon beschrieben habe. Unmittelbar danach leite ich die geführte Imagination an.

Diese Entspannungsübung lässt sich auch in anderen Situationen einsetzen. So ist sie zum Beispiel eine gute Vorbereitung und Hinführung, die es dem Klienten erleichtern kann, den Kontakt zu seinem Inneren Team oder zu einzelnen seiner Anteile aufzunehmen. Nach dieser Übung bitte ich die Klientin, die Augen zu schließen, und beginne mit der Anleitung zu einer geführten Imagination.

Beispiel einer geführten Helferimagination
An einem heiteren Tag befinden Sie sich in freier Natur, mitten in einer hügeligen, schönen Landschaft, und Sie sind frei, den Tag für sich zu gestalten.

Sie schauen sich um und lassen Ihren Blick schweifen … von der näheren Umgebung … bis an den fernen Horizont.

Sie nehmen die Stimmung um sich herum in sich auf, … die Geräusche, … die Gerüche, … die Temperatur, die Stimmung dieses Tages und das Leben in der Natur um Sie herum.

Und wie Sie sich in der Landschaft orientieren, sehen Sie einen Weg vor sich liegen und Sie bekommen Lust, ihn ein Stück zu gehen. Und das tun Sie jetzt, ruhig, entspannt und aufmerksam, und Sie achten dabei auf Ihre Gefühle und Wahrnehmungen.

Jetzt schauen Sie den Weg entlang ein Stück weiter nach vorn. An einer Wegbiegung sehen Sie in der Ferne eine helle Gestalt auftauchen … Sie bewegt sich in ruhigen Schritten allmählich näher auf Sie zu, … und wie Sie ihr näher kommen, sehen Sie, dass die Gestalt einen freundlichen Ausdruck hat, dass sie lächelt, wie wenn sie Sie kennen würde, und auch Sie haben bei ihrem Anblick ein freundliches, vertrautes Gefühl.

Dann ist der Moment der Begegnung gekommen: Sie bleiben beide stehen, schauen sich an und begrüßen sich. Vor Ihnen steht eine Gestalt, die zu Ihren inneren Helferinnen und Helfern gehört, die Sie unterstützen und Ihnen den Rücken stärken bei den Themen und Fragen, die Sie aktuell bewegen und beschäftigen. Diese Begegnung gibt Ihnen ein Gefühl der Entlastung und der Stärkung. Nehmen Sie dieses Gefühl in sich hinein.

Sie erfahren Zutrauen … und Offenheit und Sie wissen, dass Sie jederzeit Unterstützung und Rat in Anspruch nehmen können … bei einer Begegnung, in einem Gespräch … und dass Ihre Helferfigur für Sie erreichbar ist.

Vielleicht möchten Sie ihr jetzt etwas sagen oder sie etwas fragen.

Nun spüren Sie, dass die Zeit des Abschieds näher rückt. … Vielleicht möchte Ihnen Ihr Gegenüber noch etwas mitgeben, das für Sie bestimmt ist. Dann nehmen Sie es entgegen.

Nun verabschieden Sie sich, … die Gestalt wendet sich um und geht auf ihrem Weg zurück … und ist jetzt aus Ihrem Blickfeld verschwunden, ihre Schritte sind verklungen.

Sie lassen die Begegnung noch ein wenig auf sich wirken, und vielleicht möchten Sie sich anschauen, was Sie erhalten haben.

Dann setzen auch Sie Ihren Weg fort.

Nun wird Ihnen bewusst, dass Ihre Fantasiereise sich dem Ende nähert. Sie bereiten sich innerlich vor, wieder in diesen Raum zurückzukommen. Sie recken und strecken sich, ballen Ihre Hände kräftig zu Fäusten … und öffnen die Augen.

Dann kommt der Moment, die Erlebnisse und inneren Bilder mit dem Coachee zu teilen und gemeinsam zu überlegen, wie er den Kontakt zu der Helferfigur gestalten könnte und wie und wann er ihr Unterstützungsangebot nutzen möchte. In der geführten Imagination setze ich mit bestimmten Begriffen und Anstößen einen Rahmen, an dem sich der Coachee orientieren kann. Gleichzeitig lasse ich dem Coachee viel Raum, seine eigenen inneren Bilder entstehen zu lassen. Diese Imagination ist bewusst so angelegt, den Klienten in einer hellen, freundlichen und unterstützenden Stimmung zu begleiten. Aber vielleicht folgt er ja einem ganz anderen Weg, kommt in eine andere Umgebung und zu einer anderen Begegnung, und auch das ist dann gut. Ich nehme diese Erfahrung bei der Auswertung in der gleichen Weise auf wie die Bilder von Coachees, die der Anleitung genauer gefolgt sind.

Für Klientinnen und Klienten, die unter großer Belastung stehen und nach einem Ort der Entspannung und der Geborgenheit suchen, hat Jochen Peichl eine Imaginationsübung geschaffen, die sie an ihren »Wohlfühlort« führt, an dem sie ungestört bei sich selbst sein und sich erholen können (Peichl, 2014, S. 131). Diesen imaginären Ort können die Coachees in ihrer Fantasie immer dann aufsuchen, wenn sie Ruhe suchen und »herunterkommen« wollen. Der Wohlfühlort könnte auch ein Ort der Begegnung mit inneren Helferfiguren sein, und ein Platz, an dem die Coachees vor schwierigen, konflikthaften Begegnungen und Konfrontationen im Außen verletzliche innere Anteile unterbringen können, die sich bedroht sehen.

Ich mache die Erfahrung, dass manchen Klienten bei der Suche nach ihren inneren Helferfiguren auch wichtigen Personen oder Gestalten aus ihrer Lebensgeschichte begegnen. Diese können als Elemente des inneren Geschehens ebenfalls einen bedeutsamen Platz für den Coachee einnehmen und sein Fühlen und Handeln beeinflussen. Dann ist es mir wichtig, diese Akteure als externe Figuren kenntlich zu machen (z. B. bei der Erhebung oder bei der Aufstellung des Inneren Teams). Zusammen mit dem Coachee kann ich schauen, welche Rolle sie in seinem Leben gespielt haben und welche Bedeutung sie heute und in der Zukunft für ihn haben.

Wenn es einem Coachee gelungen ist, das Spektrum seines Inneren Teams zu einem brisanten Thema oder zu einer schwierigen Situation durch Helferfiguren zu erweitern, kann er über einen Dialog mit ihnen Rückenstärkung und wertvolle Anstöße erhalten. Gleichzeitig tritt die Frage in den Fokus, welche Rolle die Helferfigur im Kontext der aktuellen Konstellation des Inneren Teams spielen kann und will. Nimmt sie als Ratgeberin oder Unterstützer an der Seite des Oberhaupts Einfluss auf das aktuelle Geschehen auf der Bühne und zieht sich dann wieder zurück? Hat sie als externe Figur aus der Lebensgeschichte des Coachees einen guten Platz im Umfeld des Geschehens? Oder wird sie ihre feste Rolle in einem sich verändernden Team suchen und finden? Diese und weitere spannende Fragen tauchen auf, wenn wir uns im folgenden Teil mit den Methoden der inneren Teamentwicklung befassen, einem längeren, vom Coach begleiteten Entwicklungsprozess des Coachees und seines Inneren Teams.

5.7 Innere Teamentwicklung mit System und Methode

Einen umfassenden inneren Teamentwicklungsprozess zu vereinbaren und zu beginnen, ist beim Coaching mit dem Inneren Team nicht selbstverständlich. Es ist ein besonderer Schritt, den Coach und Klient in der Regel unter bestimmten Voraussetzungen gehen. Beide arbeiten schon eine Weile zusammen und sie haben auch schon an einzelnen Themen und Fragen mit dem Konzept des Inneren Teams gearbeitet. Dabei hat sich herausgestellt, dass sich der Klient, begleitet vom Coach, ausführlicher mit seiner Person beschäftigen will oder muss, wodurch andere Themen und Fragen zunächst in den Hintergrund geraten. Oft ist eine von folgenden zwei Situationen gegeben, manchmal sogar beide zusammen:

Zum Beispiel ist bei der bisherigen Arbeit deutlich geworden, dass die Leitungsinstanz des Coachees, das Oberhaupt, ihren Platz nicht adäquat einnimmt und ihre Führungsaufgabe schon längere Zeit nicht zufriedenstellend ausfüllen kann. Dadurch ist der Coachee an Grenzen gestoßen oder in Probleme geraten. Vielleicht hat das Oberhaupt seine Leitungsposition schon vor längerer Zeit an andere starke Kräfte aus dem Team verloren.

Eine andere Möglichkeit ist, dass im Arbeits- und Lebensumfeld des Coachees grundlegende Veränderungen geschehen sind oder anstehen, die seine Person, seine Werte und Überzeugungen einschließen. Es stellt sich heraus, dass es dabei nicht nur um Veränderungen von einzelnen Aufgaben und Rollen im Inneren Team geht, sondern dass eine Standortbestimmung notwendig geworden ist, die eine innere Neuorientierung einleiten könnte.

Herr Z. war als »Verkaufsleiter Deutschland Süd-West« eines Handelsunternehmens über Jahre hinweg sehr erfolgreich und konnte immer gute Ergebnisse vorweisen. Dabei war es ihm immer auch wichtig, der Vertriebsleitung ungeschminkt Feedback zu geben und Probleme in der Vertriebsstrategie offen anzusprechen. Er war also nach seiner eigenen Aussage fachlich und von seinem Erfolg her sehr anerkannt, aber bei den Führungskräften der Vertriebsleitung nicht nur beliebt.

Strategische Veränderungen hatten gut ein Jahr zuvor dazu geführt, dass die Vertriebsgebiete neu aufgeteilt wurden und ihre Zahl reduziert wurde. Herr Z. verlor seine bisherige Position und musste eine Zurückstufung um eine Ebene hinnehmen. Diese »Degradierung«, wie er die Maßnahme nennt, war für Herrn Z. schmerzlich und er empfindet sie bis heute als zutiefst unfair. Dennoch nahm er das Angebot für die neue Position zunächst an. Er fühlte sich aber nie mehr richtig wohl in seiner Aufgabe und geriet immer mehr in eine Krise, die seine ganze Person, seinen Selbstwert und seine Selbstsicherheit umfasste. Herr Z. wurde ernsthaft krank.

Nachdem er inzwischen wieder einigermaßen auf die Beine gekommen ist, wendet er sich an mich als Coach mit der Bitte, ihn bei seiner Neuorientierung zu unterstützen. Der Verlust der Anerkennung »von oben«, den er erleben musste, hat sein inneres System aus den Fugen geraten lassen. Die gesamte Konstellation seiner inneren Akteure, die ihm bisher Erfolg, Sicherheit und Sinn vermittelt hatten, ist erschüttert. Innere Kritiker und Quälgeister, denen er früher seinen Fleiß und seinen unter hohem Stress erkauften Erfolg hatte entgegensetzen können, setzen ihm nun massiv zu, sodass er sich vor einiger Zeit schon therapeutische Unterstützung gesucht hat.

Herr Z. hat Zweifel, ob er dem hohen Druck bei seiner Tätigkeit als Führungskraft im Vertrieb künftig noch wird standhalten können. Er vermutet, dass sein innerer Umbruch auch mit einer grundlegenden Veränderung seiner beruflichen Situation verbunden sein wird, doch die bevorstehenden Entscheidungen sind für ihn nach den langen Jahren der Konstanz auch mit Ängsten verbunden. Vom Coaching erwartet er sich Unterstützung bei seiner inneren wie äußeren beruflichen Neuaufstellung. Der Prozess einer inneren Teamentwicklung ist immer sehr individuell und braucht für jede Person und jede Situation ein maßgeschneidertes Prozessdesign, in dem die geeigneten Schritte entworfen werden. Bei der Gestaltung der im Inneren Team anstehenden Veränderungsprozesse gelten Grundsätze, wie wir sie auch von der Team- und Organisationsentwicklung her kennen (Doppler u. Lauterburg, 2005, S. 149 ff.). Typisch ist zum Beispiel der Start mit einer Standortbestimmung – »keine Maßnahme ohne Diagnose« – und einer rollierenden statt einer linearen Planung: Es werden zu Beginn zwar Ziele festgelegt, die Schritte, die dorthin führen sollen, werden jedoch im Verlauf des Prozesses immer wieder aktualisiert, die bisherigen Erfahrungen und Ergebnisse des Beratungsprozesses fließen in eine regelmäßige Aktualisierung ein, die Coach und Coachee gemeinsam vornehmen – »prozessorientierte Steuerung«. Es gilt, einen intensiven Austausch mit den inneren Anteilen in die Wege zu leiten – »lebendige Kommunikation« – und aus dem internen Personal des Coachees die Anteile auszuwählen und in den Prozess einzubeziehen, die Einfluss haben und den Veränderungsprozess besonders gut unterstützen können – »Beteiligung der Betroffenen«. Ich möchte hier jedoch kein integriertes »Konzept der inneren Teamentwicklung« darlegen, sondern in den folgenden Abschnitten lediglich einige methodische Elemente vorstellen, die nach meiner Erfahrung wirksam und wichtig sind und die ich selbst gerne einsetze.

5.7.1 Die Standortbestimmung

Nach der Situationsbeschreibung des Coachees lenkt dieser den Blick zunächst auf den äußeren Kontext, auf die Faktoren, die auf ihn einwirken, ihn beeinträchtigen oder stabilisieren. Ein bewährtes Instrument ist dabei die Visualisierung in einer Kraftfeldanalyse, durch die die äußere Lage des Klienten sichtbar wird, um erste Schritte zur Entlastung zu entwerfen und zu unternehmen.

Die Kraftfeldanalyse

1. *Ausgangslage beschreiben*
   - Worum geht es? Was ist geschehen? Was ist hier und jetzt los? (Iststand)
2. *Ziele definieren*
   - Was wollen wir erreichen?

3. *Äußere Einflusskräfte benennen und bildlich darstellen*
   - Was/wer hemmt?
   - Was/wer fördert?
4. *Äußere Einflusskräfte analysieren, gewichten*
   - die am meisten beeinträchtigenden Faktoren/Personen/Umstände
   - die am meisten stabilisierenden Faktoren/Personen/Umstände
5. *Veränderungsideen sammeln und bewerten*
   - zur Beseitigung oder Abschwächung der beeinträchtigenden Faktoren
   - zur Unterstützung und Stärkung der stabilisierenden Faktoren
6. *Aktionsplan – erste Schritte zur Verbesserung der Kontextsituation*

Eine solche nüchterne Analyse hilft dem Klienten, seine Lage und ihre wichtigsten Einflussfaktoren und Stellschrauben zu verstehen und erste Schritte zu ihrer Verbesserung zu unternehmen. Hat die Situation womöglich auch krisenhafte Züge, dann wirkt eine Kraftfeldanalyse versachlichend und stabilisierend und zeigt dem Klienten schon früh konkrete Möglichkeiten auf, um seine Lage aus eigener Kraft zu verbessern (bei Doppler u. Lauterburg, 2005, »Hilfe zur Selbsthilfe«).

Als Nächstes führt der Weg vom Umfeld ins Innere Team: Das am Ende der Analyse definierte Ziel ist der Ausgangspunkt für das Thema oder die Ausgangsfrage, die Coachee und Coach für die innere Teamentwicklung vereinbaren. Es steckt einen ersten Rahmen für den begleiteten Entwicklungsprozess ab (z. B.: Wie kann es gelingen, Sicherheit und Sinn in meine berufliche Lage zu bringen? Oder: Das Oberhaupt in seine Position bringen und klare Strukturen im Inneren Team schaffen!). An diesem Thema orientieren sich auch die erste Erhebung und Aufstellung des Inneren Teams, wie ich sie im Abschnitt 5.1 beschrieben habe. Die jetzt folgenden Interventionen zielen zunächst auf eine Analyse der inneren Situation, ihrer Kräfte und Mächte und auf die Identifizierung der wichtigsten Konfliktfelder.

5.7.2 Der strukturierte Austausch im Team

Selbstverständlich können grundsätzlich alle bis jetzt beschriebenen Interventions- und Dialogformen in einer inneren Teamentwicklung angewandt und als Elemente in den Prozess integriert werden. Als wichtiges Instrument am Beginn dieses Prozesses nehme ich häufig das Teamblitzlicht: Wie sehe ich die aktuelle Situation des Teams und mich selbst darin? So könnte jetzt die Frage lauten, zu der sich alle in der Aufstellung vertretenen inneren Anteile zu Wort melden. Das Teamblitzlicht ist geeignet, wenn es darum geht, schnell ein umfassendes Bild von der aktuellen Lage zu erhalten. Es ist auch geeignet, um eine Resonanz des Teams zu einzelnen Interventionen wie zum Beispiel zu einem klärenden Dialog zwischen dem Oberhaupt und einem anderen inneren Akteur zu bekommen.

Das Blitzlicht braucht als Anstoß immer ein formuliertes Thema. Es stellt ein Forum der Transparenz und der breiten Beteiligung auf der inneren Bühne dar. Bei Konflikten, die das ganze Team berühren, und in anderen schwierigen oder krisenhaften Situationen kann das Gespräch mehrere Runden durchlaufen und dabei auch zur Ideensammlung dienen. Dabei fassen Coachee und Coach zwischendurch ihre Eindrücke zusammen und entwickeln ein neues Thema für die nächste Runde (z. B.: Was sind die Kernpunkte, die jetzt zu klären sind? Und später: Welche Angebote und Ideen zur Verbesserung der Situation sind jetzt da?). Dadurch werden die Ressourcen und die unterschiedlichen Perspektiven des ganzen Teams mobilisiert, die inneren Akteure lernen voneinander, statt sich in einer Konfrontation zu verhaken und zu sich bekämpfen.

Auch das Feedback, sei es durch das Oberhaupt oder zwischen Mitgliedern des inneren Teams, ist in der inneren Teamentwicklung ein wirksames Instrument und ein bedeutendes Element der Dialogkultur. Es hebt die Bedeutung der einzelnen Anteile für das Team hervor und ist eine Hilfe bei der Konfrontation schwieriger Mitglieder und extremer Wächterfiguren und bei ihrer Integration ins Team. Andererseits können Innere Kinder durch Feedback wachsen und eine Stärkung ihrer Position erfahren. Das Oberhaupt kann auf diese Weise die Kräfte des Inneren Teams bündeln und auf die Gestaltung innerer Veränderungen ausrichten. Der Anstoß und die methodische Hilfestellung können dabei von mir als Coach kommen.

Blitzlicht und Feedback lassen sich auch als Auftrag an die inneren Anteile gestalten, ihre Statements zu einem Thema oder einer Frage in einer schriftlichen Äußerung abzugeben. Diese Form wähle ich am liebsten in Situationen, in denen es darum geht, sich festzulegen. Die Beiträge können aufbewahrt und später nochmals herangezogen werden.

Das Teamgespräch im Inneren Team unter Leitung des Oberhaupts hebt die strenge Reihenfolge des Teamblitzlichts auf und bringt die Anteile in einen direkten Dialog miteinander. Je mehr innere Anteile dabei allerdings beteiligt sind, desto schwieriger lässt sich der Dialog inszenieren und desto verwirrender kann die Lage auf der inneren Bühne sein. Ich schlage für das Teamgespräch deswegen lieber kleinere Besetzungen vor, die nach ihrem Austausch für ihre Beiträge vielleicht noch die Resonanz eines Reflecting Teams der nicht am Gespräch beteiligten inneren Anteile erhalten können. Auch Streitgespräche auf der inneren Bühne zur Klärung antagonistischer Positionen habe ich schon inszeniert. Generell können wir als Coachinnen und Coachs beim strukturierten Austausch im Team mit vielen Dialogformen arbeiten, die von der Teamentwicklung in der Arbeitswelt her schon geläufig sind.

5.7.3 Das Team mit seinen Potenzialen kennenlernen

Eines der Instrumente in der Organisationsentwicklung, die mich am meisten beeindruckt haben, ist die »Appreciative Inquiry« (zur Bonsen u. Maleh, 2001), die würdigende, wertschätzende Erkundung. Der Berater und Prozessbegleiter bittet Führungskräfte oder Mitglieder eines Changeprojekts darum, ihm die Fähigkeiten und Vorteile ihres Teams oder ihrer Organisation und der darin wirkenden Mitarbeitenden zu beschreiben. Auch ihre Schattenseiten haben bei der Erkundung ihren Platz, wenn sie auf eine faire Art und Weise beschrieben werden. Der Berater gewinnt dadurch Zugang zu den Ressourcen und zur Kultur des Unternehmens, kann beides in den Prozess der Veränderung einbauen und zur Wirkung bringen. Natürlich macht er sich dabei auch sein eigenes Bild.

Appreciative Inquiry ist auch ein wunderbares Instrument bei der inneren Teamentwicklung, das ich sehr gerne einsetze, wenn der Coachee einen guten Zugang zu seinen inneren Anteilen gewonnen hat. Er kann mir zunächst seine Stammspieler einen nach dem anderen beschreiben und dabei ihre Verbindungen und Spannungen untereinander deutlich machen. In einer kurzen Form geschieht das ja auch in der Phase der Erhebung. Bei der Teamentwicklung nehmen wir uns dafür mehr Zeit, wobei ich mich als Coach mit meinen vertiefenden Fragen einbringen und auch die inneren Anteile an der Peripherie berücksichtigen kann.

Die wertschätzende, würdigende Haltung bei diesem Verfahren passt gut zur Charakteristik des Oberhaupts, des Selbst, wie sie Richard C. Schwartz (1997) beschreibt (vgl. auch Kap. 2.2, S. 24). Im gemeinsamen Erkundungsprozess auf der inneren Bühne des Coachees werden auf diese Weise auch die Leerstellen deutlich, also die Beziehungen und die inneren Personen, die er noch nicht so recht kennt oder die sich hinter den Kulissen erst erahnen lassen. Dies kann dann der Anlass für gemeinsame vertiefende Erkundungen auf der Bühne des Coachees sein: Welches Stück wird gespielt und worum geht es darin? Welche Besetzung steht auf dem Spielplan und wo braucht es vielleicht noch Anweisungen aus der Regie? So kann sich der Coachee mit seiner inneren Arbeits- und Lebenswelt vertraut machen und sie später »für die Wechselfälle des Lebens« aufstellen und zum Einsatz bringen.

Friedemann Schulz von Thun (1998, S. 304) hat die Persönlichkeitstheorie von Fritz Riemann (1986) in die Arbeit mit dem Inneren Team eingeführt, deren Einsatz mir von der Teamentwicklung und vom Coaching her sehr vertraut ist.

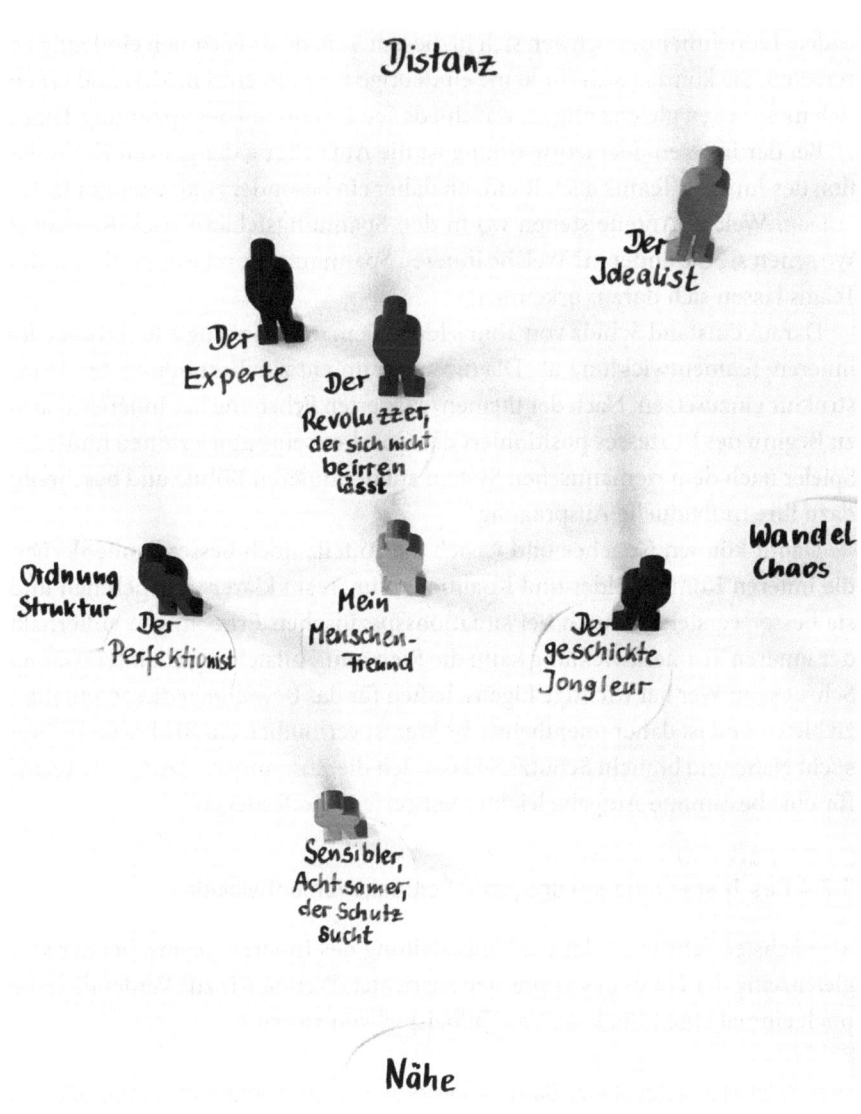

Riemann sieht den Menschen im typologischen Spannungsfeld der Pole Distanz vs. Nähe und Dauer vs. Wechsel und beschreibt die jeweils von einem der Pole in besonderer Weise geprägten vier »Typen«. Bei Seminaren und in der Teamentwicklung baue ich dieses Szenario der polaren Spannungen gerne in der Mitte der Gruppe auf, inszeniere zur Einführung die vier »riemannschen Typen« und bitte dann die Teilnehmenden, sich ihren Platz zu suchen und von dort aus ihren Bewegungsraum, ihre »Komfortzone« zu erkunden. Immer wieder fällt es den Teilnehmenden schwer, sich in diesem System als Personen eindeutig zu verorten. Sie können sich für keine eindeutige Position entscheiden und sehen sich nicht selten gleichzeitig an verschiedenen Positionen des Spannungsfeldes.

Bei der inneren Teamentwicklung ist die Aufstellung der ganzen Konstellation des Inneren Teams nach Riemann daher ein besonders interessantes Unterfangen. Welche Anteile stehen wo in den Spannungsfeldern nach Riemann? Wo sehen sie die anderen? Welche inneren Spannungen und welche Kultur des Teams lassen sich daraus erkennen?

Daraus entstand Schulz von Thuns Idee, Riemanns Typologie im Prozess der inneren Teamentwicklung als Diagnoseinstrument zur Erkundung der Teamstruktur einzusetzen: Nach der themenzentrierten Erhebung des Inneren Teams zu Beginn des Prozesses positioniert der Coachee seine Spielerinnen und/oder Spieler nach dem riemannschen System auf der inneren Bühne und beschreibt dazu ihre individuelle Ausprägung.

Damit können Coachee und Coach die Anteile noch besser kennenlernen, die inneren Konfliktfelder und Koalitionen im Team klarer wahrnehmen und sie besser verstehen. Auch bei situationsspezifischen Erhebungen außerhalb der inneren Teamentwicklung kann die Riemann-Aufstellung ein interessanter Schritt sein: Wer hat wichtige Eigenschaften für das Bewältigen dieser Situation zu bieten und ist daher unentbehrlich? Wer ist vermutlich ein Risikofaktor? Wer sucht Nähe und braucht Schutz? So lässt sich die Zusammensetzung des Teams für eine bestimmte Aufgabe leichter entwerfen und festlegen.

5.7.4 Das Team umbauen und neue Perspektiven entwickeln

Als nächster Schritt erfolgt die Umgestaltung des Inneren Teams, bei der sich gleichzeitig der Fokus des Teams neu ausrichtet. Werfen wir zur Verdeutlichung noch einmal einen Blick auf das Fallbeispiel von Herrn Z.

Herr Z. ist sich schnell klar darüber geworden, dass er einen neuen beruflichen Anfang auf den Weg bringen will und muss. Aber wie könnte dieser Neuanfang aussehen? Soll er sich eine neue Stelle suchen? Oder will er es wagen, den Schritt in die Selbstständigkeit zu tun? Für eine Antwort nimmt er jetzt all seinen Mut zusammen. Im Coaching geht es deswegen einerseits darum, seine Erfahrungen und Fähigkeiten in den Mittelpunkt zu rücken und seine Optionen für eine neue berufliche Aufgabe abzuschätzen. Andererseits folgt die innere Teamentwicklung nach der Erhebung und einer ersten Standortbestimmung dem Ziel, ausgehend von seiner beruflichen »Degradierung« ein besseres Verständnis dafür zu entwickeln, was da mit ihm passiert ist. Die nächsten Schritte haben die Aufgabe, Stabilität in sein inneres System zu bringen und sein Selbstvertrauen zu stärken. Dazu sind einige Verhandlungen und Umstellungen nötig. Die aktuelle Situation mitten im Prozess der Umstellung des Inneren Teams von Herrn Z. sieht so aus:

Ein *Zweifler und Bedenkensammler* mit der Prophezeiung, es sei nur eine Frage der Zeit, bis Herr Z. scheitere, hat diesen Job schon lange. Nach einer längeren Verhandlung ist er inzwischen bereit, eine neue Aufgabe als *der kritisch-faire Betrachter* anzutreten und Herrn Z. in allen schwiergen Fragen aktiv zu beraten. Eine beschützende Wächterfunktion für einen verletzten Anteil hatte er offenbar nicht mehr inne. *Der Quälgeist* mit dem Motto »Du kannst nichts, du bist nichts, das ist alles nichts wert!« dominiert einen *wackligen, unruhigen Gesellen* und bringt diesen und andere innere Anteile aus dem Gleichgewicht. Welchen Auftrag hat er und wie könnte er von einer neuen Rolle überzeugt werden? Die Erkundungen und Verhandlungen darüber haben gerade erst begonnen. *Der, der anderen gefallen will* – »Wenn ich die Bestätigung von oben kriege, geht es mir gut!« – war lange Jahre in einer abhängigen Beziehung zur Vertriebsleitung. Diese ist durch die Degradierung von Herrn Z. verletzt und ad absurdum geführt worden. Inzwischen orientiert sich dieser Anteil am *Oberhaupt* von Herrn Z. Er fühlt sich dort zunächst gut aufgehoben, arbeitet aber an einer größeren Unabhängigkeit.

Im Gespräch von Coach und Coachee entsteht die Idee, den Prozess der Neugründung durch eine interne *Projektgruppe Neuanfang* zu unterstützen. Mitglieder sind neben dem *Oberhaupt,* das die Verantwortung übernehmen und die Gruppe führen will, *der strukturierte Manager, der was bewegen kann* – »Wenn ich das Zutrauen habe, kann ich Berge versetzen!« – und *der Unbequeme, Anspruchsvolle,* der die Vertriebsleitung gerne provozierte – »Ich hänge die Messlatte immer sehr hoch, für mich und für andere«. Er will für Qualität sorgen und arbeitet gleichzeitig an seinen absoluten Ansprüchen, die für Druck sorgen. Er weiß, wie gefährlich er für das Team werden kann, sollte er das menschliche Maß wieder aus den Augen verlieren. Auch *eine harmoniebedürftige ängstliche Seite* ist noch zu versorgen – »Ich brauche Schutz und Stabilität, Neues macht mich unsicher«. Seinen *schützenden Engel* – »Ich bin bei dir, du brauchst nicht zu hadern. Komm einfach vorbei!« – kennt Herr Z. schon von früher, er will seine Unterstützung jetzt aber wieder häufiger in Anspruch nehmen.

Es ist also schon einiges geschehen und trotzdem noch viel zu tun im Inneren Team von Herrn Z. Sein *Oberhaupt* begleitet und stabilisiert den Prozess durch regelmäßige Einzelgespräche und versucht damit, die individuellen Fortschritte zu verstetigen und abzusichern. Im Prozess der Auseinandersetzung mit *dem Quälgeist* und *dem Wackligen* nimmt Herr Z. meine Hilfe als Begleiter und Gesprächsbeauftragter in Anspruch. Gemeinsam behalten wir in den regelmäßigen Coaching-Terminen den Fortschritt der inneren Teamentwicklung im Auge. Herr Z. hat sich inzwischen zur Gründung einer selbstständigen Existenz entschlossen. Seinem *strukturierten Manager* sind die ersten Schritte schon gelungen, deswegen steht dieses Thema im Coaching nicht mehr so stark im Vordergrund. Herr Z. scheint einen neuen Abschnitt seines beruflichen Weges erfolgreich eingeleitet zu haben.

Wie dieses Beispiel zeigt, ist innere Teamentwicklung Maßarbeit. Bei diesem Prozess plane ich mit dem Klienten zusammen je nach der Person und der Situation im Inneren Team spezifische Aktionen der Diagnose, der Entwicklung und der Umstellung, die oft noch ein Stück Begleitung und Verstetigung brauchen. Fast immer geht es darum, an verschiedenen Stellen des Teamsystems Einfluss auf die Denk- und Fühlmuster des inneren Anteils zu gewinnen, die Gewohnheiten einzelner innerer Akteure zu verändern und neue Gewohnheiten bei ihnen zu schaffen. Der Hirnforscher und Verhaltenspsychologe Charles Duhigg, (2014, S. 90) gibt Hinweise dazu, wie dies mit großer Nachhaltigkeit bewerkstelligt werden kann und welche wichtige Rolle der Glaube an sich selbst dabei spielt.

Aus den weiteren vielfältigen Möglichkeiten der Intervention in einem Umbauprozess des Inneren Teams habe ich drei Beispiele ausgewählt, die ich in meiner Praxis gerne zur Anwendung bringe und auf die ich zum Schluss noch hinweisen will.

Die »Stellenausschreibung«: Bei der Beratung treffe ich immer wieder auf die Situation, dass Klienten nach der Erhebung des Inneren Teams einen inneren Anteil oder eine Seite mit bestimmten Eigenschaften bei sich vermissen, von der sie sich Lösungen oder Veränderungen erhoffen würden. Eine »Stellenausschreibung«, gerne auch unterstützt durch Ideen und Beiträge aus dem Inneren Team, lässt den Wunsch und die Sehnsucht konkret werden und führt immer wieder dazu, dass sich – irgendwie – entsprechende Ergänzung oder Unterstützung einstellt.

Das »Drama-Dreieck«: Jochen Peichl (2019, S. 86) weist auf das »Drama-Dreieck« als soziales Modell hin, das »als Analysewerkzeug zum Verständnis menschlicher Interaktionen eingesetzt wird«. Darunter ist ein dysfunktionales Zusammenwirken von Täter-, Opfer- und Retterfiguren zu verstehen, wie es vor allem in der Transaktionsanalyse beschrieben wird. Peichl beobachtet die destruktive Wirkung dieser Konstellation ebenso in der zwischenmenschlichen Interaktion wie in der Beziehung zwischen inneren Anteilen. Dieses tückische »Beziehungsspiel« und seine Dynamik kann ich im Inneren Team von Klienten immer wieder erkennen. Es ist von Vorteil, mit ihm vertraut zu sein und dem Oberhaupt als dem Systemadministrator Hinweise geben zu können, wie die Beteiligten aussteigen und dieses Spiel beenden können.

Das »Storytelling«: Nicht erst am Ende von inneren Teamentwicklungsprozessen ist es wichtig, die Wünsche und die Energien des Teams auf seine zukünftige Entwicklung zu richten. Mit der Methode des Storytelling (z. B. Adamczyk, 2019) kann der Coachee eine Erfolgsgeschichte oder eine Zukunftsvision seines Inneren Teams entwickeln, die er sich selbst und anderen Menschen erzählen kann und die auf diese Weise ihre überzeugende und anspornende Wirkung nach innen und nach außen entfaltet. Sein Inneres Team kann dem Coachee beim Schreiben und Erzählen der Geschichte helfen.

Bisher hatten wir bei der Beschreibung des Konzepts »Inneres Team« und seiner Arbeit damit in der Beratung immer das Format des Einzelcoachings im Auge. Werfen wir jetzt noch einen Blick auf eine Beratungsform, bei dem der Coach oder die Coachin mit einer Gruppe oder einem Team arbeitet. Welche Bedeutung hat das Innere Team dort bei der Bearbeitung persönlicher Themen und wie lässt sich kollegiale Beratungsarbeit zielorientiert strukturieren?

6 Das Innere Team im Kollegialen Coaching

Neben dem Einzelcoaching als bilateraler Beratung im beruflichen Kontext und dem Teamcoaching, bei dem eine Beraterin oder ein Coach eine Arbeitsgruppe oder ein Team begleitet und supervidiert, hat sich in verschiedenen Berufsfeldern ein Format etabliert, das als *Intervision* bezeichnet wird (Hendriksen, 2000). Hier wird eine Gruppe zur Beraterin einer einzelnen Person, zum Beispiel im internen Kollegenkreis einer Organisation oder eines Unternehmens. Häufiger aber finden sich Beteiligte aus unterschiedlichen Bereichen regelmäßig als externe Intervisionsgruppe zur Beratung auf Gegenseitigkeit zusammen. Der Beratungsprozess wird meistens im Wechsel von einem der Gruppenmitglieder moderiert.

Im *Kollegialen Coaching* wird die Gruppe der zu Beratenden von einem ausgebildeten Coach begleitet und angeleitet. Er bringt sich mit seiner Gruppenerfahrung und mit seiner Professionalität als Berater in die Arbeit ein. Dadurch gewinnt der Prozess der Beratung an Qualität und Tiefe. Die Erfahrung des Coachs, sein erprobtes Modell für das Vorgehen und die vielfältigen Kompetenzen der Teilnehmenden ergänzen sich zu einem ausgesprochen wirkungsvollen, praxisnahen Coaching-Instrument. Der Managementberater Christoph Lauterburg (2001) sieht in diesem Verfahren ein effizientes Training von »Spitzenathleten im Management«. Dies gilt besonders dann, wenn die Gruppe heterogen ist (Alter, Geschlecht, Berufe, Funktionen) und die Teilnehmenden aus unterschiedlichen Unternehmen und Kontexten kommen. Wenn die Beratungsgruppe zu einem stabilen Team mit einem hohen Maß an Vertrauen zusammengewachsen ist, sind die Voraussetzungen gegeben, auch dort mit dem Konzept des Inneren Teams zu arbeiten.

Ein Mitglied des Teams tritt mit der Schilderung einer Situation aus seinem Verantwortungsbereich in den Mittelpunkt des Geschehens. Eine klare Struktur und einige Regeln bieten den Mitwirkenden Orientierung und weisen ihnen ihre Rolle im Beratungsprozess zu (vgl. Greimel, 2002, S. 32 f.). Eine Kultur der Offenheit, der Wertschätzung von Unterschiedlichkeit und der konstruktiven, aufbauenden Konfrontation bildet den Rahmen. Der Coach lenkt den Prozess, gibt Anstöße und trifft methodische Entscheidungen. Dabei ist die Arbeit mit dem Inneren Team eine interessante Option. Dies gilt vor allem dann, wenn die

Persönlichkeit der Fallgeberin oder des Fallgebers besonders im Vordergrund steht. Nun will ich ein Modell des Kollegialen Coachings vorstellen, das speziell auf die Beratung mit dem Konzept des Inneren Teams zugeschnitten ist.

Die Rollenverteilung im Kollegialen Coaching sieht dann wie folgt aus: Das Coaching-Team mit einer Größe von sechs bis sieben Personen hat die Rolle der Beraterin. Eines seiner Mitglieder wechselt als Protagonist in die Rolle des Coachees. Die Aufgabe des Coachs ist es, den Prozess zu leiten und zu steuern, den Coachee zu begleiten und das Potenzial des Teams für ihn und für seinen Fall zu mobilisieren. Gleichzeitig bringt der Coach sich auch als Mitglied des Coaching-Teams ein. Die Besetzung dieser Rolle bleibt in der Regel konstant. Alle drei Rollen im Kollegialen Coaching sind mit spezifischen Aufgaben verbunden, die die Rollenträger individuell interpretieren und gestalten können:

Die Coachee berichtet offen und freimütig von ihrer Situation und den damit verbundenen Problemstellungen und Konflikten, sie äußert ihre Gefühle, Gedanken und Erfahrungen dazu und beschreibt die Umstände, die auf sie und auf ihre Situation einwirken. Sie öffnet sich für die Eindrücke, die Wahrnehmungen und das Feedback des Coaching-Teams, und sie lädt es ein, individuelle, auch überraschende und unkonventionelle Ideen einzubringen.

Die Coachee ist vollkommen frei in der Art ihrer Präsentation. Je nach ihrer Art wird sie eher sachlich und nüchtern oder vielleicht persönlich und gefühlsbetont sein. Mit ihrer Darstellung der Situation bringt sie ihr Erleben und ihre spezifische Konstruktion der Wirklichkeit zum Ausdruck: Was bewegt sie, was ist für sie besonders wichtig? Wie stellt sie die Beteiligten und sich selbst dar? Präsentiert eine Coachee sich als Täterin oder als Opfer, als Verliererin oder als Heldin? Was will sie betonen, was ausführlich beschreiben und was möchte sie lieber im Hintergrund lassen?

Grundsätzlich überlässt die Coachee dem Coach die Gestaltung und Steuerung des kollegialen Beratungsprozesses, sie kann aber natürlich Wünsche und Vorschläge dazu machen. Zu jeder Zeit bestimmt sie allein, welche Bedeutung und welches Gewicht das Gehörte und Erfahrene für sie hat. Sie behält stets die autonome Entscheidung darüber, was sie annehmen oder ablehnen möchte und welche Vorschläge und Anstöße sie umsetzen will.

Die Mitglieder des Coaching-Teams lassen sich mit Interesse und mit voller Aufmerksamkeit auf die Situation und das Anliegen der Coachee ein, ohne Partei zu ergreifen. Sie schauen gleichzeitig nach außen und nach innen: Was fällt ihnen ins Auge und was vermissen sie? Was nehmen sie beim Bericht der Coachee bei sich selbst wahr? Welche Gedanken, Gefühle entstehen? Sie versetzen sich in die Lage der Protagonistin, ohne sich mit ihr zu identifizieren, und wahren innere Distanz zum Geschehen. Mit einer dienenden, unterstützenden

Haltung stellen sie ihren persönlichen Beitrag zur Verfügung und versuchen, ihre eigenen Interessen und Bedürfnisse dabei aus dem Spiel zu halten. Offen und gleichzeitig taktvoll beteiligen sie sich mit individuellen Eindrücken, Hypothesen, Erfahrungen und Ideen und betrachten diese als Angebote an die Coachee. Sie überlassen der Coachee jederzeit die Verantwortung und Entscheidung für ihr Handeln und dem Coach die Steuerung und Gestaltung des Beratungsprozesses. Selbstverständlich wahren sie Vertraulichkeit und Verschwiegenheit, auch nach Abschluss des Kollegialen Coachings.

Der Coach führt in das Arbeitsmodell ein, er strukturiert den Prozess und schlägt dazu geeignete Methoden und Arbeitsschritte vor. Er ist jederzeit aufmerksam an der Seite der Coachee und bietet ihr Schutz gegenüber zu weit gehender Einflussnahme und Interpretation. Er unterstützt sie dabei, Zugang zu ihrem Inneren Team zu gewinnen und sich neue Perspektiven für dessen Entwicklung zu eröffnen. Er schafft Räume für die intensive Beteiligung des Coaching-Teams, für Reflexion und für kreative Ideen, bringt sich aber auch selbst inhaltlich ein, ohne das Coaching-Team zu dominieren. Es ist seine Aufgabe, im Prozess für Transparenz und für die Ergebnissicherung zu sorgen.

6.1 Konzept und Philosophie des Kollegialen Coachings

Der Sinn und die besondere Stärke des Kollegialen Coachings ist es, komplexe, oft auch politisch oder persönlich heikle Problemstellungen aus der Beschränkung des individuellen Blickwinkels und aus einer kulturell einseitigen Betrachtungsweise herauszulösen und sie umfassender und ganzheitlicher zu betrachten. Unwillkürlich versucht die Coachee, dem Coaching-Team »die eigene Brille aufzusetzen«. Das Spektrum ihrer Denk- und Verhaltensmuster, ihre Vorbehalte, Tabus und ihre oft unbewussten Ängste schränken sie in ihrer Wahrnehmung und in ihrem Handeln ein. Das Coaching-Team überschreitet ganz selbstverständlich diese Grenzen. Es fordert die Coachee mit differenten Wahrnehmungen und Meinungen heraus, gibt ihr Feedback und lässt anstelle einer einzig richtigen Lösung eine Vielfalt ermutigender, oft unkonventioneller Handlungsalternativen entstehen.

Wie beim Einzelcoaching gehe ich als Coach auch hier von der Vorstellung und Erfahrung aus, dass in der Coachee ein Wissen darüber angelegt ist, was für sie passt und was gute Lösungen für sie auszeichnet. Das Angebot des Coaching-Teams, geäußerte Wahrnehmungen, Gedanken und Ideen sollen sie also bei ihrem eigenen Findungsprozess anregen und unterstützen, nicht aber in eine bestimmte Richtung oder zu einer bestimmten Lösung drängen.

Charakteristisch für die Struktur des Kollegialen Coachings ist, dass es nur wenige Gelegenheiten zum direkten Dialog zwischen Coachee und Beratungsteam gibt. Beide Seiten sind also meistens im Wechsel aktiv, sie beobachten das Geschehen immer wieder von außen und achten dabei intensiv auf die eigenen inneren Reaktionen. Dies macht es leichter, zwischen den Zeilen zu lesen, die eigenen Intuitionen wahrzunehmen und auf sie zu vertrauen. Neben dieser introvertierten, intuitiven Form der Arbeit haben auch die kritische Analyse und die kreative Entwicklung von Ideen ihren Platz. Die Coachee kann das für sie Passende für sich herausfinden und in Ziele und Handlungen umsetzen.

6.2 Phasen und Schritte des Konzepts

Die folgende Tour durch mein Modell des Kollegialen Coachings vermittelt ein Bild davon, wie die einzelnen Schritte des Beratungsprozesses aufeinander aufbauen, wie sie wirken und zu Ergebnissen führen. Das Schaubild vermittelt einen Überblick über die Schritte des Vorgehens und gibt erste Hinweise dazu.

Tabelle 2: Das Modell des Kollegialen Coachings in der Übersicht

Schritte	Hinweise
1. Der Bericht Die Coachee stellt ihre Situation und ihren Kontext dar und benennt die Problemstellung bzw. das Anliegen oder Ziel. Der Kontrakt entsteht.	Das Coaching-Team hört aufmerksam zu, nimmt innere Resonanzen wahr (innere Bilder, Gefühle, Körpersignale …) und hält sie fest.
2. Die Resonanzrunde Das Team spiegelt dazu individuelle innere Bilder, Gefühle, und Assoziationen. Die Coachee greift für sie wichtige Aspekte heraus und aktualisiert ihr Anliegen: Die Person steht im Vordergrund!	Brainstorming – »Resonanzwolke«. Coachee hört aufmerksam zu: »Was betrifft mich? Was löst es aus?«
3. Verständnisfragen Die Coachee beantwortet Fragen aus dem Team zur Situation und zum Kontext.	Das Coaching-Team registriert erste Spuren, geht aber noch nicht in eine Analyse.
4. Das aktuelle Innere Team Die Coachee beschreibt und visualisiert ihr Inneres Team und die Konstellation in der angesprochenen Situation.	Der Coach kann die Coachee dabei durch Klärungsfragen unterstützen, das Coaching-Team verfolgt aufmerksam den Prozess.

Schritte	Hinweise
5. Die Beratungskonferenz Das Beratungsteam beleuchtet die Situation aus verschiedenen Blickwinkeln, es formuliert Eindrücke, arbeitet als Angebot an die Coachee Kernpunkte und Hypothesen heraus. Es verändert nicht die Visualisierung der Coachee.	Die Coachee zieht sich an den Rand zurück, verfolgt schweigend den Dialog des Teams, registriert und notiert das ihr Wichtige.
6. Das Innere Team im Veränderungsprozess Die Coachee benennt ihre Erkenntnisse und ihre Wirkung auf das Innere Team, sie formuliert Veränderungsziele und visualisiert sie. Sie kann eine Beratungsfrage an das Team formulieren.	Der Coach kann sie dabei durch Klärungsfragen, Anstöße und Ideen unterstützen. Er kann eine Beratungsfrage vorschlagen.
7. Ideen und Anstöße (optional) Das Beratungsteam generiert dazu eine Sammlung ermutigender Ideen und Handlungsalternativen, aus denen die Coachee ihre Auswahl trifft.	Die Ideen werden sichtbar notiert. Nichts wird hinterfragt oder diskutiert. Die Coachee hört zu und wählt aus.
8. Reflexion und »Sharing« Die Beteiligten werten den Prozess individuell und gemeinschaftlich aus und dokumentieren die Ergebnisse.	Rückblick und Dank der Coachee, Blitzlicht des Coaching-Teams zum eigenen Erleben im Prozess.

Mit dem *Bericht (1)* der Coachee beginnt das Kollegiale Coaching. Sie beschreibt ihre Sicht und ihr Erleben der Dinge. Ihre verbalen Schilderungen kann sie durch ein Bild oder eine Skizze illustrieren. Die individuelle Charakteristik des Berichts und die Atmosphäre, die dabei entsteht, sind bedeutsam für das Verständnis der Protagonistin und ihrer Situation: Mit ihrem Narrativ vermittelt sie Informationen über ihre Sicht der Dinge – zur Sachlage, zu ihren Beziehungen, zum relevanten Kontext, zu ihrer Person und ihrer Rolle und speziell zu der Frage oder dem Problem, das sie bewegt, und dem Anliegen, das sie damit verbindet.

Weder der Coach noch das Beratungsteam unterbrechen die Protagonistin bei ihrem Bericht durch Fragen oder Kommentare. Nach den Spielregeln des Modells ist die Aufmerksamkeit des Coachs und der Gruppe während der Berichtsphase ausgesprochen introvertiert: Diese soll sich ausschließlich darauf richten, was die Protagonistin mit ihrem Bericht hier und jetzt bei den Beratenden auslöst und bewirkt. Die Beratenden schauen nach innen, nehmen ihre Eindrücke von der Coachee und ihrer Situation wahr: Was betont und was unterschlägt sie? Wie stellt sie sich und die anderen Beteiligten dar? Wo entstehen Irritationen und Leerstellen? Coach und Gruppe registrieren individuelle Assoziationen, innere Bilder, Gefühle und Gedanken, die bei ihnen entstehen. Eines ist wichtig: Der analytische Intellekt soll während dieser Phase noch außen vor bleiben. Empathie und eine schwebende, nach innen gerichtete Aufmerksamkeit sind die Qualitätsmerkmale der Berichtsphase.

Was jetzt intuitiv bei den Beraterinnen und Beratern entsteht, ihre Aufmerksamkeit erregt und ihnen in Erinnerung bleibt, bringt für den weiteren Verlauf des Coachings oft entscheidende Hinweise und Merkpunkte, die schon früh auf des Pudels Kern hinweisen können. Analysen, Hypothesen, Lösungsideen haben erst später ihren Platz, auch wenn es den Beratenden oft nicht leicht fällt, sich auf dieses ausgesprochen defensive, introvertierte Wahrnehmungsmuster einzulassen. Zum Abschluss des Berichts, das ist wichtig, formuliert die Coachee ihr Anliegen, ihre Beratungsfrage. Der Coach unterstützt sie bei der Formulierung und hält das Ergebnis für alle sichtbar fest. Die Beratungsfrage ist Basis und Orientierung für den Coaching-Prozess – sie wandelt sich oft noch in dessen Verlauf oder kann sogar von einem völlig neuen Thema abgelöst werden.

Nach dem Ende der Ausführungen der Protagonistin sind im Team meistens viele Fragen zur Coachee und zu ihren Beschreibungen entstanden. Sie kommen aber erst später zum Zuge, denn eine Fragerunde würde jetzt die soeben gewonnenen Intuitionen, inneren Bilder und Empfindungen in den Hintergrund drängen oder sie verschütten. Daher erhält erst einmal die *Resonanz (2)* aus dem Beratungsteam ihren Raum. Die Beraterinnen und Berater bringen ihre Wahrnehmungen als kurze Statements in lockerer Folge in den Kreis. Heterogene Vielfalt und spontane Offenheit der Eindrücke sind hier die entscheidenden Qualitätskriterien. Es geht in dieser Phase um assoziative Breite, nicht um analytische Tiefe. Jede Person kann sich mehrmals und mit unterschiedlichen Wahrnehmungen äußern. Die Coachee ist dabei nicht die Gesprächspartnerin des Teams, sondern stille Zuhörerin am Rande. Jetzt ist sie es, die bewusst nach innen schaut und darauf achtet, was sie berührt, betrifft oder worauf sie anspringt. Was bewirkt das Gehörte bei ihr? Was ist für sie wichtig oder was fällt ihr dazu ein? Welche Themen und Fragen beschäftigen sie jetzt?

Dazu gibt sie zum Abschluss ein Feedback an das Coaching-Team. Mit ihrer Auswahl gibt sie der Gruppe wichtige Hinweise. Eines ist jetzt zu klären: Stimmt ihre Beratungsfrage noch? Nicht selten möchte die Coachee sie jetzt aktualisieren. Vielleicht ist durch treffende Äußerungen für sie hinter dem Naheliegenden plötzlich das Eigentliche, besonders Wichtige hervorgetreten und hat sich in den Vordergrund geschoben.

Dann haben die *Verständnisfragen (3)* ihren Platz. »Was müssen Sie noch wissen, um in die Beratungskonferenz einsteigen zu können?« Diese Frage stellt nun der Coach den Mitgliedern des Teams. Meistens sind die Informationslücken schnell geschlossen. Dann folgen häufig weiterführende Fragen, die eigentlich in die Beratungskonferenz gehören. Die Fragerunde soll sich nicht zu sehr ausdehnen. Wenn also die Coachee von der Gruppe in ein Interview verwickelt wird, ist dies ein klarer Hinweis dafür, die Fragerunde abzuschließen.

Im folgenden Schritt kommt das *Innere Team der Coachee (4)* ins Spiel. Die Protagonistin hat sich entschlossen, den Schwerpunkt ihres Anliegens auf eine Frage zu legen, die ihre Person betrifft: einen inneren Konflikt, eine belastende, für sie ausweglose Situation, eine Wertefrage ..., und wählt dazu das Konzept des Inneren Teams. In dieser Phase arbeitet der Coach mit der Protagonistin im Dialog weiter. Das Beratungsteam zieht sich zurück und beobachtet den Prozess.

Der Coach bittet die Coachee darum, die innere Situation ins Bild zu bringen, die Anteile zu positionieren und ihren Platz als Oberhaupt zu bestimmen (mithilfe von Inszenario-Figuren, Bauklötzen, Moderationskarten, einer Skizze auf dem Flipchart ...). Er überlässt diese Aufgabe allein der Coachee und er unterbricht oder beeinflusst sie dabei nicht. Meistens erledigt die Coachee diesen Schritt schweigend und mit hoher Konzentration.

Ist dies geschehen, dann bittet der Coach die Coachee, das entstandene Bild und seine Bedeutung zu erklären. Er fragt nach, erkundigt sich nach fehlenden Namen, nach Äußerungen oder Eigenschaften einzelner innerer Anteile, um das Bild zu erweitern und zu vervollständigen. Dabei kommentiert er weder die entstandene Darstellung oder Aufstellung noch den Prozess ihrer Entstehung. Er bleibt in einer fragenden, erkundenden Haltung. Wenn die Darstellung ihres Inneren Teams für die Coachee fertig ist und kein Anteil mehr fehlt, ist diese Phase beendet. Die Coachee zieht sich nun wieder auf ihre Position als Beobachterin zurück.

Zur Beratungskonferenz kommt das Coaching-Team wieder in Aktion, es versammelt sich jetzt im Kreis um die Darstellung des Inneren Teams. Der Coach beginnt mit einer kurzen Austauschrunde zu den Wahrnehmungen der Teilnehmenden während des Erhebungs- und Aufstellungsprozesses. Dann erinnert er an die Beratungsfrage der Coachee. An dieser soll sich die Arbeit orientieren, das Coaching-Team soll Antworten auf sie finden.

Die *Beratungskonferenz (5)* ist das Kernstück des kollegialen Coaching-Prozesses im Team. Sie zielt nicht nur auf eine objektive Analyse, sondern ebenso auf einen respektvollen Austausch subjektiver Eindrücke, Wahrnehmungen, Hypothesen und Schlüsse der Beraterinnen und Berater. Jetzt geht es darum, Distanz zu der Perspektive und den Interpretationen der Coachee zu gewinnen, ihre Lage unabhängig von ihrer eigenen Sicht und ihren Empfindungen zu analysieren und ein Verständnis der geschilderten Situation und des zu lösenden

Problems zu entwickeln. Die Einschätzungen dürfen nun durchaus spekulativ und hypothetisch sein. Lösungsideen und Anstöße (7) sind noch nicht gefragt.

Der Coach und die Gruppe nehmen die Darstellung des Inneren Teams genauer in den Blick: Was glauben sie darin zu sehen? Was bringt die Konstellation der inneren Akteure für sie zum Ausdruck? Was wird wohl im Inneren Team der Protagonistin gespielt? Welche Koalitionen und Polaritäten sind erkennbar und wie stellen sich die Position und der Part des Oberhaupts dar? Unterm Strich: Worum geht es wohl? Die Coachee ist präsent, wird aber nicht angesprochen.

Wichtiger Leitgedanke der Beratungskonferenz ist die wertschätzende, ermutigende und gleichzeitig kritische Haltung der Beraterinnen und Berater. Weitere Orientierung gibt die Aufforderung, den Raum für die Unterschiedlichkeit, womöglich sogar für die Gegensätzlichkeit der Sichtweisen, Vermutungen und Bewertungen zu öffnen. Dadurch entsteht eine lebendige, dynamische Vorstellung von der Situation und vom Geschehen im Inneren Team, die für die Coachee im Wortsinn bewegend sein kann. Die individuellen Wahrnehmungen, Hypothesen und Schlüsse der Beratenden bleiben in einem Verhältnis positiver, Neugier weckender Spannung nebeneinander stehen. Denn es geht nicht um Wahrheiten oder gar um die Wahrheit. Die Vielfalt und die Dynamik des Geschehens bringen die Denk- und Handlungsmuster der Coachee in Bewegung und geben ihr Gelegenheit, ihre eigenen Antworten und ihre eigene Wahrheit zu finden.

Keinesfalls darf das Coaching-Team aber die Darstellung oder Aufstellung des Inneren Teams durch die Coachee verändern. Die Weiterentwicklung des ursprünglichen Bildes ist später die Aufgabe und das Privileg der Coachee. Wäre sie direkt an der Konferenz beteiligt, so würde sie den Erkenntnisprozess des Teams unwillkürlich beeinflussen und die Beratenden daran hindern, über das ihr Vertraute, über ihre Komfortzone hinaus in für sie neue Denkweisen vorzustoßen: Beratung wird zum Querdenken, und das schließt eine Irritation der Protagonistin ein.

Das Beratungsteam konfrontiert die Coachee hier mit einer spezifischen Zumutung: Sie hört ungefiltert, wie andere sie und ihre Situation einschätzen, was sie über sie denken und vermuten. Zugleich vermittelt es ihr die Ermutigung, die angebotene Außenperspektive aufzugreifen und sie für sich und ihre Entwicklung zu nutzen.

Am Ende des Austauschs unter den Beratenden kommt es meistens zu einer Fokussierung: Einige Überlegungen haben sich im Prozess verdichtet und an Bedeutung gewonnen. Der Coach unterstützt die Fokussierung methodisch dadurch, dass er vor dem Ende der Konferenz alle Mitglieder des Coaching-Teams bittet, ihre Kernhypothese zur Situation und zum Geschehen im Inneren Team der Coachee zu formulieren und auf Karten zu notieren. So wird die

Spreu vom Weizen getrennt, es entsteht ein überschaubares Spektrum von Eindrücken und Einschätzungen, das der Coachee ihre Auswahl erleichtert.

Der Weg des Kollegialen Coachings führt nun weiter zur Auswahl der Erkenntnisse und zur Gestaltung der Zukunftsperspektive. Im Mittelpunkt steht jetzt das *Innere Team im Veränderungsprozess (6)*. Die Coachee tritt also wieder ins Zentrum des Geschehens und in den Kontakt mit ihrem Inneren Team. Das Coaching-Team zieht sich noch einmal in die Beobachtungsposition zurück.

Wie geht es der Coachee jetzt? Welche Eindrücke und Erkenntnisse bringt sie aus der Beratungskonferenz mit? Was hat sich in ihrem Inneren Team verändert? Die Coachee formuliert also ihre Wahrnehmungen und Erkenntnisse aus der Konferenz und zieht daraus ihre ersten Schlüsse, die der Coach für sie auf Karten festhält.

Manchmal hat die Coachee bis dahin schon so viel für sich mitgenommen, dass sie das Kollegiale Coaching jetzt beenden möchte. Vielleicht will sie aber noch einen Schritt weitergehen und die eingetretene Veränderung in einer neuen Aufstellung der Teamkonstellation dokumentieren oder die Zukunftsperspektive ihres Inneren Teams entwerfen und visualisieren. Eventuell liegt ihr aber jetzt ein Transfer näher und sie möchte auf die Konsequenzen des Erlebten für das Handeln in ihrem Verantwortungsbereich schauen.

Wenn dann noch Zeit und Energie da sind, kann die Coachee die Beraterinnen und Berater zum Abschluss um *Ideen und Anstöße (7)* für ihre nächsten Schritte bitten. Dafür formuliert sie eine Frage an das Team, und an dieser orientiert sich das Coaching-Team bei dem nun folgenden Brainstorming. Jede und jeder notiert ihre/seine Beiträge auf Karten und noch einmal kann die Coachee ihre Wahl treffen, bevor sie sich mit einem Dank an die Mitwirkenden aus ihrer Rolle verabschiedet.

Reflexion und Sharing (8) schließlich bedeuten, dass die Beteiligten zurückblicken und sich darüber austauschen, was für sie eindrücklich und persönlich wichtig war. Dann wird der Arbeitsprozess gemeinsam abgeschlossen. Nach einer Pause können Coach und Beratungsteam mit einer weiteren Protagonistin in eine neue Runde des Kollegialen Coachings gehen.

6.3 Der besondere Reiz des Konzepts und seine Grenzen

Die herausragende Besonderheit der Arbeit mit dem Inneren Team im Kollegialen Coaching liegt in der Präsenz einer größeren Anzahl von Personen. Sie sorgen für ein breiteres Spektrum von Ansichten und Perspektiven, als sie ein einzelner Coach oder eine Coachin allein repräsentieren kann. Nach der

Erhebung und der Aufstellung des Inneren Teams kann das Coaching-Team in der Beratungskonferenz den Mitgliedern des Inneren Teams eine Stimme geben. Dadurch werden die Empathie und das Verständnis der Mitglieder des Coaching-Teams vertieft. Ihre Eindrücke und Hypothesen, die aus ihrer Identifikation mit den einzelnen inneren Anteilen entstehen, können für den Coachee sehr aufschlussreich sein. Diese Methode stellt aber keinesfalls eine psychodynamische Aufstellung des Inneren Teams dar, wie sie Dagmar Kumbier (2016, S. 21) beschreibt. Denn die Berater werden nicht vom Protagonisten und Fallgeber als Stellvertreter ausgewählt und im Raum positioniert. Sie haben sich den inneren Anteil, für den sie sprechen, selbst ausgewählt. Deswegen bitte ich die Beraterinnen und Berater immer darum, im Konjunktiv zu sprechen, wenn sie sich in einen der inneren Anteile des Coachees hineinversetzen und spielerisch seine Position einnehmen. Dazu stelle ich als Beispiel den Auszug einer Interaktionsphase zwischen Mitgliedern des Coaching-Teams dar, die sich jeweils mit einer der inneren Akteurinnen identifizieren:

A: Die *Spielerin, Trickserin,* die ich vertrete, könnte auf die Idee kommen, die Sache am Oberhaupt vorbei cool durchzuziehen! Ich habe den Eindruck, die hat da keine Skrupel!

B: Oh, meine *kreative, intuitive Ideenlieferantin würde da vielleicht Lust haben, mitzumachen! Das könnte* sie durchaus reizen, hab ich den Eindruck!

C: Meiner *fleißigen Ordnungsfrau würde das wohl kaum entgehen,* die *würde sofort die Bremse reinhauen* und etwas dagegensetzen!

D: Will die Ordnungsfrau mal wieder die Chefin spielen? Wo ist die denn überhaupt abgeblieben?

C: Hier ist sie, und sie versteht keinen Spaß! So läuft das also nicht! Ende der Vorstellung, würde ich mal annehmen.

B: Oje, der *kreativen Ideenlieferantin* könnten jetzt plötzlich die Ideen ausgehen. Ich vermute, die wird jetzt einknicken und einen Rückzieher machen …

Es hat also seinen Reiz, für einige Momente in ein solch imaginäres Gespräch zu gehen, um spielerisch ein Gefühl für die Situation im Inneren Team der Coachee zu entwickeln oder eine Begegnung ähnlich einer Szene aus dem Psychodrama durchzuspielen. Die Protagonistin kann sich dann Ideen und Anstöße aussuchen, die zu ihrer Situation passen. Aber vielleicht würde das beim Feedback des Coachees am Ende der Beratungskonferenz auch den Satz auslösen: »Das war ja ein netter Gedankenaustausch unter euch, aber meine fleißige Ordnungsfrau meldet sich immer erst hinterher, wenn alles schon gelaufen ist.«

Der Wechsel des Coaching-Teams in eine echte psychodynamische Aufstellungsarbeit, gleichgültig nach welchem Konzept sie geschieht, würde das Format des Kollegialen Coachings sprengen. Sie würde natürlich auch eine entsprechende Qualifikation der Beraterin oder des Coachs und natürlich das Einverständnis der Coachee und des Coaching-Teams voraussetzen.

Auch in der Phase der Entwicklung von Ideen und praktischen Handlungsalternativen hat die Vielfalt der Gruppe Vorteile gegenüber dem Einzelcoaching. In dieser kreativen Phase des Kollegialen Coachings kommt mir als Coach häufig der Gedanke: »Tolle Idee! Wäre ich nie drauf gekommen!« Das Verständnis und die Unterstützung durch eine größere Anzahl von Peers können beim Coachee große Motivation und Energie mobilisieren und manchmal sogar eine euphorische Stimmung erzeugen, wie ich sie bei meinen Klientinnen und Klienten im Einzelcoaching nicht so häufig erlebe. Das Kollegiale Coaching ist aber meistens beendet, wenn es bei der Umsetzung der vielen guten Ideen aus dem Beratungsteam darum geht, eine Auswahl zu treffen, sie in realistische Pläne zu verwandeln und dafür Erfolg versprechende Strategien zu entwickeln. Dies ist nach der Beratungsrunde die Aufgabe der Coachee.

Eine starke Einschränkung liegt auch darin, dass Kollegiales Coaching als eine Folge von kurzen Beratungsprozessen mit wechselnden Coachees organisiert ist. Ist das Coaching vorbei und sind noch wichtige Fragen offen, dann kann es längere Zeit dauern, bis die oder der Coachee wieder dran ist und an ihnen weiterarbeiten kann.

Die Grenzen des Kollegialen Coachings zeigen sich besonders dann, wenn zu einer substanziellen Veränderung im Inneren Team eine direkte Kontaktaufnahme und ein Dialog der Coachee oder des Coachs mit Anteilen im Inneren Team notwendig wären, um mit ihnen ein Problem zu lösen oder einen Konflikt zu klären. Dies gilt ebenso, wenn dort eine Störung zu untersuchen und zu bearbeiten ist. Der Einstieg des Coachs in einen Dialog mit einem der inneren Teammitglieder der Coachee würde die Beratungsgruppe über längere Zeit in die Rolle der Zuschauenden verdrängen. Das Kollegiale Coaching würde dann zu einem Coaching vor kollegialem Publikum werden und könnte sein spezifisches Potenzial nicht mehr entfalten.

In bestimmten kulturellen Kontexten ist die Arbeit an der Persönlichkeit mit einem Konzept wie dem Inneren Team für den Coachee ein großer Schritt, der auch großen Mut erfordert! Dieser Schritt kann im Einzelcoaching in einer vertrauten Atmosphäre eher gelingen. Dort lassen sich Vorbehalte und Ängste leichter überwinden. In der Öffentlichkeit eines Kollegialen Coachings ist die Situation anders. Das Schutzbedürfnis bezogen auf die eigene Person ist dort höher, vor allem wenn der Coachee unter Beobachtung steht und hier womöglich schon Abwertung und Indiskretion erlebt hat. Auch ein Verhältnis der Rivalität würde einen solchen Schritt der Öffnung sicherlich behindern.

Das Konzept des Inneren Teams braucht ein ausreichendes Maß an kultureller Passung und darüber hinaus Zusammenhalt und Vertrauen im Coaching-Team selbst, damit seine Potenziale zum Tragen kommen können. Diese Voraussetzungen sind sicher nicht in allen beruflichen Kontexten gegeben. Insgesamt eröffnen sich aber im Format des Kollegialen Coachings vielversprechende Möglichkeiten zur Arbeit mit dem Inneren Team. Es wird dort vom Coach oder von der Beraterin allerdings seltener und zurückhaltender angewandt werden als im Einzelcoaching.

7 Kultur und Dynamik einer helfenden Beziehung

In diesem Abschnitt möchte ich das Zusammenwirken von Coachin und Coachee bei der Beratungsarbeit mit dem Inneren Team genauer beleuchten und dabei auf die Dynamiken schauen, die speziell am Beginn einer helfenden Beziehung wirken, wie sie im Coaching ja gegeben ist. Dabei wird die innere Haltung thematisiert, die die Coachin bei ihrer Arbeit und ihren Interventionen leitet, welche die *Person* des Ratsuchenden betreffen. Sie spielt für das Gelingen der beraterischen Arbeit mit dem Inneren Team eine entscheidende Rolle. Welche Verantwortung hat die Beraterin bei Interventionen mit Wirkung auf die Persönlichkeit eines Rat suchenden Menschen? Wie kann sie diese Verantwortung wahrnehmen und worin findet ihr Handeln seine Grenze?

7.1 Grundorientierung und Leitgedanken

Der Organisationspsychologe und Coach Edgar H. Schein (2000) hat wegweisende Grundlagen zu den Eigenschaften einer helfenden Beziehung formuliert. Er orientiert sich dabei zwar am Arbeitsfeld und der Rolle des Organisationsberaters, versteht sein Konzept jedoch als Haltung und Methode für jede Form der helfenden Beziehung, also auch für das Format Coaching.

Schein weist auf das anfängliche Statusungleichgewicht hin, das für helfende Beziehungen charakteristisch ist: Auch wenn er sich als Auftraggeber scheinbar in einer machtvollen Position befindet, erlebt der Klient die Situation, in der er Hilfe in Anspruch nehmen muss, häufig als eine einseitige Abhängigkeit und als eine Beeinträchtigung seines Selbstwertgefühls. Es kann für Coach und Coachee am Beginn des Beratungsprozesses also zum Problem werden, »dass der Klient aus einem bewussten oder unbewussten Gefühl der Verwundbarkeit heraus häufig nur ungern die tiefer liegenden Gründe oder die ganze Komplexität dessen enthüllt, was ihm Sorge bereitet, solange er nicht überzeugt ist, dass der Berater ihn akzeptiert, unterstützt und – vor allem – bereit ist, ihm zuzuhören« (Schein, 2000, S. 57).

Auf der anderen Seite erlebt der Coach die Kontraktphase eines Beratungsprozesses oft als Situation, in der er vom Bedürfnis geleitet wird, einen Eindruck von Selbstsicherheit und Kompetenz zu vermitteln und seinen Kunden oder Klienten von seinen Fähigkeiten zu überzeugen. Der Beratungsprozess wirkt also zu Beginn nicht selten wie eine Art Rollenspiel, bei dem sich die Akteure vorsichtig und taktisch bewegen. Sie vermitteln sich wechselseitig ein Bild von Stärke und Unabhängigkeit und gleichzeitig testen sie sich gegenseitig aus. Sie kommen sich dabei aber nicht näher und finden zunächst keinen Zugang zueinander. Damit bleibt ihnen aber auch der Zugang zum Kern des Problemgeschehens verschlossen, für das der eine Verständnis und Hilfe sucht und der andere seine Kompetenzen einsetzen möchte.

In dieser Phase des Kennenlernens und der Vertrauensbildung ist es die Aufgabe des Coachs, das verletzte Selbstwertgefühl des Coachees wiederherzustellen und zu stärken und sich nicht als starker Problemlöser und Helfer zu inszenieren. Indem er die Möglichkeiten seiner anfänglichen Macht nicht ausspielt, sondern von Beginn an eine Beziehung auf Augenhöhe anbietet, kann er die Beziehung zum Klienten in eine Balance bringen und ihm helfen, sich zu öffnen (Burkhard u. Greimel, 2012). Eine gleichwertige, symmetrische Beziehung zwischen Klient und Berater von Beginn an erleichtert es, einen echten, persönlichen Zugang zum Coachee und seiner Situation zu gewinnen, und sie mindert den Druck für den Coach, sich beweisen zu müssen.

Schein macht den Vorschlag, die Annäherungsphase im Beratungsprozess als einen »wechselseitigen Prozess des Helfens« (Schein, 2000, S. 60) zu betrachten, bei dem beide Seiten aufeinander angewiesen sind: Der Coach braucht den Coachee, um von ihm Informationen zu seiner Situation und seiner Problemlage zu erhalten, und er braucht vom Coachee eine Rückmeldung dazu, ob er ihn verstanden hat und auf der richtigen Spur ist. Andererseits braucht der Coachee den Coach, um sich verstanden zu fühlen, seine eigene Situation besser zu verstehen und den Ballast der Aufgaben und Probleme mit ihm zu teilen.

Eine gelungene Statusbalance in der Beziehung zwischen Coach und Coachee ist eine Voraussetzung, um die Arbeit mit dem Konzept des Inneren Teams zu beginnen und sich gemeinsam auf eine partnerschaftliche Erkundungsreise in die noch unbekannten inneren Gebiete des Coachees einzulassen. Es spricht alles dafür, Edgar Scheins Sicht des Aufeinander-angewiesen-Seins zu einer Grundlage der Arbeit mit dem Inneren Team im Coaching zu machen: Der Coach braucht den Coachee, um mit ihm in Sachen Inneres Team erfolgreich zu arbeiten, und er muss bereit sein, sich vom Coachee leiten zu lassen!

Edgar Scheins Modell des Beraters als bescheidener Erkunder und Forscher trifft bei der Erhebung des Inneren Teams den Kern einer helfenden Beziehung: »I want to access my ignorance and ask for information in the least biased and threatening way. I do not want to lead the other person or put him or her in the position of having to give a socially acceptable response« (Schein, 2013, S. 40). Diese Haltung des Interesses und der Akzeptanz, wie sie Schein in seinem Buch »Humble Inquiry« beschreibt, ist die beste Grundlage für die Arbeit mit dem Inneren Team im Coaching. Schein (2000, S. 24 ff.) hat für die helfende Beziehung zehn wirkungsvolle Prinzipien formuliert. Auf fünf von ihnen möchte ich mich bei meiner Arbeit mit dem Konzept des Inneren Teams besonders stützen, und ich gebe jeder von ihnen ihre besondere Bedeutung für diesen Zusammenhang:

»Versuche stets zu helfen!« Mit dieser Aufforderung ist dem Coach die Rolle eines unterstützenden Begleiters zugewiesen, der sich nicht als Konstrukteur oder Ingenieur von inneren Situationen sieht, sondern zu entdecken hilft, was im Team des Coachees los ist und was dort spontan entsteht. Der Coach leistet respektvoll seine Unterstützung bei der Selbstexploration und Selbsterkenntnis des Coachees.

»Verliere nie den Bezug zu der aktuellen Realität!« Hier geht es um zwei Ebenen der Realität: Die *innere* Realität des Coachees, die sich im Symbol des Inneren Teams widerspiegelt, soll Schutz und Unterstützung erhalten, um sich zeigen und ihre Dynamik frei entfalten zu können. Der Coach darf sie nicht manipulieren oder verfälschen, auch nicht in guter Absicht. Diese Realität des Inneren Teams muss immer wieder in Bezug zur äußeren Realität des Coachees gesetzt werden, nämlich zu seinen Zielen, seinen Aufgaben und zu seinem beruflichen Kontext. Dort kann sie ihre Wirkungen entfalten, aber auch ihre Grenzen finden.

»Setze dein Nichtwissen ein!« Diese Forderung verweist den Coach darauf, nicht in eine deutende Expertenposition zu gehen, sondern mit Blick auf das Innere Team des Coachees stets in einer fragenden Haltung zu bleiben. Was immer der Coach wahrnimmt und vermutet, er kann nicht entscheiden, wie sich die aktuelle innere Wirklichkeit des Coachees anfühlt und was sie für diesen bedeutet. Der Coach kann seine Fragen, seine Wahrnehmungen, Hypothesen und Ideen einbringen. Die Formulierung der Folgerungen und der Erkenntnisse aus der Beratungsarbeit mit dem Inneren Team muss er dem Coachee überlassen – und ebenso die Entscheidung darüber, welche Schritte der Veränderung er jetzt unternehmen will. Der Coachee ist der Experte seiner selbst.

»Alles, was du tust, ist eine Intervention!« Jede Handlung, jede Intervention des Coachs entwickelt ihren Einfluss auf den Coachee und damit auf sein stets präsentes Inneres Team. Dies ist für den Coach zu bedenken und abzuwägen, denn er trägt für sein Handeln und dessen Folgen die Verantwortung. Im Zweifel holt er sich zuvor den Auftrag und das Zutrauen des Oberhaupts,

statt mit seiner Intervention eigenmächtig in dessen Autonomie einzugreifen und diese dadurch zu schwächen.

Das Problem und seine Lösung gehören dem Klienten!« Die Situation im Inneren Team zu verändern oder zu »heilen«, ist die Aufgabe des Coachees. Der Coach kann ihn dabei unterstützen, er kann in seinem Auftrag tätig werden, aber er darf ihm nicht die Verantwortung abnehmen, denn er trägt nicht sein Risiko. Der Coach ist in seiner Aufgabe als Begleiter nicht allmächtig und nicht ohnmächtig, er ist partiell mächtig (vgl. Farau u. Cohn, 1984, S. 360). Diese partielle Macht gilt es bedacht und nach guter Abstimmung für den Klienten einzusetzen und ihm am Ende die Entscheidung und den Erfolg zu überlassen.

Edgar Scheins Prinzipien sind wichtige Grundlagen für eine helfende Beziehung, in der sich auf der Basis der Gleichwertigkeit der Personen und der Unterschiedlichkeit ihrer Rollen und Aufgaben ein hohes Maß an Vertrauen und Offenheit entwickeln kann. Diese Prinzipien bieten Coach und Coachee einen guten Rahmen für ihre Beratungsarbeit mit dem Konzept des Inneren Teams und darüber hinaus. Sie stellen auch die Voraussetzung dar für die gemeinsame Arbeit an den persönlichen, fachlichen und strategischen Themen des Coachees und an der Entwicklung seiner Persönlichkeit.

7.2 Das Oberhaupt des Coachees als Partner des Coachs

Bei meiner Beratungsarbeit kann ich nicht immer damit rechnen, dass meine Coachees ihrer Rolle als gleichberechtigte Partnerinnen und Partner von vornherein gewachsen sind, dass sie ihre Verantwortung annehmen und ihren Part selbstbewusst gestalten können. Manche wollen sich helfen und sich gerne auch bestimmen lassen und bei vielen ist das Oberhaupt in einem Stadium von mehr oder minder großem Bedarf an Entwicklung und Emanzipation.

Also beginnt meine Arbeit mit dem Inneren Team häufig mit einer Stärkung seiner Leitungsinstanz. Es ist mir wichtig, die starken Seiten des Coachees zu mobilisieren und herauszufordern, um möglichst früh partnerschaftlich mit seinem Oberhaupt zusammenzuarbeiten. Um welche Eigenschaften geht es dabei? Die charakteristischen Qualitäten, die nach dem Konzept von Richard C. Schwartz (2008, S. 42) zum »Selbst« gehören, also zum innersten Kern der Persönlichkeit, sind Ruhe, Klarheit und zurückhaltende, entdeckungsfreudige Neugier ebenso wie Mitgefühl, Mut und Zuversicht. Dazu kommen ein Verantwortungsgefühl für das gesamte Innere Team und die Fähigkeit zu einer konstruktiven, wertschätzenden Konfrontation. Diese Eigenschaften einer funktionsfähigen inneren Führungsinstanz helfen dem Coachee bei internen Entwicklungsaufgaben ebenso wie im sozialen Kontakt draußen, und natürlich braucht er sie für eine selbstbewusste, partnerschaftliche Zusammenarbeit mit seinem Coach.

Die Leitungsfähigkeit des Oberhaupts kann bei einem Klienten aber durchaus schlecht trainiert, geschwächt oder völlig verschüttet sein. Wenn der Coachee dann seine Situation beschreibt und sein Anliegen einbringt, begegne ich einem Oberhaupt, das kaum handlungsfähig ist und womöglich auf seiner eigenen inneren Bühne in den Hintergrund gedrängt wurde. Dann hat häufig ein anderer innerer Anteil das Gespräch mit mir übernommen und manchmal treffe ich dabei auf ein Team, das in einem desolaten Zustand ist.

In den Gesprächen mit dem Coachee und im Prozess der Erkundung seiner Situation arbeite ich dennoch immer mit der Unterstellung, dass der Coachee von einer gut trainierten und qualifizierten Führungsinstanz geleitet wird. Dieses Denkmuster wirkt als deutliche Anforderung, als Training, gelegentlich aber auch als Provokation oder Überforderung des Coachees. Es hindert mich jedoch daran, von vornherein an der Stelle des Oberhaupts in seine Leitungsaufgaben einzusteigen und Entscheidungen für den Coachee zu treffen und dadurch in die Haltung einer *Overprotection* zu geraten. Ich kann und will ihm ja kein neues Inneres Team designen oder seine Manager oder Feuerbekämpfer begrenzen und führen – das muss er selbst in die Hand nehmen!

Wenn allerdings bei der direkten Beratungsarbeit mit dem Inneren Team des Coachees dominante innere Anteile an die Stelle des Selbst, des Oberhaupts getreten sind und sich dort womöglich auf Dauer eingerichtet haben, braucht der Coachee für eine gewisse Zeit meine tatkräftige Unterstützung. Ich hole mir also den Auftrag des Klienten und versuche, im Beratungsprozess mit diesen inneren Anteilen in direkten Kontakt zu kommen und sie einzuhegen. Ich werde ihnen dabei stets mit Respekt begegnen und ihnen eine Zusammenarbeiten auf Zeit anbieten, mit dem Oberhaupt an meiner Seite. Gleichzeitig möchte ich aber alles tun, um ein verstecktes oder vertriebenes Oberhaupt in jeder eingebrachten Situation aufzuspüren, es möglichst in seine Position zu bringen und zum aktiven Partner zu machen, zum Verantwortlichen der Veränderung.

Dominante Scheinoberhäupter halten oft stur und mit besten Argumenten an ihrer Position fest. Schwartz (1997) beschreibt, wie es ihm in der Psychotherapie gelingt, sie im Gespräch aus dem Spiel zu nehmen: Er bittet sie freundlich, beiseitezutreten und das Feld dem wirklichen Oberhaupt und ihm zu überlassen. Mit dieser Strategie mache ich auch in Beratung und Coaching gute Erfahrungen. Auf dem Weg zu einer schrittweisen, nachhaltigen Entstörung des Inneren Teams geht es wie schon beschrieben darum, den »seltsamen Gestalten« und »schwierigen Gesellen« eine konstruktivere und weniger machtvolle Rolle im System zu eröffnen, die ihren oft beeindruckenden Potenzialen entgegenkommt. Dazu braucht es zuweilen längere Verhandlungen und zukunftsweisende Ideen und ebenso Achtsamkeit im Umgang mit den verknüpften verletzlichen Anteilen, die sich hinter den schwierig erscheinenden Teilpersönlichkeiten verbergen können.

Wenn es mir im Auftrag des Coachees mit meinen spezifischen Mitteln und Möglichkeiten als Coach gelungen ist, eine Entmachtung von übergriffigen Anteilen in die Wege zu leiten, dann ist es entscheidend, dass ich anschließend wieder in eine begleitende, dem Coachee folgende Rolle zurückkehre und die Handlungsmacht zurück in die Hände seines Oberhaupts lege. Kann er sie jedoch nicht übernehmen und behaupten, dann werden die schwierigen inneren Personen seines Inneren Teams in ihre falschen Machtpositionen zurückkehren, sobald die Sitzung vorbei oder der Coaching-Prozess insgesamt beendet ist. Deswegen stehen im Prozess einer inneren Teamentwicklung häufig das Training und die Arbeit an der Qualifikation des Oberhaupts für seine interne Führungsrolle über längere Zeit im Zentrum, auch um die Grundlage für eine wirkliche Partnerschaft zwischen Coachee und Coach zu schaffen.

7.3 Die Qualität des Kontakts ist entscheidend

Jedes Gespräch mit einem Coachee beginnt mit Zuhören. Immer sind schon wichtige Eindrücke über den Coachee und sein Thema entstanden, wenn ich als Coach anfange, Verstandenes zu spiegeln, mich nach Gefühlen zu erkundigen und das Feld durch erweiternde Fragen auszuleuchten. Denn auch wenn wir uns in unserem Austausch scheinbar nur auf der sprachlichen Ebene verständigen, haben unsere Sensorien längst Kontakt zueinander aufgenommen, unsere Körper haben wichtige Signale ausgetauscht und verarbeitet. Dies geschieht ohne unser Zutun und zum Teil auch unbewusst hinter unserem Rücken, und dennoch verfehlt dieser unwillkürliche Austausch von Signalen nicht seine Wirkung.

Im Prozess der zwischenmenschlichen Kommunikation kommt immer unsere eigene innere Welt der Gedanken, Gefühle und Intuitionen in Bewegung und sie macht sich auch durch unsere Körpersignale bemerkbar. Mein Inneres reagiert als Ganzes spontan auf die vielfältigen Informationen und Impulse, die vom Coachee ausgehen. Das Spannende ist: Diese Reaktionen enthalten immer Botschaften und Informationen, die für den Coachee wichtig und wertvoll sind. Mein Dialog mit dem Coachee gewinnt also eminent an Tiefe, Qualität und Authentizität, wenn ich bewusst mit meinen inneren Wahrnehmungen und Körperreaktionen arbeite und wenn ich dabei die Eindrücke und Bilder, die in mir entstehen, in einer geeigneten Form ins Gespräch bringen kann. Entscheidende Voraussetzung für diese Fähigkeit ist es, einen guten Zugang zu sich selbst zu haben und sich gut in seiner eigenen Körper-, Gedanken- und Gefühlswelt auszukennen.

Wenn ich dem Coachee zuhöre und zuschaue und meine Aufmerksamkeit dabei nach *außen* auf ihn und gleichzeitig nach *innen* auf mich selbst richte, gilt es zu unterscheiden, was zu mir gehört und was ich als Resonanzkörper meines Gegenübers von ihm in mir erspüren kann. Diese Fähigkeit zur doppelten Wahrnehmung und zur inneren Unterscheidung ist keine leichte Aufgabe, aber sie lässt sich lernen und trainieren.

Im Prozess der Beratung ist es also eine entscheidende Qualität, dem Coachee authentisch und selektiv »Aufschluss über mein Erleben zu geben – darüber, was meine inneren Bewegungen als Antwort auf die Kommunikation meines Gegenübers sind« (Erpenbeck, 2017, S. 85). Mit authentisch meine ich, dass ich meine innere Reaktion dem Coachee so beschreibe, wie ich sie wahrnehme, also ohne Deutung oder Interpretation. Selektiv ist mein Feedback an den Klienten dadurch, dass ich in doppelter Hinsicht Entscheidungen treffe: Was von meiner Wahrnehmung wähle ich aus? Und wann ist mein Feedback hilfreich, unterstützend und weiterführend bzw. wann passt es nicht? Dann versuche ich, meine Botschaft in eine geeignete sprachliche Form zu bringen, die zum Denken und zur Sprache meines Coachees passt und ihn nicht über die Maßen stark konfrontiert.

Die Rückmeldungen zu meinem Erleben versuche ich dem Klienten absichtslos zu übermitteln. Damit meine ich, dass ich als Coach mit ihnen kein Ziel und keine Strategie verbinde, sondern mich für das öffne, was sie bei ihm auslösen und bewirken. Das ist aufregend und spannend. Ich mache die Erfahrung, dass durch meine inneren Resonanzen und die spontanen Reaktionen des Coachees unser Erkundungsprozess Impulse erhält, die oft völlig unvermittelt und überraschend sind. Sie führen uns nicht selten weiter zu einem wichtigen Thema, zu einem Kern des Geschehens.

In die Symbolik und die Sprache des Inneren Teams übersetzt bedeuten diese Erfahrungen, dass mir im Kontakt mit dem Coachee Impulse und Signale seiner inneren Anteile begegnen. Wenn ich meine Wahrnehmung und mein Sensorium dafür schärfe, können sich meine Eindrücke zu ersten Konturen einer inneren Person verdichten, mit der ich in Beziehung treten kann. Ich lerne zu registrieren, wenn sie sich zurückzieht und eine andere an ihre Stelle tritt, und ich kann meine Intuition darauf richten, innere Anteile zu erspüren und wahrzunehmen, die im Hintergrund der Bühne präsent sind. Und es ist immer einen Versuch wert, an den Frontspielerinnen und -spielern vorbei eine zurückhaltende, scheue innere Person anzusprechen und in Kontakt mit ihr zu treten.

Es lohnt sich also, sein inneres Sensorium bewusst zu schärfen und zu entwickeln, um es in einem komplexen, sehr individuellen Prozess der Beratung und Begleitung situationsgerecht und gut abgestimmt einzusetzen.

Denn hinter dem, was ich im Kontakt mit dem Coachee wahrnehme und was an Reaktionen und Intuitionen bei mir ausgelöst wird, ist natürlich mein eigenes Inneres Team verborgen. Mit ihm besitze ich ein differenziertes, hoch reagibles Sensorium, durch das ich mich im Beratungsprozess unterstützt und gut begleitet fühlen kann. Dazu ist es wichtig, mein inneres Personal und seine Aufstellung im Coaching zu kennen und meine wichtigsten Spieler mit ihrer Eigenart, mit ihrem spezifischen Auftrag und in ihrem Zusammenwirken gut einschätzen zu können. Darum soll es jetzt gehen.

8 Das Innere Team des Coachs als Potenzial

Seit ich das Konzept des Inneren Teams kenne und begonnen haben, damit zu arbeiten, nehme ich Coaching als eine Begegnung zwischen zwei individuell unterschiedlichen Teams wahr: dem meiner Coachees und meinem eigenen. Der Blick auf beide Teams und ihre Beziehungen macht die Situation differenzierter, aber nicht unbedingt einfacher. Zunächst entstehen oft mehr Fragen als Antworten.

8.1 Coaching als Begegnung zweier Teams

Es sind wenige ausgewählte Stammspieler und einige Spezialistinnen und Spezialisten aus meinem Inneren Team, die während der Beratung bei mir präsent sind. Sie versuchen, Verständnis und Vertrauen zu gewinnen, sie reagieren mit Verständnis auf die Erwartungen und auf das Auftreten der Anteile der Coachee, und manchmal testen sie diese auch aus. Über eine längere Zeit des Zusammenwirkens erhalten die Mitglieder meiner Beratungscrew ein immer klareres Bild vom Ensemble auf der anderen Seite. Sie machen Erfahrungen mit einer wachsenden Anzahl von Teammitgliedern der Coachee, die sich nach und nach zeigen, manche bleiben ihnen aber verborgen. Dennoch gewinnen sie allmählich einen Gesamteindruck von der Person der Klientin. Sie finden eine grundsätzliche Einstellung zu ihr und ihrem Team, und ähnlich geht es der Coachee auch mit mir und »meinen Leuten«.

Durch den Kontrakt, den wir vereinbart haben, und durch das Beratungsmodell und die Methoden, mit denen ich arbeite, hat mein Beratungsteam zwar grundsätzlich einen Auftrag, eine klare Route und da und dort auch Leitplanken, an denen es sich orientieren kann. Aber weil jede Klientin und jede Beratungssequenz anders ist und vieles erst im Prozess entsteht, befinden wir uns oft mitten in der Landschaft, weitab von ausgetretenen Pfaden: Meine inneren Beraterinnen und Berater müssen spontan, intuitiv und »aus der Erfahrung heraus« entscheiden und handeln können, und zwar mit Blick auf das, was sie im Team der Coachee wahrnehmen, und dabei suchen sie die Abstimmung mit dem Oberhaupt der Klientin. Sie werden nicht ständig den Prozess unterbrechen und ein Meeting abhalten und können sich beim eigenen Oberhaupt nicht unausgesetzt Ratschläge holen. Sie müssen mit verteilten Rollen agieren können und als Team funktionieren!

Das bedeutet, dass Coaching umso professioneller und verantwortlicher geschehen kann, je besser wir uns als Beraterinnen und Coachs selbst, also unser inneres Beratungsteam mit seinen Möglichkeiten und Grenzen kennen und je sorgfältiger wir unsere Stammspielerinnen und Stammspieler für das Coaching ausgewählt haben. Wir müssen also mit unserem eigenen Inneren Team vertraut sein und seine Dynamiken einschätzen können, um gut beraten zu können. Unser Coaching-Team braucht daher konsequentes Training, damit es als System funktioniert – und last, but not least braucht es ein starkes, multitaskingfähiges Oberhaupt.

Das Oberhaupt sollte bei der Beratung aufmerksam auf die Coaching-Crew blicken, aber auch darüber hinaus, denn leicht gerät uns da oder dort ein Spieler oder eine Spielerin aus anderen Bereichen unseres inneren Inventars dazwischen, deren Auftritt nicht vorgesehen und nicht gefragt ist, die aber unversehens »aus dem Off« aktiv werden und ein Zeichen setzen – effektvoll, aber nicht unbedingt passend und professionell.

8.2 Das eigene Team mit seinen Stärken und Risiken kennenlernen

Mein inneres Beratungsteam kann mir eine breite Palette von Möglichkeiten der Prozessgestaltung und der Intervention ermöglichen. Ich muss aber mein inneres Personal und seine Aufstellung kennen, um es im Beratungsprozess planvoll zur Wirkung zu bringen und die Stärken der einzelnen Anteile zu nutzen: Eine innere Person, die etwas intuitiv erspürt und eine spannende Hypothese entwickelt hat, hält diese zunächst besser zurück und bewahrt sie auf, bis der Anteil, der gut und treffend formulieren kann, sie im richtigen Moment ins Gespräch bringt. Wer sich aus dem Inneren Team für eine klare, konstruktive Konfrontation anbietet und notfalls in der Lage ist, in aller Freundlichkeit sehr deutlich zu werden, wird sich nicht für eine Situation anbieten, in der es darum geht, sich achtsam einem wunden Punkt der Coachee anzunähern.

Nicht nur bei den Kolleginnen und Kollegen, die mit dem Konzept des Inneren Teams arbeiten, rege ich an, einen Blick auf ihr inneres Profiteam zu werfen und eine Erhebung in eigener Sache zu machen. Wenn Sie dessen Mitglieder mit Namen und Grundaussagen auf Karten schreiben oder aufmalen, achten Sie darauf, in welcher Reihenfolge sie auftauchen. Das gibt Ihnen Hinweise, in welchem Zusammenhang sie miteinander stehen, welche Dynamiken sie verbinden und wo sie sich vielleicht auch im Weg stehen.

Obwohl mein inneres Beratungsteam alles andere als perfekt ist (und sich selbstverständlich stets im Lernprozess und im Wandel befindet), hat mir der Prozess des Aufstellens und Reflektierens großen Spaß gemacht und er war sehr aufschlussreich für mich. Hier das Ergebnis:

Unentbehrlich in meinem Coaching-Team ist *der fragende Entdecker,* der im Prozess oft als Erster zum Einsatz kommt. Er hat eine Neugier für Menschen, die nicht zudringlich ist, und die Gabe, gleichzeitig nach außen und nach innen zu schauen und das Wahrgenommene zu formulieren. Er ist mir auch bei der Reflexion und Dokumentation einer Sitzung wichtig. Bei dieser Aufgabe trifft er auf einen *fleißigen Ordnungstypen,* einem eher distanzierten, blassen Gesellen, der dafür sorgt, dass das Umfeld steht, und der sich um eine klare, für den Coachee transparente Struktur des Prozesses kümmert. Er hält damit dem *Denker und dialogischen Vertiefer* den Rücken frei. Der Denker hat seinen Auftritt vor allem in den Phasen, in denen es um die Analyse von Zusammenhängen und um das Erfassen des Kontextes geht. Er bemüht sich wie der *Entdecker* um eine fragende Haltung und hat dabei die Tendenz (und die Stärke), das Verstandene immer wieder auf den Punkt zu bringen. Wichtig ist für ihn, dass er dabei nicht nur für sich selbst, sondern auch für den Coachee verständlich ist. Manchmal wirkt er dabei aber zu direkt und kann dadurch sein Gegenüber irritieren.

Der Kreative, Intuitive ist eigentlich immer präsent: Er ist in der Lage, aus dem Stand oder aus der Luft Eindrücke aufzunehmen und Hypothesen zu bilden (die kann er für einen Reifungsprozess auf Stand-by stellen und später auch wieder verwerfen) – um sie im richtigen Moment so einzubringen, dass der Coachee neugierig wird. Er hat immer wieder interessante methodische Ideen und ist unentbehrlich (manchmal auch übermotiviert), wenn es um das Sammeln von Handlungsoptionen geht. Regelmäßig ist auch mein *ermutigender Vermittler und geduldiger Verhandler* gefragt. Er kann im Dialog mit toughen Wächterfiguren und hartnäckigen Kritikerinnen und Quälgeistern Erfahrung und Erfolge verzeichnen. *Der spontane, bereitwillige Helfer* vermittelt Verständnis. Er ist ebenso erfolgreich als Akquisiteur, wie er zuweilen mit seiner »überwältigenden« Spontaneität auch des Guten zu viel tun kann. *Das Oberhaupt, der Chairman* schaut auf den Prozess und leitet die Reflexionsrunden. Sollte eine Krisenintervention notwendig sein, geht er selbst mit seiner professionellen Beraterseite entschlossen und durchsetzungsfähig in Aktion.

Dazu gibt es noch einige Spezialisten. Wenn sie sich melden, ist es spannend nachzuschauen, was das denn bedeutet und wodurch sie sich angesprochen fühlen. Dabei gilt es, Mein und Dein gut zu unterscheiden. Der eine oder andere der *Verletzlichen, die schon so einiges erlebt haben* hilft mir immer wieder zur Einfühlung und zum tieferen Verständnis meiner Coachees und ebenso bei der vorsichtigen Begegnung mit deren eigenen Verletzten. Er muss dann darauf achten, dass es jetzt nicht um ihn geht und dass er nicht selbst zu nahe an eigene Verletzungen gerät. Meine immer etwas *idealistische Jeanne* kann ermutigen und begeisternde Zukunftsvisionen entwickeln (die sollten dann nicht übers Ziel der Coachee hinausschießen). Der starke *Josef, genannt Jos* tut spontan und entschlossen immer dann etwas, wenn alles verhakt ist und niemand weiterweiß. Er kann immer in die Bresche springen, wenn es schwierig wird oder wenn ich als Person angegriffen werde. Er ist allerdings immer wieder ungeduldig und hat dann den Hang zu ebenso entschlossenen Eigenmächtigkeiten, die aber nicht böswillig, sondern einfach unbedacht sind. Ich brauche ihn also gelegentlich beim Coaching, aber nicht gerade beim Feedback oder bei sensiblen Themen. Denn ein richtig guter Berater ist er nicht!

Einige Anteile haben beim Coaching gar nichts verloren und manche kommen nur selten und in klar begrenztem Rahmen für kurze Zeit zum Einsatz. Zum Beispiel darf *der Spieler, Trickser* dann in Aktion, wenn ich mit Humor und begrenztem Risiko etwas Kniffliges, Ungewohntes ausprobieren will. Dann findet er unkonventionelle Wege und kann augenzwinkernd am Rande der Legalität arbeiten. Dabei braucht er die Begleitung durch andere Kollegen und Kolleginnen und damit eine gute Aufsicht! Sein Augenzwinkern schafft Kontakt zu Coachees, die Themen einbringen, für die er als Grenzgänger besonderes Verständnis hat.

Erzählen Sie (sich) also ruhig Geschichten über die Mitglieder Ihres Beratungsteams. Dann treten sie aus dem Schatten und ihre Vielfalt wird lebendig. Die Stammspielerinnen einer Beraterin oder eines Coachs können ein sehr homogenes oder auch ein heterogenes Bild abgeben, sie können sich mehr oder weniger gut ergänzen. Manchmal gibt es auch wichtige Vakanzen, die Sie kennen sollten. Der Stand Ihrer Erfahrung und Ihrer Qualifikation, den Ihr Beratungsteam repräsentiert, bildet bei der Beratung das Rückgrat Ihrer Professionalität – generell und in besonderem Maß bei der Arbeit mit dem Inneren Team. Ihre Teammitglieder prägen Ihre Arbeitsweise und Ihren Stil, der Charakter und die Ausprägungen Ihrer Beratungscrew sind neben Ihrer Fach- und Feldkenntnis entscheidend dafür, auf welche Beratungsaufgaben Sie sich konzentrieren und welche Sie besser anderen Coachs oder Beraterinnen überlassen sollten.

Ein gemeinsamer Blick auf Ihr Beratungsteam zusammen mit einer Kollegin oder Ihrem Coach/Supervisor wird Ihr Bewusstsein über Ihre inneren Ressourcen erweitern, die Ihnen als Coach oder Coachin zur Verfügung stehen. Hier einige Leitfragen, die Sie sich dazu stellen können:

- Welche Teammitglieder sind mir bei meiner Beratungstätigkeit besonders wichtig und wertvoll und durch welche Eigenschaften und Fähigkeiten ist das so? Nutze ich diese Ressourcen auch in vollem Umfang?
- Wenn ich auf die Phasen meines Beratungskonzepts schaue – vom ersten Zuhören bis zur Umsetzungsberatung: Wer ist wann besonders wichtig?
- Wo fehlen mir Teammitglieder mit bestimmten Eigenschaften für meine spezifische Beratungstätigkeit oder für eine spezifische Phase des Beratungsprozesses? Welche fehlen mir mit Blick auf die Coachees? Und welche fehlen mir mit Blick auf mich selbst (zu meinem Schutz, zu meiner Begleitung und Ermutigung …)?
- Habe ich die fehlenden Anteile vielleicht schon in anderen Kontexten bei mir entdecken können, wo ich sie vielleicht für das Team akquirieren könnte? Und was würde das im Team auslösen?
- Welche meiner Teammitglieder kommen mir im Beratungsprozess in die Quere und wie stellen sie das an? Was bräuchten diese?
- Haben sich auch schon Helferfiguren ins Team gemeldet oder will ich sie noch ansprechen oder mich auf die Suche machen (vgl. Kap. 5.6)?
- Und zum Schluss: Welche Rolle spielt mein Oberhaupt, meine Chairperson bei meinen Beratungsprozessen? Möchte ich die Rolle des Oberhaupts im Prozess der Beratung verändern oder weiterentwickeln oder soll sie so bleiben, wie sie ist?

Mit solchen Fragen, zu denen ich bei Dagmar Kumbier (2019, S. 130) Vorbilder gefunden habe, sind wir schon mitten im Thema Teamentwicklung des persönlichen Beratungsteams.

8.3 Sein inneres Beratungsteam trainieren, entwickeln und reflektieren

Das Innere Team ist eines der Beratungsinstrumente, die Sie zunächst mit sich selbst erfahren und sich praktisch erarbeiten müssen, bevor Sie es in Ihrem Beratungsfeld verantwortlich anwenden können. Vor dem Beginn einer professionellen Arbeit mit dem Inneren Team steht also immer die Erfahrung der Beraterin mit sich selbst und mit ihren eigenen inneren Anteilen, und zwar ganz unabhängig davon, ob diese sich später zu Stammspielerinnen und Stammspielern im Coaching entwickeln werden oder andere Aufgaben von ihr erhalten. Bestimmt wird sich bei der eigenen Erfahrung mit dem Konzept auch das eine oder andere Konfliktfeld in Ihrem Inneren Team zeigen, das Aufmerksamkeit und Zuwendung braucht. Vielleicht ist ja noch ein verletzter kindlicher Anteil zu versorgen oder ein Quälgeist zu konfrontieren, um sich mit einer neuen, konstruktiven Rolle ins Team zu integrieren.

Früher oder später wird Ihnen klar werden, ob die Verbindung zwischen Ihnen als Coachin bzw. Coach und dem Konzept sich dann als fruchtbar und schlüssig für Sie erweist. Dann werden Sie wie jeder Coach und jede Beraterin Ihr Team aufstellen und Ihre ganz individuelle Art der Beratung mit dem Konzept des Inneren Teams entwickeln. Dabei ist Ihre Verbindung mit den inneren Anteilen, die Sie als Mitglieder Ihres Beratungsteams ausgewählt haben, ebenso wichtig wie der Kontakt zu den Anteilen, die im Coaching für Sie oder für Ihre Coachees schwierig werden können. Eine Diversität Ihrer Beraterinnen und Berater im Inneren Team kann also große Vorteile eröffnen und ebenso kann sie zu Komplikationen führen. Darum sind das Training und die Teamentwicklung des Beratungsteams wichtige und gleichzeitig sehr interessante Aufgaben für uns Beraterinnen und Berater.

Alle Mitglieder Ihrer Beratungscrew im Inneren Team brauchen als Grundlage ihrer Tätigkeit natürlich Mut und Einfühlungsvermögen ebenso wie Struktur und Methode, um abgestimmt und verantwortungsvoll miteinander für die Coachees zu arbeiten. Sie entscheiden sich zuerst, in welchen Bereichen Sie mit dem Konzept arbeiten wollen, und legen sich für Ihr Beratungsteam ein Repertoire an Mitteln und Methoden zu, die Sie dazu brauchen. Dann starten Sie mit Umsicht und mit guter Vorbereitung (von Coach *und* Coachee) Ihre ersten Prozesse mit dem Inneren Team und machen sich ans Training Ihres Beratungsteams.

Training heißt eingreifen, bei sich selbst intervenieren, weil etwas immer wieder nicht gelingt oder weil Sie als Coach immer wieder in ähnliche Sackgassen geraten. Sie beauftragen also Ihr Oberhaupt, dem Beratungsteam beim Coaching zuzuschauen. Wenn sich bei Ihnen zum Beispiel ein Anteil wie mein *spontaner, bereitwilliger Helfer,* den ich Ihnen vorgestellt habe, mit seinen Angeboten immer wieder vordrängelt und wenn er dabei nicht realisiert, dass gut gemeint oft alles andere als gut ist, dann ist dies der Anlass zu Ihrer Auseinandersetzung mit sich selbst: Was ist denn das Motiv dieses Anteils und was steckt hinter dem Drang, sich dauernd einschalten und unterstützen zu müssen? Ist das vielleicht ein Thema für Ihre Supervision? Vielleicht ist da ja ein uralter Auftrag aufzulösen, der längst seinen Sinn verloren hat? Vielleicht hat sich aber an die *bereitwillige Helferin* eine maskierte *Besserwisserin und Weltverbesserin* gehängt, die ziemlich lästig und übergriffig sein kann und einen besseren Job verdient hätte – allerdings außerhalb Ihres Beratungsteams!

Bestimmt gelingt es dem Oberhaupt, der *Helferin* deutlich zu machen: »Die Haltung des Helfens bei dir ist schon sehr positiv und auch erwünscht. Aber schau doch zuerst nach außen und dann nach innen! Vor deiner Aktion muss ein Stoppzeichen stehen, verbunden mit dem Bemühen um eine abgewogene Entscheidung.« Das und noch viel mehr kann ein Anteil lernen, der seinen Beitrag zu einer professionellen Beratung einbringen will und bereit ist, sich dabei zu verändern. Training heißt also eingreifen, sich analysieren, dann intervenieren und es neu versuchen.

Coaching heißt aber auch zu reflektieren und dabei auf seine Gefühle zu vertrauen und auf seine innere Stimme zu hören: »Irgendetwas war da seltsam, da stimmte was nicht.« Es bedeutet, den erlebten Prozess am Ende Revue passieren zu lassen und dabei auch nach innen zu sehen. Die Reflexion unserer Beratungsprozesse als Selbstreflexion gehört zu unseren wichtigsten professionellen Aufgaben als Beraterinnen und Coachs, nicht nur wenn Anzeichen für Störungen oder noch unklare »Spiele« auftauchen. Dabei hilft es, das Geschehen aus einer anderen Perspektive zu betrachten, zum Beispiel Abstand zu nehmen und in die Vogelperspektive zu wechseln oder sich ein kollegiales Feedback von außen zu holen. Genauso naheliegend ist es natürlich, die Selbstreflexion mithilfe des Inneren Teams zu gestalten – auch diese Möglichkeit hat ihre besonderen Stärken und ihren besonderen Reiz.

Karin Zoller (2014, S. 136) hat sich dazu ein interessantes »Kabinett aus fünf Teammitgliedern« zusammengestellt, mit denen sie im Anschluss an manche ihrer Coaching-Sequenzen ins Gespräch geht: *die Auftragsorientierte, die professionelle Wunderin, die Unterscheidungsbewusste, die Würdigerin* und *der Stimmungsseismograf.* Sie alle sind ausführlich beschrieben und gemeinsam eröffnen sie ein weites Spektrum an Perspektiven auf den Beratungsprozess. Zu jedem von ihnen hat Zoller Reflexionsfragen und Arbeitshinweise formuliert und damit ein Instrumentarium der Selbstsupervision für Coachinnen und Coachs entwickelt, das als Trainingsinstrument für innere Beratungsteams sehr gut geeignet ist.

Genauso aufschlussreich kann es sein, wenn ich meine eigenen Fragen formuliere, die speziell zu meinem Beratungsteam und meinen inneren Beratungsstörenfrieden und Quertreiberinnen passen. Über diese Fragen kann ich mich mit einigen meiner Coaching-Stammspieler und dazu mit kritischen Beobachterinnen und Helferfiguren aus meinem Team austauschen (mein *Reflecting Team*), die sich bei einer kleinen Erhebung zu Wort melden. Mit solchen Fragerunden komme ich Ungereimtheiten und eigenen Fehlern auf die Spur, und gleichzeitig fördern sie latente Themen des Beratungsprozesses zutage, die ich sonst womöglich übersehen hätte.

Eine weitere lohnende Option ist es, mich in ausgewählte innere Anteile der Coachees hineinzuversetzen und ein Gefühl dafür zu entwickeln, was für diese

Anteile vielleicht wichtig und eindrücklich war, was ihnen fehlte und welche inneren und äußeren Interessen und Bedürfnisse der Coachees noch zu berücksichtigen sind. Dennoch behält die reflektierende Arbeit mit einem professionellen Coach oder einer ausgebildeten Supervisorin ihre besondere Qualität, um gerade auch Übertragungsphänomene und Projektionen aufzudecken, die uns entgangen sind, und sie für den Beratungsprozess und für das Training unseres Beratungsteams fruchtbar werden zu lassen.

Ein seltsames, gar ein schlechtes Gefühl am Ende einer Coaching-Sequenz mit dem Inneren Team kann mich auch auf die Idee bringen, beim Symbol der Bühne zu bleiben und das Geschehen dort mit folgenden Fragen noch einmal anzusehen: Was wurde da gespielt, als beide Teams auf der Bühne waren? Wie und von wem wurde das Spiel angestoßen und inszeniert? Wie lief es ab und was löst es bei mir aus? Wer sind die Hauptakteure und was hält sie im Spiel? Was beobachten und empfinden die Anteile dabei, die als unbeteiligte Dritte zusehen? Ich nehme also eines der »Spiele« in der Interaktion zwischen Coach und Coachee in den Blick, wie sie Eric Berne (1970) bei der Transaktionsanalyse beschreibt. Hier ein Beispiel in eigener Sache, der »Fall Auftragsprüfung«:

Das Zusammenwirken von zwei Mitgliedern meines Beratungsteams führte immer wieder dazu, dass ich begeistert Aufträge annahm, die ich aber, wenn es ans Arbeiten ging, je länger je mehr als quälend und mühevoll empfand. Die erste Euphorie und Schaffenslust war dann immer sehr schnell verflogen, die Arbeit an dem Auftrag wurde mir zusehends mühsamer und erwies sich als weniger passend und weniger sinnvoll, als ich mir das vorgestellt hatte. Irgendetwas stimmte also nicht mit der Crew, die für die Prüfung und Annahme der Aufträge verantwortlich war.

Als ich dieses Problem endlich untersuchte, begegnete mir *die begeisterungsfähige Jeanne,* eine fähige Person mit durchaus auch narzisstischen Zügen, die verführbar war mit Sätzen wie »Da habe ich jetzt speziell an Sie gedacht« oder »Sie sind doch unser Mann für solche Situationen«. Sie schaffte es, die Aufträge mit euphorischen Gefühlen aufzuladen: »Das ist doch ein toller Auftrag!« Mit von der Partie war mit notorischem Nicken gerne *der bereitwillige Helfer,* und schon war die Zustimmung erteilt. Die Lösung des Problems fand sich nicht beim *Hilfreichen* oder bei der *Begeisterungsfähigen.* Allerdings ist sie dringend beauftragt, ihre Empfänglichkeit für Komplimente zu klären, und er hat an seiner Zurückhaltung zu arbeiten. Die Herausforderung liegt also in einer Umstellung der Crew für die Auftragsprüfung und in einer Wartezeit vor der Zustimmung, bis der Nebel der Euphorie verflogen ist und die kritischen Kollegen ans Prüfen gehen können.

»Was wird gespielt« bei der Auftragsvergabe zwischen der Auftraggeberin und dem Coach? Der Titel des Stücks heißt »Ich mache dir Komplimente, und du tust für mich, was ich möchte!«. Solche Spiele entstehen hinter unserem Rücken, auch in Coaching-Prozessen. Einzelne Anteile wie hier *die Vielversprechende* aus der inneren Crew der Klientin oder Kundin macht geschickt den Anfang und spricht gezielt die *begeisterungsfähige Jeanne* und den *bereitwilligen Helfer* an. Die gehen ihr auf den Leim und mit ihrem unbedachten »Okay« entsteht eine Bindung, die Auswirkungen auf das ganze Beratungsteam und auf den gesamten Coaching-Prozess hat.

Coachees (und zuweilen auch Coaches) bringen gerne ihre »Lieblingsspiele« mit, die sie oft auch in anderen Kontexten anspielen und die ihnen in ihrem Arbeitsfeld Probleme machen. Die Leimruten innerer Spielerinnen und Spieler bieten sie den inneren Anteilen des Gegenübers an, und weil diese Spiele nie gut ausgehen, wachsen die Schwierigkeiten.

Hier noch drei beliebte Beratungsspiele: »Sie sind ein guter Coach, wenn Sie mir eine schnelle Lösung anbieten, die mir nicht wehtut. Sonst sind Sie ein schlechter Coach! Versuchen Sie also einfach, ein guter Coach zu sein!« Oder: »Sehen Sie doch, wie schlecht es mir geht! Denn niemand kann mir helfen! Vielleicht schaffen es ja *Sie!* Ich gebe Ihnen die Chance: Versuchen Sie es! Bitte!« Und es wartet schon der Beweis auf die ehrgeizigen Heldinnen und Helden des Beratungswesens, dass auch *sie* es nicht schaffen. Dumm gelaufen! Und umgekehrt: »Ich bin ein wunderbarer Coach! Wenn Sie meinen Rat als Medizin einnehmen, dann geht es Ihnen besser! Und Sie sind gnadenlos erfolgreich!« – »Was? Die Medizin hat nicht geholfen? Da müssen Sie aber etwas falsch gemacht haben!« Wenn Coach und Coachee sich in solche Spiele verwickeln, gehen beide mit schlechten Gefühlen aus dem Beratungsprozess, sie kommen miteinander nicht weiter, sondern eher zum Anfang vom Ende.

Die Entwicklung des Beratungsteams bedeutet also auch, die Einfallstore in unserem inneren System zu identifizieren und zu verschließen und die Verführbarkeiten durch die Spielerinnen und Spieler unter den Coachees in unserem Beratungsteam aufzudecken und zu adressieren. Wenn ich mir dann mit meinem Team zusammen eine Strategie zurechtlege, um für die nächste Coaching-Sequenz meinen Ausstieg aus dem Spiel vorzubereiten, dann habe ich immer auch für das Team des Coachees ein interessantes Thema gefunden. Denn es gehören immer zwei Spieler zum bösen Spiel!

8.4 Der Coachee, sein Anliegen und ich als Coach – sind wir kompatibel?

Ob mit oder ohne »Spiele« – in jedem Erstkontakt geht es immer auch darum, sich mit dem Thema der Passung zwischen der Coachee, ihrem Anliegen und meiner Person und meinen Werten auseinanderzusetzen. Da gibt es klare Fälle, bei denen der Kopf sagt: Spannend! Dazu kann ich etwas beitragen, das hat Sinn, und ich habe Zeit. Passt! Oder aber: Das kann ich nicht, interessiert mich nicht, kann ich nicht mit mir vereinbaren: Passt nicht! Dann suche ich eine freundliche, selektiv authentische Formel, um meine Absage zu vermitteln und zu begründen.

Ist die Situation nicht so klar, dann kommt der Zweifel bei mir meistens aus dem Gefühl: Da meldet sich im Team für die Auftragsklärung ein Vorbehalt, ein Zögern, das ernst zu nehmen ist und dem es nachzugehen gilt. So lukrativ und ehrenvoll der Auftrag sein mag, meistens genügt eine Nachfrage bei der »Auftragscrew«, wenn nötig verbunden mit einer kleinen Erhebung mit nachfolgender interner Besprechung zu diesem Thema, um die Sache aufzuklären und abschließend zu entscheiden. Wer meldet sich zu dieser Situation und möchte mitreden? Was ist dazu zu sagen? Lassen sich die Vorbehalte ausräumen? Auf diesem Weg werden die Dinge klarer. Es gibt vielleicht noch Prüfaufträge, aber dann wird die Sache entschieden. Wenn jedoch irgendwo im Team starke Zweifel bleiben, heißt meine innere Spielregel: Lieber sein lassen als ausprobieren! Es ist gut, wenn sich aus solchen Entscheidungen Spielregeln entwickeln. Dann muss ich das Innere Team nicht so oft bemühen.

Der Blick auf die Passung von Coachee und Coach braucht in meinen Augen große Sorgfalt. Aus der Erfahrung entstehen oft Ausschlusskriterien: Werden im Erstkontakt grundsätzliche Wertekonflikte mit Blick auf Person, Tätigkeit und Auftraggeberin deutlich? Rühren sich innere Anteile, die sich gnadenlos genervt fühlen, Abneigungen entwickeln oder sich bedroht sehen? Es wäre für beide Seiten eine mühevolle Art des Arbeitens im Coaching, wenn ich ständig auf mein rebellierendes Inneres Team aufzupassen hätte.

Gerne arbeite ich in der Beratung mit den Stärken und Begabungen meines Teams, und diese entfalten sich naturgemäß nicht im Kontakt mit allen Coachee-Teams. Hier lohnt sich ein Blick auf das innere Inventar der Coachee im Vergleich zu meinem eigenen oder ein Vergleich von meiner und ihrer Position in der Persönlichkeitstypologie nach Fritz Riemann (oder einer anderen Typologie), bevor ich entscheide, bei dieser Klientin mit dem Konzept des Inneren Teams zu arbeiten. Ein zu hohes Maß an Ähnlichkeit finde ich immer schwierig. Es läuft zwar scheinbar alles ganz leicht, aber es gibt zu wenig Differenz, ich kann wenig Neues beitragen, und oft verstehe ich zu schnell und habe doch nichts verstanden. Da besteht die Gefahr einer Identifikation. Ebenso kann die Gegensätzlichkeit zu groß sein. Es gibt zu viel Reibung und Spannung, aber zu wenig Empathie und Verstehen zwischen Coachee und Coach. Ich fühle mich von Beginn an genervt und werde leicht ungeduldig, auch mit mir selbst. Es fällt mir dann schwer, einen Zugang zur Klientin zu finden, und meine kritischen Beobachter melden sich: »Was hast du bloß schon wieder? Warum stellst du dich so an?« Oft gibt es dann eine klärende Antwort aus dem Beratungsteam oder von meinem *weisen Alten,* meiner wichtigsten Helferfigur. Gut, dass wir Beraterinnen und Berater es haben und kennen: unser nachhaltig trainiertes und gut abgestimmtes Inneres Team!

9 Coaching mit dem Inneren Team ist Persönlichkeitsentwicklung

Passt das Konzept des Inneren Teams mit seinen Anwendungsschwerpunkten in der Psychotherapie und in der Kommunikationspsychologie überhaupt zum Coaching? Geht das nicht zu nah an die Person und »ans Eingemachte«?

In meiner Einleitung war meine Antwort darauf: Ja, es passt! Sie haben sich beim Lesen dieses Buchs sicher inzwischen ein eigenes Bild gemacht und Ihre eigene Position gefunden. Zum Schluss möchte ich noch einige Gedanken ergänzen.

Nach dem Ansatz des *Life-Coaching* von Ferdinand Buer und Christoph Schmidt-Lellek (2008) stehen bei dem »ermutigenden Experiment« des Coaching-Prozesses zunächst die Rolle, die Aufgaben und das Arbeitsverständnis des Coachees im Fokus (Buer u. Schmidt-Lellek, 2008, S. 33). Sie verstehen gute berufliche Arbeit als Kernelement eines gelingenden, geglückten Lebens. Deswegen sehen sie als Gegenstand des Coachings *die gesamte Person des Coachees* mit ihren Gedanken, Motiven Gefühlen und Ambitionen.

Mit diesem ganzheitlichen Verständnis ist über den beruflichen Kontext hinaus der gesamte Lebenszusammenhang des Coachees mit den Wechselwirkungen von beruflichen und privaten Rollen angesprochen. Ebenso werden damit die grundlegenden philosophischen Existenz-, Sinn- und Lebensfragen thematisiert: Wie und wofür will ich leben? Woran will ich mich orientieren? Was will und kann ich bewirken? Wie kann mir in meiner ethischen Mitverantwortung für das Ganze (das ganze Unternehmen, das ganze eigene Lebensfeld, den ganzen Globus) meine Arbeits- und Lebensgestaltung gelingen?

Buer und Schmidt-Lellek setzen damit für die Rolle des Coachs einen sehr weiten Rahmen, der bis an die Grenzen der Psychotherapie alles einschließt und zum möglichen Thema macht. Doch sind mir in meiner Rolle als Berater und Coach in der Praxis oft sehr klare Grenzen gesetzt: einerseits durch meinen Auftrag entsprechend dem Leitspruch »Keine Beratung ohne Kontrakt«, andererseits durch die ethische Verpflichtung des Coachs, nicht über seine eigenen fachlichen, methodischen und persönlichen Kompetenzbereiche hinaus tätig zu werden.

Grundsätzlich sind in meinen Augen die Persönlichkeit der Coachees und ihre bisherige und künftige Entwicklung selbstverständlich wichtige Themen im Coaching. Dies gilt generell, in besonderem Maß aber für Personen, die als Führungskräfte, Managerinnen und Manager, Lehrende oder Beratende Aufgaben und Verantwortung haben, die in hohem Maß durch ihre Persönlichkeit und ihre Verhaltensmuster beeinflusst und geprägt sind. Das gilt ebenso für Personen, die in ihrer Berufsrolle über vielfältige Möglichkeiten der Macht verfügen.

Was aber ist bei Beratungsprozessen im beruflichen Feld konkret unter einer Entwicklung der Persönlichkeit zu verstehen? Und welche Fähigkeit und Bereitschaft zur Veränderung ihrer Persönlichkeit können wir erwachsenen Menschen unterstellen? Im Coaching begegnen mir häufig Klientinnen und Klienten, die mit neuen berufliche Anforderungen und Aufgaben konfrontiert sind, die sie über ihre bisherigen Grenzen hinaus fordern. Das kann zum Beispiel durch einen Wechsel der beruflichen Aufgabe und Verantwortung bedingt sein oder etwa durch technologische Entwicklungen, die in der Arbeitswelt unter dem Stichwort Digitalisierung gewaltige Veränderungen bedeuten. Viele meiner Coachees sind durch die Beschleunigungszyklen beeinflusst, die von den sich verändernden gesellschaftlichen und sozialen Bedingungen und von instabilen Märkten ausgehen.

Meine Klientinnen und Klienten erwarten von einem Coach Unterstützung bei der Aufgabe, sich die nötigen neuen Fähigkeiten und Verhaltensweisen anzueignen, um den Anforderungen an ihre sich verändernde Rolle zu genügen: zum Beispiel höhere Flexibilität, mehr Selbstbewusstsein und Mut zum Risiko, ein höheres Maß an Gewissenhaftigkeit oder die Fähigkeit, Prioritäten zu setzen und sich selbst zu organisieren. Sie sind herausgefordert, ihre gelernten Verhaltensmuster zu überprüfen und sich neue Einstellungen und Haltungen, Techniken und Mechanismen anzueignen. Das ist für viele Berufstätige und Führungskräfte nicht einfach, es verunsichert sie und sie schaffen die notwendigen Schritte nicht von einem Tag auf den anderen – vor allem dann nicht, wenn gewachsene charakteristische Eigenschaften ihrer Persönlichkeit berührt sind, die zu ihrer Lebenserfahrung und zu ihrer Identität gehören.

Persönlichkeitsentwicklung im Coaching bedeutet deswegen immer auch eine Stärkung des Selbstwertes, die Bearbeitung von Zweifeln an sich selbst und an den eigenen Fähigkeiten – oder umgekehrt die Arbeit an einem übersteigerten Selbstgefühl oder einer aggressiven Konkurrenzhaltung. Und sie schließt die Aufgabe ein, sich selbst als Person gut zu kennen und sich selbst leiten zu können.

Diese Schlüsselkompetenzen sind auch Kernvoraussetzungen für einen beruflichen Schritt, zu dem sich Coachees häufig Begleitung und Unterstützung wünschen: für die Übernahme einer Leitungs- oder Führungsaufgabe. Dieser Schritt bedeutet für viele den Übergang in eine völlig neue berufliche Lebensphase. Die Betroffenen müssen sich vom Bisherigen ablösen und sich aktiv in eine andere Rolle und in eine neue Profession hineinentwickeln: die Profession von Führung und Management.

Aber nicht nur bei Fragen von Leitung und Führung, von Organisation und Zusammenarbeit stoße ich als Coach an prinzipielle Grenzen, wenn meine Tätigkeit auf die Klärung von fachlichen Fragen und auf technische, taktische oder methodische Problemstellungen beschränkt ist. Ich kann den Coachee ohne Blick auf seine Persönlichkeit kaum dabei unterstützen, die von ihm eingebrachten Situationen zu klären und notwendige Veränderung auf den Weg zu bringen. Berufliche Entwicklung bedingt also oft eine Entwicklung der Persönlichkeit, und diese muss in der Hand der betroffenen Person liegen. Dann allerdings brauche ich ihre Bereitschaft und ihren Auftrag, um sie auch in persönlichen Fragen beraten zu können.

In den Arbeitsfeldern meiner Coachees tauchen immer wieder Konflikte auf, in die sie teilweise auch selbst verwickelt sind. Diese bringen sie ins Coaching ein. In Konflikten zeigen wir uns mit unserer Persönlichkeit besonders drastisch und klar – und teilweise auch besonders hilflos. Als Konfliktbeteiligte sind wir mehr als sonst in der Gefahr, den Blick auf uns selbst abzuwehren und die Kontrahenten mit ihrem Anteil an den Ursachen umso deutlicher zu sehen. Für das Coaching heißt hier das Prinzip: Selbstklärung kommt vor Beziehungs- und Konfliktklärung.

Im Prozess der Selbstklärung wird an den im Konflikt eskalierten Emotionen in besonderem Maß das »Urgestein« der Persönlichkeit sichtbar. Es kommen dann oft Seiten einer Persönlichkeit zum Vorschein, die im normalen Alltag nicht sichtbar werden. Der Coachee trifft bei sich auf Verhaltensmuster, die er meinte längst überwunden zu haben. Im Konfliktgeschehen gehen die handelnden Personen dazu nicht selten in einen Kampfmodus, erfahren Verletzungen oder geraten sogar in eine persönliche Krise. Ihre Selbststeuerung kann dann empfindlich eingeschränkt sein (Glasl, 2004, S. 39 ff.). Ihnen unterlaufen dabei Handlungen, die sie später oft bereuen und verurteilen. Eine gefestigte Vertrauensbasis und eine »entwaffnende Offenheit« zwischen Coachee und Coach oder Beraterin eröffnen die Chance, rechtzeitig in einen Deeskalationsprozess zu gehen und an der Selbstkenntnis des Klienten zu arbeiten, um seine Souveränität und seine Handlungsfähigkeit in Extremsituationen zu verbessern. So können Konflikte und Krisen zu besonderen Chancen für ein Coaching werden, das für Persönlichkeitsthemen offen ist.

Unter meinen Klientinnen und Klienten treffe ich auch in hohen Führungsebenen auf Personen, die ihr Verhalten, ihre Entscheidungen und ihr gesamtes berufliches Handeln zuerst daran orientieren, ob sie damit den jeweiligen Erwartungen ihrer Vorgesetzten entsprechen. Anstelle einer persönlichen, wertegeprägten Authentizität und einer unbestechlichen fachlichen Expertise haben sie sich darauf orientiert, ihre Position und ihren Erfolg im Machtsystem eines Unternehmens oder einer Organisation durch ein Netzwerk von Beziehungen (Seilschaften) und durch komplexe taktische Schachzüge abzusichern.

Die Kultur in solchen Organisationen ist typischerweise durch autokratische Machtverhältnisse und oft auch durch steile funktionale Hierarchien gekennzeichnet. Ich bin immer wieder beeindruckt, mit welch hoher Intelligenz manche meiner Klientinnen und Klienten Entscheidungen strategisch vorbereiten (müssen), die von der Sache und von den Spielregeln her eigentlich auf der Hand liegen. Oft sehen sie sich auch zu taktischen Rückzügen und zu persönlichen Anpassungsleistungen gezwungen, die nicht selten die Grenze zu einer Herabwürdigung und einer persönlichen Entwertung überschreiten. Welche Folgen eine solche Kultur der Führung und Zusammenarbeit haben kann und mit welchem Ausmaß an persönlicher und organisationaler Verantwortungslosigkeit sie einhergehen können, wurde uns jüngst drastisch durch die deutsche Automobilindustrie vorgeführt.

Für das Coaching bedeutet dies, dass neben einer Beratung zu Strategie und Taktik als Kernproblem bei vielen Männern und Frauen das Thema ihrer »Emanzipation« auftaucht. Dann geht es darum, eine oft tief verwurzelte Haltung der Anpassung, der persönlichen Entmutigung und der Selbstentfremdung anzusehen und aufzuarbeiten, die in manchen Fällen bis zur völligen Resignation reichen kann. Es ist oft schon ein großer Erfolg, wenn es in einem Coaching-Prozess gelingt, den Weg der Entmutigung und Anpassung nachzuzeichnen, ihn zu verstehen und ihn anzuerkennen. Doch ist das Gefühl der Resignation häufig auch dominant, und nicht immer kann ich den Coachee ermutigen und überzeugen, die bestehenden Spielräume für eigenständige Entscheidungen neu für sich zu erkunden und Schritte für mutiges, authentisches Handeln in seinem Verantwortungsbereich zu unternehmen.

Neben der Führung und Leitung im Außen, im eigenen Verantwortungsbereich, ist die Führung innen, die *Selbstleitung* ein zentrales Thema im Coaching-Prozess. Wie viel Selbstvertrauen und Selbstsicherheit hat der Klient in seinem bisherigen Leben erworben? Und wie haben sie sich in seiner beruflichen Sozialisation, in seiner beruflichen Rolle erhalten? Führung innen und außen sind dabei zwei Seiten einer Medaille, sich selbst und andere führen hängt eng zusammen. Die erste Herausforderung für »innere Führung« der Person im Coaching ist häufig, sich selbst besser kennenzulernen: herauszufinden, worin die eigenen Fähigkeiten und die besonderen Potenziale liegen und wo ihre Schattenseiten und Gefährdungen zu finden sind.

Je länger ein Coaching dauert, je mehr sich die Beteiligten kennen und sich als Arbeitspartner näherkommen, desto wahrscheinlicher ist es, dass sie miteinander auf grundsätzliche Entscheidungsthemen und Lebensfragen stoßen. Widersprüche und Zwänge der Arbeitssituation oder Lebenssituation des Coachees, die sich latent schon länger angedeutet haben, spitzen sich zu und können fundamentale Wertethemen und Lebensfragen aufwerfen, die dann ganz plötzlich im Raum stehen. Sie können lang bestehende Gewissheiten erschüttern und diese machtvoll infrage stellen. Früher oder später stehen dann Entscheidungen an, bei denen es um grundsätzliche Weichenstellungen im Beruf oder im gesamten Leben des Coachees gehen kann. Wenn sie sich als unabweisbar zeigen, brauchen sie jetzt Würdigung, Zeit und Begleitung. Dazu ein letztes Beispiel:

Herr B., Ende vierzig, ist ein mir als Coachee schon länger bekannter Manager, Abteilungsleiter im Konzernstab eines deutschlandweit aufgestellten Unternehmens. Er wendet sich an mich mit der Bitte um eine persönliche Standortbestimmung und eine nachfolgende Begleitung. Herr B. leitet eine Stabsabteilung im Finanzbereich dieses Unternehmens und berichtet direkt an die Konzernleitung. Diese ist erst seit einem guten Jahr im Amt, geht »mit eisernem Besen« durchs Unternehmen und hat inzwischen die Mehrzahl der Topmanager des Konzerns ausgetauscht.

Mein Klient berichtet, seine berufliche Situation und vor allem seine persönliche Belastung hätten sich in dieser Zeit zugespitzt, und es sei unklar, welche Entwicklungsperspektive er im Unternehmen habe. Er habe das Gefühl, dass es so wie bisher nicht weitergehen könne.

Mit großer Offenheit schildert der Coachee seine Situation. Beruflich sei er seit Jahren erfolgreich und anerkannt, und es sei ihm auch gelungen, die Akzeptanz des neuen Vorstands zu gewinnen. Durch den Weggang eines seiner Leistungsträger sei die Situation jetzt aber äußerst schwierig geworden. Die entstandene Lücke sei kaum durch fachlich adäquate Neueinstellungen zu schließen, und selbst wenn dies gelänge, würde das die chronische Überbelastung des Arbeitsbereichs nicht beheben. Deswegen stöhnten seine Mitarbeiter schon und es kämen immer mehr Aufgaben auf ihn selbst zu, die er kaum mehr delegieren könne, da die übrig gebliebenen Mitarbeiter bereits hart an der Belastungsgrenze arbeiteten. Herr B. beobachtet mit Sorge, dass sich sein Arbeitstag immer weiter ausdehnt und er am Wochenende schon regelmäßig Arbeit mit nach Hause nimmt.

Seit geraumer Zeit hat er zudem den Eindruck, beruflich in einer Sackgasse zu stecken. Eine Aufstiegschance kann er sich nicht ausrechnen und für einen Wechsel in ein anderes Unternehmen hält er sich für fast schon zu alt.

Mit einer Forderung nach mehr Personal würde er sich, so meint er, in der aktuellen Phase der Konsolidierung nur unbeliebt machen! Er beschreibt seine Lage als ein sich zuspitzendes Dilemma, aus dem er aktuell keinen Ausweg sieht.

Eine erste Standortbestimmung im Coaching ergibt auch, dass Veränderungen der Bilanzierungsregeln in absehbarer Zeit zu einem deutlichen Mehraufwand für ihn und seine Leute führen werden, der mit den bestehenden Ressourcen kaum zu bewältigen sein wird. Mit Blick auf sein Team beobachtet er, dass alle inzwischen versuchen, sich allein durchzukämpfen und über Wasser zu halten. Es wird ihm bewusst, dass er inzwischen den persönlichen Kontakt zu seinen Leuten schon teilweise verloren hat. Dies bringt ihn in wachsenden Widerspruch zu seinem partnerschaftlichen, auf enger Kooperation, Anerkennung und Entwicklung beruhenden Führungsverständnis. Eigentlich könne er das nicht verantworten! Am Ende der Sitzung ist ihm klar geworden, dass er dem Geschehen nicht weiter zusehen kann. Er will nun doch das Risiko eingehen, den Vorstand über die Lage in Kenntnis zu setzen und das Ressourcenthema vorsichtig anzusprechen.

Der nächste Coaching-Termin beginnt mit der Nachricht, dass sein erster Vorstoß beim Vorstand in aller Klarheit ergeben hat, dass es beim Thema Personal auf absehbare Zeit ein »No-Go« gibt. Herr B. ist entsetzt über die Härte und Gnadenlosigkeit, denen er dort begegnet ist. »Ist dieser Vorstand noch mein Vorstand?« Diese Frage beschäftigt ihn seither grundsätzlich und hat seine Überlegungen zu einem Wechsel wieder belebt.

Auch im privaten Umfeld steigen offenbar die Spannungen. Seine Partnerin, so bringt er jetzt vor, ist mit der bestehenden Situation seit längerer Zeit unzufrieden. Die Lage zu Hause sei nach zum Teil heftigen Auseinandersetzungen jetzt seltsam still geworden, was den Coachee etwas entlastet, aber gleichzeitig zunehmend beunruhigt. Seine Partnerin ist ihm sehr wichtig, er will sie auf keinen Fall verlieren. Es wird ihm klar, dass er das Gespräch mit ihr jetzt wieder aufnehmen muss und will. Darauf will er zunächst die Priorität legen. Aber was kann er ihr anbieten?

Einige Wochen später beschreibt Herr B. seine Situation inzwischen dramatisch als eine verzweifelte Flucht nach vorn. Er steht unter starker Spannung, und er will und darf keine Schwäche zeigen. Gleichzeitig haben aber auch seine Ängste zugenommen: Er fürchtet, bei einer massiv fordernden Haltung gegenüber dem Vorstand das gleiche Schicksal zu erleiden wie viele seiner früheren Kollegen. Die täglichen Anforderungen und der Zwang zum Erfolg halten ihn unter Druck, er nimmt die Grenzen seiner Kraft und seiner Konzentration immer deutlicher wahr. Er spürt, dass er jetzt Maßnahmen ergreifen und auf sich selbst achten muss, um handlungsfähig zu bleiben.

Ein wichtiger innerer Klärungsschritt, den er im Coaching vollzogen hat, macht ihn ruhiger und gibt ihm einen Teil seiner verlorenen Souveränität zurück: Er kann die Situation im Arbeitsbereich und die Reaktion des Vorstands darauf nicht mehr mit seinen persönlichen Werten in Einklang bringen. »Es stimmt nicht mehr! Dieser Vorstand wird auf Dauer nicht mein Vorstand sein«, formuliert er klar.

Als erstes und wichtigstes Ziel hat sich herauskristallisiert, unmittelbar für eine schnelle Entlastung zu sorgen und damit die eigene berufliche Situation und die seiner Mitarbeitenden zu stabilisieren. Dazu hat er erste Ideen für eine zeitweilige Verschiebung bestimmter Tätigkeiten mitgebracht. Es ist klar, dass dies nur eine Zwischenlösung darstellt.

Damit gewinnt er aber Zeit, gleichzeitig auch ein »Projekt in eigener Sache« zu starten: Es geht ihm darum, sich grundsätzlich über seine Zukunft im Unternehmen klar zu werden und vorsorglich schon einen Plan B zu entwickeln, um diesen zur richtigen Zeit in die Tat umzusetzen. Seine Partnerin ist bereit, ihn dabei zu unterstützen.

Häufig treffe ich als Coach auf solche Situationen und Themen, die die Persönlichkeit meiner Klientinnen und Klienten berühren. Wenn sie sich mit ihren persönlichen Themen auseinandersetzen wollen, gibt es in der Beratung und im Coaching viele Ansätze und Konzepte, um sie dabei zu begleiten und partnerschaftlich mit ihnen daran zu arbeiten.

Das Konzept des Inneren Teams eröffnet Coachs und Beraterinnen diese Möglichkeit nach meiner Erfahrung in besonderem Maß. Es steht als professionelle, ausgesprochen lebendige und sehr chancenreiche Option zur Wahl, um mit den Coachees an ihren anspruchsvollen Aufgaben und an ihren Konflikt- und Krisensituationen zu arbeiten und dabei gemeinsam persönliche Entwicklungsprozesse zu gestalten.

Literatur

Adamczyk, G. (2019). Storytelling. Mit Geschichten überzeugen. Freiburg im Breisgau: Haufe.
Berne, E. (1970). Die Spiele der Erwachsenen. Psychologie der menschlichen Beziehungen. Reinbek: Rowohlt.
Buer, F., Schmidt-Lellek, C. (2008). Life-Coaching. Über Sinn, Glück und Verantwortung in der Arbeit. Göttingen: Vandenhoeck & Ruprecht.
Burkhard, J., Greimel, A. (2012). Die Möglichkeiten der Macht und die Macht des Möglichen: Überlegungen zum Thema Macht im TZI-Coaching. Themenzentrierte Interaktion, 26 (2), 19–30.
Cohn, R. C. (1974). Zur Grundlage des themenzentrierten, interaktionellen Systems. Gruppendynamik. Forschung und Praxis, 5 (3), 150–159.
Cohn, R. C. (1975). Von der Psychoanalyse zur Themenzentrierten Interaktion. Von der Behandlung einzelner zu einer Pädagogik für alle. Stuttgart: Klett-Cotta.
Dietz, I., Dietz, T. (2007). Selbst in Führung. Achtsam die Innenwelt meistern. Wege zur Selbstführung in Coaching und Selbst-Coaching. Paderborn: Junfermann.
Doppler, K., Lauterburg, C. (2005). Change Management. Den Unternehmenswandel gestalten. Frankfurt a. M./New York: Campus.
Duhigg, C. (2014). Die Macht der Gewohnheit. Warum wir tun, was wir tun. München: Piper.
Earley, J. (2012). Resolving Inner Conflict. Working Trough Polarization Using Internal Family Therapy. Larkspur: Pattern System Books.
Earley, J. (2014). Meine innere Welt verstehen. Selbsttherapie mit Persönlichkeitsanteilen. München: Kösel.
Erikson, E. H. (1977). Identität und Lebenszyklus. Drei Aufsätze. Frankfurt a. M.: Suhrkamp.
Erpenbeck, M. (2017). Wirksam werden im Kontakt. Die systemische Haltung im Coaching. Heidelberg: Carl Auer.
Farau, A., Cohn, R. C. (1984). Gelebte Geschichte der Psychotherapie. Zwei Perspektiven. Stuttgart: Klett-Cotta.
Francis, D.,, Young, D. (2017). Mehr Erfolg im Team. Hamburg: Windmühle.
Gendlin, E. T. (1981). Focusing. Technik der Selbsthilfe bei der Lösung persönlicher Probleme. Salzburg: Otto Müller.
Glasl, F. (2004). Konfliktmanagement. Ein Handbuch für Führungskräfte, Beraterinnen und Berater (8. Aufl.). Bern: Haupt.
Greimel, A. (2002). Kollegiales Coaching. Die Vielfalt eines Teams für die Management-Beratung mobilisieren. AGOGIK, 17 (2), 28–43.
Greimel, A. (2011). Dynamik balancieren. Ein themenzentriertes Coaching-Verfahren. In F. Buer, C. Schmidt-Lellek (Hrsg.), Life-Coaching in der Praxis. Wie Coaches umfassend beraten (S. 109–120). Göttingen: Vandenhoeck & Ruprecht.
Greimel, A. (2019). TZI-Coaching als Weg der persönlichen Entwicklung. Themenzentrierte Interaktion, 33 (1), 95–104.
Hedlund, S. (2011). Mit Stift und Stuhl. Illustrationen und Stuhlübungen für Psychotherapie, Beratung und Coaching. Berlin/Heidelberg: Springer.
Hendriksen, J. (2000). Intervision. Kollegale Beratung in Sozialer Arbeit und Schule. Weinheim/Basel: Beltz.
Kast, V. (1995). Imagination als Raum der Freiheit. Dialog zwischen Ich und Unbewußtem. München: dtv.

König, G. (2001). Begreifbar visualisieren, stimmig kommunizieren mit Inszenario®. Handbuch für praktische Anwendungen im Berateralltag mit Inszenario. Sigmaringen: OWB.
Kumbier, D. (2013). Das Innere Team in der Psychotherapie. Methoden- und Praxisbuch. Stuttgart: Klett-Cotta.
Kumbier, D. (2016). Aufstellungsarbeit mit dem Inneren Team. Methoden- und Praxisbuch für Gruppen. Stuttgart: Klett-Cotta.
Kumbier, D. (2019). Arbeit mit dem Inneren Team bei Krebs und anderen Erkrankungen. Methoden- und Praxisbuch. Stuttgart: Klett-Cotta.
Lauterburg, C. (2001). Gute Manager fallen nicht vom Himmel. Organisationsentwicklung, 01 (2), 4–11.
Leky, M. (2019). Was man von hier aus sehen kann. Köln: DuMont.
Löhmer, C., Standhardt, R. (Hrsg.) (1992). TZI. Pädagogisch-therapeutische Gruppenarbeit nach Ruth C. Cohn. Stuttgart: Klett-Cotta.
Matzdorf, P., Cohn, R. C. (1992). Das Konzept der Themenzentrierten Interaktion. In C. Löhmer, R. Standhardt (Hrsg.), TZI. Pädagogisch-therapeutische Gruppenarbeit nach Ruth C. Cohn (S. 39–92). Stuttgart: Klett-Cotta.
Peichl, J. (2010). Jedes Ich ist viele Teile. Die inneren Selbstanteile als Ressource nutzen. München: Kösel.
Peichl, J. (2014). Rote Karte für den inneren Kritiker. Wie aus dem ewigen Miesmacher ein Verbündeter wird. München: Kösel.
Peichl, J. (2019). Einführung in die hypnosystemische Teiletherapie. Heidelberg: Carl-Auer.
Perls, F. S. (1974). Gestalt-Therapie in Aktion. Stuttgart: Klett.
Rappe-Giesecke, K. (2008). Triadische Karriereberatung. Begleitung von Professionals, Führungskräften und Selbstständigen. Bergisch Gladbach: EHP.
Reddemann, L. (2001). Imagination als heilsame Kraft. Zur Behandlung von Traumafolgen mit ressourcenorientierten Verfahren. Stuttgart: Klett-Cotta.
Riemann, F (1986). Grundformen der Angst. Eine tiefenpsychologische Studie. München: Ernst Reinhardt.
Rogers, C. R. (1983). Therapeut und Klient. Grundlagen der Gesprächspsychotherapie. Frankfurt a. M.: Fischer.
Rohr, D. (2016). Eine kleine Theorie-Einführung in Systemische und Humanistische Ansätze am Beispiel des Inneren Teams. Weinheim: Beltz Juventa.
Rohwetter, A. (2015). Den Inneren Kritiker zähmen. Strategien und Übungen für ein gutes Selbstwertgefühl. Stuttgart: Klett-Cotta.
Rosenbaum, M., Kroneck, U. (2007). Das Psychodrama. Eine praktische Orientierungshilfe. Stuttgart: Kreuz.
Schein, E. H. (2000). Prozessberatung für die Organisation der Zukunft. Der Aufbau einer helfenden Beziehung. Köln: EHP.
Schein, E. H. (2013). Humble Inquiry. The Gentle Art Of Asking Instead Of Telling. Oakland: Berrett-Koehler.
Schmidt, G. (2005). Einführung in die hypnosystemische Therapie und Beratung. Heidelberg: Carl-Auer.
Schulz von Thun, F. (1998). Miteinander reden: 3. Das »Innere Team« und situationsgerechte Kommunikation. Reinbek: Rowohlt.
Schwartz, R. C. (1997). Systemische Therapie mit der inneren Familie. Stuttgart: Klett-Cotta.
Schwartz, R. C. (2008). IFS. Das System der Inneren Familie. Ein Weg zu mehr Selbstführung. Norderstedt: Books on Demand.
Staemmler, F.-M. (1995). Der »leere Stuhl«. Ein Beitrag zur Technik der Gestalttherapie. München: Pfeiffer.

Storch, M. (2005). Das Geheimnis kluger Entscheidungen. Von somatischen Markern, Bauchgefühl und Überzeugungskraft. München: Goldmann.

Varga von Kibéd, M., Sparrer, I. (2003). Ganz im Gegenteil. Tetralemmaarbeit und andere Grundformen systemischer Strukturaufstellungen – für Querdenker und solche, die es werden wollen (4., erw. Aufl.). Heidelberg: Carl-Auer.

Vössing, H. (2007). Die Kraft innerer Bilder. Vorstellungsvermögen als Zauberkraft. Imaginationen im Coaching. Paderborn: Junfermann.

Zoller, K. (2014). Von der Kunst, sich selbst zuzuhören: Das Innere Team als Instrument professioneller Selbstreflexion. In A. Ryba, D. Ginati, D. Pauw, S. Rietmann (Hrsg.), Professionell coachen – konkret. Das Fall- und Reflexionsbuch: Vom Erfahrungswissen zur Handlungskompetenz (S. 121–141). Weinheim: Beltz.

Zur Bonsen, M., Maleh, C. (2001). Appreciative Inquiry (AI): Der Weg zu Spitzenleistungen. Weinheim: Beltz.